Technologien im Sport

Körper, Praktiken und Diskurse im historischen Wandel

Herausgegeben von
Christian Holtorf
Olaf Stieglitz

**Themenjahr 2022 „Technologie und Sport"
der TechnologieAllianzOberfranken (TAO)**

Universität Bamberg
Universität Bayreuth
Hochschule Coburg
Hochschule Hof

Leitung: Prof. Dr. Christian Holtorf

Gefördert durch

Inhalt

6 Christian Holtorf, Olaf Stieglitz
Einführung

13 Michael Krüger
Sport und Technik

29 Felix Streng im Gespräch
Wenn die Technik gewinnt:
Erfinden moderne Technologien den Sport neu?

45 Matthias Oloew
Keimfrei und kristallklar

53 Christian Boseckert
Das Volksbad als Teil der deutschen Badekultur
des 19. und 20. Jahrhunderts

71 Hannah Vossen, Olaf Stieglitz
Abfahrt ohne Zukunft?
Wintersport im Anblick der Klimakrise

83 Jochen Koubek
Ist E-Sport eine Sportart?

93 Niël Conradie, Saskia Nagel
Ethische Bewertung der Auswirkungen von Wearables
auf die Autonomie der Nutzer*innen

105 Lukas Helm
Schießt Geld Tore?

113 Christian Holtorf
Prinzip Erfolg –
Zur Wissenschaftskommunikation des Sports

125 Olaf Stieglitz
Männlichkeitsentwürfe und Technologie-Entwicklung
im American Football

135 Michael Krüger (unter Mitarbeit von Finn Kramer und Paula Giesler)
Hinrich Medau und die Deutsche Gymnastik

148 Impressum · Text- und Bildhinweise

Carousselschlitten „Das Einhorn"
Coburg, um 1700. Holz, Textil, farbige Fassung, Ölvergoldung.
Maße: 0,94 x 1,59 x 3,20 m.
Kunstsammlungen der Veste Coburg, Inv.-Nr. Gr.Kat.XII.018.

Schönheit…

Caroussel- und Rennschlitten fanden in der Zeit des Barock am Coburger Hof Verwendung. Sie dienten dem sportlichen Vergnügen der höheren Gesellschaft und des Herrscherhauses. Die Schlitten wurden im Winter zu festlichen Ausfahrten durch die illuminierte nächtliche Stadt sowie zum „Damencaroussel" verwendet. Bei diesem Turnierspiel saßen die Damen in den Schlitten und mussten mit Lanzen, Degen oder Pistolen ein bestimmtes Ziel treffen. Auf dem Sitz hinter dem Kasten stand ein Kavalier, der den Schlitten lenkte. In ihrem technischen Aufbau entsprachen die Schlitten weitgehend den üblichen Gebrauchsschlitten, waren aber ungleich prächtiger ausgestattet und künstlerisch verziert.

Christian Holtorf
Olaf Stieglitz

Einführung

Sport und Technologie scheinen auf den ersten Blick Gegensätze zu sein. Während Sport Anstrengungen des menschlichen Körpers verlangt, nehmen Technologien ihm einen Teil der Arbeit ab. Während Sport ein Normensystem bildet, das Leistungen und ihre Bewertung inklusive Foulplay und Fairplay definiert, sind Technologien Investitionen, die versuchen, das Handeln effizienter und das Leben angenehmer zu machen.

Gleichwohl sind moderner Sport und Technologie kulturell eng miteinander verbunden. Sportgeräte, Sportstätten und Sportausrüstungen greifen seit langem technologische Innovationen auf und erneuern die körperlichen Bewegungsformen im Grunde permanent. Der heutige Sport wird – sowohl im Stadion als auch vor dem Bildschirm – durch Medientechnik, digitalisierte Datenerfassung und andere Anwendungen wissenschaftlicher Entwicklungen geprägt. Nur wenige Sportarten stellen sich diesem Trend entgegen. Allerdings können Technologien auch emotionale Abwehrreaktionen auslösen – der „Video Assistant Referee" im Profifußball ist ein beständiges Beispiel dafür.

Sport und sportähnliche Praktiken haben unsere Kultur seit Jahrhunderten mitgeprägt und mitverändert. Sie standen stets in einem komplexen und mitunter komplizierten Wechselverhältnis zur Entwicklung der Technologie. Die Sportgeschichte eröffnet deshalb einen spannenden Zugang, um sportliche Betätigungen und ihre Praktiken und Diskurse vor dem Hintergrund des technologischen Wandels zu analysieren und selbst mitzugestalten. Die Analysen dieses Bandes zeigen die unterschiedlichen gesellschaftlichen Voraussetzungen und Folgen, die Sport so innovativ, dynamisch und faszinierend machen. Gleichzeitig verdeutlichen sie die drängenden Aufgaben, die auch im Sport in Hinsicht auf Nachhaltigkeit, Gesundheit oder Globalisierung zu lösen sind.

Sport ist ein wissenschaftliches Querschnittsthema. Im interdisziplinären Lehrangebot der Hochschule Coburg hat sich deshalb in den letzten Jahren ein entsprechender Schwerpunkt entwickelt. In Seminaren und sozialen Medien, bei Workshops und öffentlichen Veranstaltungen haben Studierende aus unterschiedlichsten Studiengängen wichtige Fragen gestellt. Es ging um Chancen und Probleme des organisierten Sports, neue Sporttechnologien und ihre gesellschaftlichen Folgen, um Coburg als „Sportstadt" und gesundheitsorientierte Sportangebote unter Corona-Bedingungen.[1]

Im Jahr 2022 hat die TechnologieAllianzOberfranken (TAO) ihr erstes wissenschaftliches Themenjahr dem Zusammenhang zwischen „Technologie und Sport" gewidmet. TAO verbindet die vier Hochschulen in Bamberg, Bayreuth, Coburg und Hof mit dem Ziel, den Wissenschaftsstandort Oberfranken auszubauen. Die Idee des Themenjahres unter der Leitung von Christian Holtorf war es, technologische Innovationen, gesellschaftliche Trends und soziale Entwicklungen des Sports in einer breiten Öffentlichkeit vorzustellen und zu diskutieren.

Höhepunkt des Themenjahrs war das interdisziplinäre Symposium „Wenn die Technik gewinnt: Erfinden moderne Technologien den Sport neu?", das

---

1 Aus den Lehrveranstaltungen ist als Band hervorgegangen: „Coburg als Sportstadt. Ideen für die Regionalentwicklung", hg. von Christian Holtorf. Ergebnisse interdisziplinärer Lehre Band 2, Coburg: Hochschule Coburg 2021. Online: http://digital.bib-bvb.de/webclient/DeliveryManager?custom_att_2=simple_viewer&pid=18264270.

am 28. und 29. April 2022 in der HUK-Coburg Arena Coburg stattfand. Die Tagungsleitung übernahmen Christian Holtorf und Olaf Stieglitz. Der vorliegende Band verbindet die Veröffentlichung von dort vorgetragenen Beiträgen mit weiteren Texten, die zumeist im Kontext oberfränkischer Forschungen entstanden sind. Sie zeigen exemplarisch, wie sich moderne Sporttechnologien in unterschiedlichsten Anwendungsbereichen – in Oberfranken und darüber hinaus – historisch entwickelt haben. Dabei verbinden sich ihr alltäglicher Gebrauch mit theoretischen Diskursen, der individuelle Körper mit gesellschaftlichen Wertesystemen und die sportliche Bildung mit wissenschaftlicher Forschung.

Unser Band beginnt mit einer Klärung der historischen und sportwissenschaftlichen Grundlagen des Einsatzes von Technologien im Sport. Der Beitrag von Michael Krüger stellt zentrale Begriffe und Fragestellungen sowie wichtige Beispiele der historischen Entwicklung vor. Er ordnet den Sport in die Technikgeschichte der Beschleunigung und die Entwicklung des kapitalistischen Wettbewerbs ein, betont zugleich aber auch seine Elemente von Zivilisations- und Kulturkritik.

Ihm folgt die Dokumentation einer Podiumsdiskussion, die Michael Krüger, Enrico Putzke und die Herausgeber mit dem Weltklasse-Athleten im Parasport Felix Streng geführt haben. Offen und sensibel reflektiert Streng, was es heißt, im Spitzensport eine Prothese zu nutzen und welche Fragen sich daraus für Training, körperliche Leistungen oder Fairness ergeben.

Die beiden Beiträge von Matthias Oloew und Christian Boseckert beschäftigen sich mit der Geschichte der Schwimmbäder. Zunächst erzählt Oloew, wie es seit 1912 zur Versetzung des Beckenwassers mit Chlor gekommen ist. Die Methode war revolutionär, weil sie kostengünstig desinfizierte, nicht gesundheitsschädlich war und das Wasser nicht eintrübte. Doch während und nach dem Einsatz von Chlorgas im Ersten Weltkrieg war sie auch mehr als erklärungsbedürftig.

Die baulichen Voraussetzungen für den erfolgreichen Betrieb von Volksbädern analysiert Christian Boseckert am Beispiel des Coburger Volksbads. Neben der Körperhygiene spielten die technische Zufuhr und Erwärmung des Wassers, die Einrichtung von Wannen- und Duschbädern und die Organisation des Besucherverkehrs entscheidende Rollen.

Wie sich der Wintersport angesichts des durch den Klimawandel verursachten Schneemangels technisch behilft, führen Hannah Vossen und Olaf Stieglitz vor. Tatsächlich wurden chemisch angereicherter Kunstschnee und energieintensive Schneekanonen schon in den 1950er Jahren entwickelt, um die „Schneesicherheit" zu vergrößern. Auf diese Weise ist die Wintersportindustrie nicht nur maßgeblich von der Klimakrise betroffen, sondern wirkt auch selbst an ihr mit.

Die kontroverse Diskussion des E-Sport wirft die Frage auf, wie groß der Einfluss von digitalen Technologien in einem Sport sein darf. Jochen Koubek vergleicht den Fall mit anderen Sportarten, die ebenfalls durch geringe körperliche Bewegung, Elemente von Gewalt oder Gewinnorientierung gekennzeichnet sind. Er kommt zu dem Schluß, dass „Sport ist, was Sportler machen".

Wearables sammeln Daten direkt am Körper und werten sie aus. Für ihre ethische Bewertung beobachten Saskia Nagel und Niël Conradie, dass Wearables einerseits die Selbstkontrolle ihrer Nutzer*innen fördern, indem sie zusätzliche Informationen und Handlungsspielräume schaffen. Andererseits können sie die Nutzer*innen aber auch überfordern, fremdbestimmen oder in Abhängigkeit bringen. Dies zu reflektieren schafft bereits mehr Kontrolle.

Die Auswertung von digitalisierten Daten spielt im Sport längst eine entscheidende Rolle. Den sportlichen Erfolg der Vereine der Fußballbundesliga hat Lukas Helm in Abhängigkeit von ihrer Finanzkraft untersucht. Indem er öffentlich zugängliche Daten ausgewertet und hochgerechnet hat, kann er zeigen, dass ein Zusammenhang zwischen Geld und Spielerfolg besteht – doch auch Zuschaueranzahl und Auslastung des Stadions spielen eine Rolle.

Wie die Erfolgsorientierung im Sport und in den Wissenschaften zusammenhängen, analysiert Christian Holtorf. Beide scheinen voneinander zu profitieren: Technik fördert die sportlichen Leistungen und sportlich verstandenes Forschen fördert den wissenschaftlichen Erfolg. Doch Wissen ist komplex und Erfolg definitionsabhängig. Die Entwicklung und Anwendung neuer Technologien genügt daher weder im Sport noch in der Wissenschaft, sondern bedarf einer kritischen Selbstreflexion.

Inwieweit sogar der Gebrauch von Sicherheitstechnologien umstritten sein kann, zeigt Olaf Stieglitz anhand einer Diskussion im American Football. Technologisch innovative Schutzkleidung für die verletzungsreiche Sportart steht zwar zur Verfügung, ihre Verwendung stößt aber auf Vorbehalte. Ohne seine Härte, so die Befürchtung, würde der Sport nicht mehr der Vorstellung von Männlichkeit entsprechen, die mit ihm verbunden wird.

Michael Krüger, Finn Kramer und Paula Giesler stellen schließlich erste Ergebnisse ihrer historischen Forschungen zur Geschichte der Medau-Gymnastik vor. Die Sportart Gymnastik hat bewusst auf einen starken Einsatz von Technologien verzichtet und ist insofern für unser Thema besonders interessant. Hinrich Medau, der in den 1920er Jahren eine eigene Schule gegründet hat, wirkte im Nationalsozialismus als Leibeserzieher im Bund Deutscher Mädel (BDM), einer der Jugendorganisationen der NSDAP. Welche Rolle er genau gespielt hat, war historisch bislang nicht ausreichend aufgearbeitet. Die Medau-Schule veranlasste deshalb ein Forschungsprojekt zur historisch-kritischen Untersuchung der Rolle Hinrich Medaus und seiner Gymnastik für die Erziehung und Leibeserziehung insbesondere von Mädchen. Der vorliegende Text stellt eine gekürzte Version dieser Untersuchung dar; die ausführliche Analyse in Form eines Buchs wird im Frühjahr 2024 im Nomos-Verlag erscheinen.

Der Band und das zugrundeliegende Themenjahr ist durch die maßgebliche Unterstützung der TechnologieAllianzOberfranken (TAO) und der Leiterin ihrer Geschäftsstelle Dr. Anja Chales de Beaulieu erst möglich geworden. An der Hochschule Coburg wurde das Projekt wesentlich unterstützt durch Dr. Jakob Hanke, Leiter des ForschungsTransferCenters, Dr. Sarah Haase, wissenschaftliche Mitarbeiterin im Wissenschafts- und Kulturzentrum, und den studentischen Mitarbeiter Stefan Wladarsch. Auch die drei weiteren Hochschulen der TechnologieAllianz-Oberfranken sowie die Oberfrankenstiftung haben uns mit ihrem Engagement stark geholfen.

Für die Durchführung konnten wir auf die Unterstützung der Stadt Coburg zählen, allen voran auf den Leiter des Sportamts Eberhard Fröbel und das Team der HUK-Coburg Arena. Darüber hinaus standen uns Robert Schäfer M.A. von der Initiative Stadtmuseum, Christine Spiller M.A. vom Coburger Puppenmuseum und Stadtheimatpfleger Dr. Christian Boseckert von der Historischen Gesellschaft zur Seite. Bei der Realisierung des Bildteils waren uns auch Dr. Marcus Pilz von den Kunstsammlungen der Veste Coburg, Dr. Chris Loos vom Gerätemuseum des Coburger Landes sowie der Sammler Thorsten Kotschy von verlässlicher Hilfe. Hannah Vossen hat sehr zuverlässig die Vereinheitlichung der Texte und Fußnoten übernommen. Viel mehr als nur die Gestaltung hat Aaron Rößner beigetragen – die Arbeit mit ihm war eine besondere Freude.

Ihnen allen gilt unser allergrößter Dank.

Motive des Sports

Die Textbeiträge werden von 14 Objekten der Sportgeschichte eingerahmt, die aus unterschiedlichen Coburger Sammlungen stammen. Sie sind zu Paaren geordnet und zeigen die Entwicklung von anwendungsorientierten Technologien bei sportlichen und sportähnlichen Betätigungen seit Beginn des 17. Jahrhunderts. An ihrem Beispiel lassen sich die technischen Charakteristika, die sozialen Kategorien und die körperlichen Dimensionen von Sporttechnologien gut erkennen. Sie zeigen zugleich, wie sich alte und neue Sportarten, Profi- und Freizeitsport, Sportwettkämpfe und Gesellschaftsmodelle aufeinander beziehen.

Rennwagen aus dem Märklin-Baukasten
Baukasten Nr. 1107 R, 1930er Jahre,
Firma Märklin, Göppingen.
Material: Metall. Länge: 36 cm.
*Coburger Puppenmuseum
(Dauerleihgabe bis 2022).*

… und Funktion.

Bei Geschwindigkeitswettbewerben spielt die richtige Technik eine entscheidende Rolle. Dieser Rennwagen der Firma Märklin wurde dem realen Modell „Mercedes Benz SSK" im Maßstab 1:16 nachempfunden. Die Abkürzung „SSK" stand für „Supersport Kurz". Bei dem Entwurf des italienischen Rennfahrers Carlo Felice Trossi stand die Aerodynamik besonders im Vordergrund. Der Wagen wurde von 1928 bis 1932 produziert. Das Modellauto bot Märklin als Bausatz an, den der Besitzer selbst zusammenschrauben musste. Dieses Exemplar bekam ein Flüchtlingsjunge am neuen Wohnort Coburg von einer Nachbarin geschenkt. Es hatte zuvor ihrem Bruder gehört, der als Jugendlicher im Zweiten Weltkrieg gefallen war.

Michael Krüger
Der Sportwissenschaftler und Historiker Dr. Michael Krüger war von 1999 bis 2023 Professor für Sportwissenschaft an der Universität Münster mit den Schwerpunkten Pädagogik und Geschichte. Seine Forschungsinteressen liegen im Bereich der historischen Bildungsforschung mit Bezug zu Körper, Bewegung, Gymnastik, Turnen, Spiel und Sport. Er ist Verfasser und Herausgeber zahlreicher Bücher und Grundlagenwerke zur Sportpädagogik und Sportwissenschaft.

Michael Krüger

Sport und Technik[1]

Unter Technik kann im Zusammenhang des Sportes zweierlei verstanden werden. Erstens die Bewegungstechnik und zweitens die technischen Hilfsmittel, mit denen (sportliche) Bewegungen unterstützt werden oder die überhaupt erst spezifische sportliche Bewegungen ermöglichen, beispielsweise der Automobilsport oder auch das Skilaufen oder Radfahren. Ohne Automobil, Skier oder Fahrrad kann kein entsprechender Sport betrieben werden. Zugleich erfordert ihre Nutzung als Sportgerät spezifische Fähigkeiten und Fertigkeiten der Akteure bzw. Athletinnen und Athleten. Sie müssen lernen und Techniken üben, wie mit dem Gerät umzugehen ist.[2]

Der Begriff Technik selbst geht auf den altgriechischen Begriff „techné" zurück, mit dem jede Art von Kunst und Kunstfertigkeit bezeichnet wurde. Im weitesten Sinn sind mit techné auch Wissenschaften gemeint.[3] Von Bewegungstechnik spricht man nicht nur im Zusammenhandeln menschlichen Bewegungshandelns, sondern der Begriff bezieht sich auch und vor allem auf mechanische Bewegungen von Geräten und Maschinen, einschließlich Robotern, also Maschinen, deren Bewegungen von einer Software gesteuert wird. Diese Techniken sind in der jüngsten Vergangenheit durch die Entwicklung von künstlicher Intelligenz in hohem Maße weiterentwickelt worden, so dass solche Roboter auch selbst „lernen", ihre Bewegungen optimieren zu können. Lernen muss man in diesem Zusammenhang in Anführungszeichen setzen, weil das Lernen traditionell als etwas Menschliches (oder Tierisches) angesehen wird. Nur biologische System können lernen – nun stellt sich jedoch die Frage, ob nicht auch technische und / oder digitale Systeme mithilfe von Künstlicher Intelligenz (KI) in der Lage sind, zu lernen.

1   Geänderte und aktualisierte Fassung des Beitrags *Schneller – Höher – Stärker. Sport im Zeitalter von Industrie und Technik.* (vgl. Krüger, Michael: „Schneller – Höher – Stärker. Sport im Zeitalter von Industrie und Technik". In: *Fertig? Los! Die Geschichte von Sport und Technik.* Hrsg. von Technoseum. Landesmuseum für Technik und Arbeit in Mannheim. Darmstadt 2018 (wbg Theiss in Wissenschaftliche Buchgesellschaft (WBG)). S. 28–41.
2   Hummel, Albrecht (Hrsg.): *Handbuch Technik und Sport. Sportgeräte – Sportausrüstung – Sportanlagen.* Schorndorf 2001 (Hofmann).

3   MSU: „Techne." In: *Metzler Lexikon Philosophie. Begriffe und Definitionen.* Hrsg. von Peter Prechtl u. Franz-Peter Burkard. Stuttgart 2008 (Verlag J.B. Metzler). S. 604; Lenk, Hans u. Moser, Simon (Hrsg.): *Techne, Technik, Technologie.* Pullach 1973.

Die Biomechanik wiederum ist (auch) ein Fachgebiet der Sportwissenschaften, in dem es um die Analyse und Modellierung der Bewegungen (Motorik) biologischer Systeme geht, insbesondere des Menschen und menschlicher Bewegungen.[4] Die Kenntnis der Möglichkeiten menschlichen Bewegens bzw. Bewegungen von Menschen ist auch eine Voraussetzung für deren Optimierung oder – im Falle von Beeinträchtigungen – Rehabilitierung. Dies gilt unabhängig von den Settings, in denen sich Menschen bewegen, sei es in Arbeit, Freizeit, Kunst oder Sport. Die Arbeitsphysiologie beispielsweise gilt als eine Spezialdisziplin der Medizin, in der neben der Optimierung von Arbeitsbewegungen auch die Prävention und Rehabilitation von Bewegungstechniken mittels Geräte- und Instrumententechnik eine wichtige Rolle spielt.

Wesentlich sind jedoch die (sportlichen) Bewegungsziele, für deren Sinn und Zweck menschliche Bewegungen und Bewegungstechniken genutzt und optimiert werden, weil sie darüber entscheiden, in

> **Selbst in Natursportarten wie dem Bergsteigen oder Wandern nutzen die Menschen moderne Technik und Technologien.**

welcher Weise, mit welchen – auch technischen – Mitteln, Bewegungstechniken gelernt, geübt und trainiert werden können. Im Sport können mindestens drei wesentliche Ziele der Optimierung von Bewegungen und damit der Entwicklung spezifischer Bewegungstechniken unterschieden werden:

Erstens die Verbesserung sportlich-motorischer Leistungen, zweitens die (Wieder-)herstellung von Bewegungsfähigkeiten und -fertigkeiten infolge von Bewegungseinschränkungen aller Art und drittens in eher pädagogischer Absicht, die Unterstützung und Förderung des Erlernens und Übens sportlich-motorischer Fähigkeiten und Fertigkeiten bei Kindern und Jugendlichen. Darüber hinaus lassen sich Bewegungen und Bewegungstechniken aus ästhetisch-künstlerischen Gründen untersuchen und optimieren, etwa in ästhetischen Sportarten wie dem Kunstturnen, der Rhythmischen Sportgymnastik oder dem Tanz. Das Ballett weist eine lange Geschichte und Tradition der Kultivierung spezifischer als besonders ästhetisch und kunstvoll empfundener Körper- und Bewegungstechniken auf.[5]

Sport und Industriegesellschaft

Der moderne Sport zeichnet sich dadurch aus, dass er im Zeitalter der rasanten Entwicklung von Industrie und Technik seit dem 19. Jahrhundert eine enge Verbindung mit technischen Entwicklungen bzw. der Erfindung von Geräten und Maschinen eingegangen ist. Sport ist oder kann zwar einerseits Ausdruck der Sehnsucht des modernen Menschen nach Natur und Natürlichkeit sein, aber er stellt andererseits eine Symbiose von vergleichsweise natürlichen menschlichen Bewegungen einerseits und moderner Technik und Technologie andererseits dar. Selbst in sogenannten Natursportarten wie dem Bergsteigen oder Wandern nutzen die Menschen moderne Technik und Technologien, angefangen von Wanderschuhen, die nach biomechanischen und technischen Kenntnissen von Material und Nutzung gefertigt werden, bis hin zur Kleidung oder Kommunikation wie Land- und Wanderkarten oder GPS-Trackern.

---

[4] Güllich, Arne u. Krüger, Michael (Hrsg.): *Bewegung, Training, Leistung und Gesundheit. Handbuch Sport und Sportwissenschaft.* Berlin, Heidelberg 2019.

[5] Balcar, Alexander J.: *Das Ballett. Eine kleine Kulturgeschichte.* München: Winkler 1957.

Sport sei eine „industrielle Verhaltensform", schrieb der Kulturanthropologe Henning Eichberg in seinem Überblicksbeitrag zur Geschichte des Sportes im 19. Jahrhundert.[6] Sie sei gekennzeichnet durch „Leistung, Spannung, Geschwindigkeit", wie der Titel von Eichbergs grundlegender Studie lautete.[7] Diese drei Begriffe könnten und sollten dadurch ergänzt werden, dass auch und vor allem die Technik die Entwicklung des Sports geprägt hat. Industrie und Technik begannen seit dem 19. Jahrhundert das Leben der Menschen zu verändern. Es wurde rationeller, effektiver, schneller und dynamischer. Obwohl gerade die moderne Technik viele Annehmlichkeiten und Komfort mit sich brachten, wurde das Leben hektischer, nervöser und damit in mancher Hinsicht auch anstrengender und aufregender.

Das „Tempo-Virus", von dem der Wirtschaftshistoriker Peter Borscheid spricht[8], das sich schon seit dem 15. Jahrhundert im Organismus der Kultur des Abendlandes eingenistet hatte, brach nun mit aller Macht aus. Im *Futuristischen Manifest* des italienischen Dichters Filippo Tommaso Marinetti (1876–1944) aus dem Jahr 1909[9], beschworen einige Künstler die Schönheit der Geschwindigkeit in Kunstwerken. Der französische Dichter Octave Uzanne (1851–1931) schrieb in seiner Studie über die Bewegung im Lauf der Geschichte vom „Fieber der Geschwindigkeit" in der Neuzeit, die durch neue Maschinen, Motoren und Technik ermöglicht wurde. Sein Kollege Octave Mirbeau (1848–1917) verglich Automobilisten in ihren technischen Wunderwerken mit Menschen auf der Rennstrecke des Lebens.[10]

Vom Sinn sportlicher Bewegungen und Techniken

Ähnlich wie in der Kunst Gegenstände keinen instrumentell-funktionalen, sondern einen ästhetischen Sinn und Zweck haben, besteht auch der Sinn sportlicher Bewegungen letztlich in ihnen selbst. Autos haben konsequenterweise im Kontext des Sportes keinen instrumentell-funktionalen, sondern einen sportlich-ästhetischen Sinn. Um es an einem einfachen Beispiel zu zeigen, geht es im Sport nicht darum, möglichst rasch von A nach B zu kommen und zu diesem Zweck sich modernster Technik zu bedienen, sondern man möchte sich nach sportlichen Regeln bewegen, zu Fuß oder mit dem Fahrrad beispielsweise, obwohl man viel schneller mit dem Auto oder dem Flugzeug zum Ziel gelangen würde. Wenn ein Pferd oder das Automobil oder das Fahrrad als Sportgerät genutzt werden, dienen sie diesen sportlichen Zwecken und nicht anderen außersportlichen Zielen.

Es steht nicht fest, was Ursache und Wirkung des Ausbruchs des Tempovirus um 1900 waren, ob Industrie und Technik den Sport hervorgebracht haben, oder ob nicht auch umgekehrt ein anderes, aufgeklärtes Denken, Fühlen und Handeln, das sich u. a. im Sport äußerte, zu neuen technischen und industriell verwertbaren Erfindungen und Produktionsweisen geführt haben. Der Philosoph Friedrich Georg Jünger (1898–1977) verfasste in den 1930er-Jahren eine Abhandlung mit dem Titel *Die Perfektion der Technik*, in der er den Zusammenhang zwischen moderner Technik, Industrie, Großstadt und Sport beleuchtete: „Der Sport setzt die technisch organisierte Großstadt voraus und ist ohne sie nicht zu

---

[6] Eichberg, Henning: „Sport im 19. Jahrhundert. Genese einer industriellen Verhaltensform". In: *Geschichte der Leibesübungen*. Hrsg. von Horst Ueberhorst. Berlin 1980 (Bartels & Wernitz). S. 350–412.
[7] Eichberg, Henning: *Leistung, Spannung, Geschwindigkeit. Sport und Tanz im gesellschaftlichen Wandel des 18./19. Jahrhunderts*. 1. Aufl. Stuttgart: Klett-Cotta 1978.
[8] Borscheid, Peter: *Das Tempo-Virus. Eine Kulturgeschichte der Beschleunigung*. Frankfurt am Main: Campus Verlag 2004.
[9] Marinetti, Filippo T.: *Manifeste du futurisme*. Paris: Le Figaro 1909.
[10] Mirbeau, Octave: *628-E8*. Bonn: Weidle 2013.

denken".¹¹ Er sah den Sport einerseits als Kompensation des technisierten Lebens. Andererseits haben „alle Sports", so Jünger, „auch etwas Steriles, das mit ihrem mechanischen Betriebe"¹² zusammenhinge. Deshalb grenzte Jünger den Sport auch von musischen und künstlerischen Formen der Kultur ab: „Der Sport ist mit jeder Art von musischem Leben und musischer Beschäftigung unvereinbar, er hat einen durchaus amusischen und ungeistigen Zug."¹³

Der Kultur- und „Menschenwissenschaftler" Norbert Elias (1897–1990) betrachtete sportive Denk- und Verhaltensmuster als Teil und Ausdruck neuer sozialer Figurationen¹⁴, zu denen auch Technik und Industrie zählen. Das alte homerische Motto, besser sein zu wollen als die anderen und die anderen zu übertreffen, ist im modernen Sport ebenso wie in Kapitalismus, Industrie und Technik zu neuem Leben erwacht. Der Gründer der Olympischen Spiele der Neuzeit, der französische Baron Pierre de Coubertin (1863–1937), fasste dieses homerische Lebensgefühl in den drei Worten „citius, altius, fortius" – schneller, höher, stärker – zusammen, die bis heute das Motto der olympischen Bewegung geblieben sind, die aber auch auf den kapitalistischen Wettbewerb um neue Erfindungen, leistungsfähigere und effektivere Techniken und Technologie, höhere Gewinne und die Erschließung neuer Märkte zu beziehen sind.

Im Rekord sei das „Wesen des modernen Sports" – „the Nature of Modern Sport" – zu suchen, analysierte der amerikanische Kulturwissenschaftler Allen Guttman in seiner Studie Vom Ritual zum Rekord.¹⁵

Messen („*measurement*") und nicht mehr Maßhalten („*measure*") charakterisiere den modernen Sport im Unterschied zu anderen Formen von Leibesübungen und Körperkulturen früherer Zeiten, insbesondere in der „höfischen Gesellschaft".¹⁶ Im modernen Sport wurden Zeiten und Weiten gemessen, notiert und in den Zeitungen berichtet, Tore wurden gezählt und Tabellen geführt, Leistungen von Athleten nicht nur im direkten Vergleich, sondern über Zeiten und Räume hinweg festgehalten. Ohne Messgeräte und Uhren war das nicht möglich. Neue Sportarten wie der Automobilsport, der Flugsport oder der Radsport entstanden, die sich nur der Entwicklung moderner Technik und Industrie verdankten. Moderne Druck- und Reproduktionstechniken in Wort und Bild ermöglichten eine immer schnellere Berichterstattung der Sportereignisse. Zeitungen wurden in immer höheren Auflagen gedruckt. Schließlich beschleunigten Radio und Telefon, Film und Fernsehen, heu-

„Killing for sport, not for food"

GEORGE BERNARD SHAW

te Internet und digitale Medien die Verbreitung und Kommunikation über Sport, sportliche Leistungen, Erfolge und Rekorde.

In England rauchten die ersten Schornsteine von Fabriken, den Keimzellen moderner, technisch-industrieller Produktionsweisen, und in England standen auch die ersten Torpfosten, wurden die ersten modernen Sportstadien gebaut und die ersten sportlichen Wettkämpfe und Rennen ausgetragen. Von England, dem Mutterland des Sportes und der Industrie, wurden industriell hergestellte Wa-

---

11 Jünger, Friedrich G.: *Die Perfektion der Technik*. 4., durchges. und stark verm. Aufl. Frankfurt am Main: Klostermann 1953. S. 169.
12 Jünger, *Perfektion*, S. 171.
13 Jünger, *Perfektion*, S. 173.
14 Elias, Norbert u. Dunning, Eric: *Quest for excitement. Sport and leisure in the civilizing process*. Oxford, Cambridge, Mass.: B. Blackwell 1993.
15 Guttmann, Allen: From Ritual to Record. The Nature of Modern Sports. New York: Columbia University Press (1978).

16 Elias, Norbert: *Die höfische Gesellschaft. Untersuchungen zur Soziologie des Königtums und der höfischen Aristokratie*. 2. Aufl. Darmstadt: Luchterhand 1975.

ren in alle Welt verkauft. Von hier verbreiteten sich technisch-industrielle Erfindungen und Produktionsweisen. Von England ging die sportliche Art und Weise um die Welt, zu spielen, sich körperlich zu üben, zu trainieren und sportliche Wettkämpfe auszutragen bzw. zu „wetteifern". Diesen Begriff wählten deutsche Turner, Turnlehrer und Leibeserzieher, die sich mit der rasanten, dynamischen, sportlich-ehrgeizigen und britisch-englischen Art der Körper- und Bewegungskultur nicht so recht anfreunden konnten oder wollten.

Kulturgeschichte von Sport- und Bewegungstechniken

Im Folgenden geht es zunächst darum, die Parallelität der Entwicklung von Sport, Technik und Industrie aufzuzeigen. Im Anschluss wird versucht, die Komplementarität beider Entwicklungen zu verdeutlichen. Damit ist gemeint, dass Sport und Leibesübungen möglichst in der Natur als eine Reaktion auf oder sogar als Flucht aus den Zwängen sowie der Künstlichkeit, Mechanisierung und Technisierung der modernen industriellen Welt und ihrer Folgen angesehen wurde: Sport als Kulturkritik. Der Sport in der Moderne verdankt seine Popularität seinem „Natürlichkeitsversprechen", wie Claudia Pawlenka argumentiert.[17] Moderner Sport ist beides, lautet die These. Zum einen ein Abbild oder Spiegel der modernen Industriegesellschaft und zum anderen ihre Alternative, ihr Gegenbild oder ein Mittel, um den negativen Folgen von Industrie und Technik zu begegnen. Im Sport zeigen sich die Merkmale der kapitalistischen Wirtschaft und Industriegesellschaft, wie dies der Gelehrte Christian Graf von Krockow (1927–2002) beschrieben hat – „Leistung, Konkurrenz sowie Gleichheit bz. Chancengleichheit".[18] Aber in ihm stecken ebenso Potenziale für eine natürliche Lebensführung, für Reformen und Alternativen einer Lebensführung jenseits von Technik und Industrie, jenseits der kapitalistischen Konkurrenz- und Leistungsgesellschaft, draußen in der Natur mithilfe gesunder und kräftigender Leibesübungen, Gymnastik und Turnen sowie Spiel und Tanz in Licht, Luft und Sonne, wie sie in der Lebensreformbewegung schon seit dem späten 19. Jahrhundert propagiert wurden.[19]

Am Anfang des modernen Sportes standen Pferderennen. Die wohlhabende englische Klasse der Gentlemen hatte sowohl Spaß am Reiten und Jagen – for fun oder „for sport" – als auch am Wetten, ohne selbst reiten zu müssen. „Killing for sport, not for food", spottete George Bernard Shaw über die Sport- und Jagdlust der Gentlemanklasse.[20] Man ließ reiten und wettete hohe Summen auf die Pferde. *„Sportsman"* und *„Gentleman"* waren im englischen Sprachgebrauch praktisch dasselbe: Leute, die viel Geld und Zeit hatten, um sich teure und exzentrische Vergnügungen zu leisten, u. a. die Jagd, besonders die Fuchsjagd und den Reitsport, aber auch Cricket, ein Spiel, bei dem es weniger grausam zuging, bei dem man aber unter sich war und umso mehr Zeit brauchte oder *sailing* und *yachting*, schließlich auch Tennis, Rudern und sogar Fußball spielen. Je nach Sportart variiert der technische Aufwand, um einen Sport ausüben zu können.

---

17 Pawlenka, Claudia: *Ethik, Natur und Doping*. Paderborn: mentis Verlag 2010.

18 Krockow, Christian von: *Sport und Industriegesellschaft*. 2. Aufl. München: Piper 1974. S. 13–20; Krockow, Christian von: „Faszinosum Sport". In: *Schweizer Monatshefte: Zeitschrift für Politik, Wirtschaft, Kultur* 55 (6) (1975/76). S. 468–477.

19 Wedemeyer-Kolwe, Bernd: *Aufbruch. Die Lebensreform in Deutschland*. Darmstadt: Verlag Philipp von Zabern in Wissenschaftliche Buchgesellschaft 2017.

20 Salt, Henry S. u. Shaw, George B. (Hrsg.): *Killing for sport. Essays by various writers*. London 1914. Preface by George Bernard Shaw. (https://www.gutenberg.org/files/49097/49097-h/49097-h.htm)

Dieselben Gentlemen, die sich auf ihren Jachten und Jagden oder beim Cricket und auf den „race-courses" vergnügten, beherrschen das englische Parlament sowie Handel und Wirtschaft. Sie investierten ihr Geld nicht nur in Pferdewetten, sondern auch in Technik und Industrie. Ob auf dem Sportplatz, dem „race-course", im Parlament oder in der Wirtschaft, ihre Handlungsmuster und Motive waren im Prinzip dieselben. Sie wollten mehr, sie kämpften miteinander, wer der Bessere, Schnellere, Leistungsfähigere, Erfolgreichere ist, sie suchten den Wettbewerb, genossen ihre Siege, steckten aber auch Niederlagen weg und suchten neue Herausforderungen. Sport war für sie auch Symbol ihres Reichtums und ihrer Macht, wie dies der amerikanische Soziologe Thorstein Veblen (1857–1929) in seiner Studie *Theory of the Leisure Class* geschrieben hatte[21], zuerst erschienen 1899. Aber Sport bot für sie auch die Möglichkeit, sich zu entspannen, demonstrativ ihren Luxus zu genießen. Dieser Luxus beinhaltet auch die Nutzung moderner Technik im alltäglichen Leben, insbesondere von Verkehrs- und Kommunikationsmitteln. Das Leben vieler Menschen, insbesondere der wohlhabenderen Schichten, wurde dadurch nicht nur schneller und dynamischer, sondern auch bequemer. Und sie hatten mehr Zeit und Geld, um Sport zu treiben.

Der Typus des „*Sportsman*" oder „*Gentleman*" verbreitete sich rasch in der modernen, kapitalistischen Welt, in den USA und in Europa. Diese Unternehmer – „*Entrepreneur*" – waren einerseits standes- und traditionsbewusst, andererseits aber auch fortschrittlich und kreativ. Sie trieben neue Erfindungen, auch technischer Art, voran, die sich zu Geld machen ließen. Viele wurden durch ihre Erfindungen selbst reich, während andere es nicht ausreichend verstanden, ihre technischen Neuerungen zu vermarkten.

Sie investierten in neue Geschäftsideen, um noch reicher zu werden, und sie ließen sich vieles einfallen, um ihre Freizeit besonders extravagant und exklusiv zu gestalten. Einige kamen auf die Idee, Berge zu besteigen und gefährliche Expeditionen zu unternehmen, und andere investierten in moderne Technik, in Flugapparate und Autos, die man natürlich auch sportlich nutzen konnte. Das erste Automobilrennen fand 1894 von Paris nach Rouen statt, gesponsert von der Zeitschrift *Le Petit Journal*. Das Auto war ein Peugeot, dessen Motor von Gottlieb Daimler (1834–1900) entwickelt worden war. Daimler war selbst bei dem Rennen anwesend.[22] Peugeot, Ferrari (bzw. Fiat) und Mercedes sind bis heute einerseits führend im Automobilrennsport und produzieren andererseits Automobile als Fortbewegungsmittel für den Massenkonsum.

Motor- und Flugsport, aber auch der Segel- und Jachtsport sind Beispiele für den direkten Einfluss moderner Technik und Industrie auf den Sport. Technische Entwicklungen, neuartige Materialien und Produktionsmethoden wurden darüber hinaus genutzt, um traditionelle „sports" bequemer und effektiver ausüben zu können: neue Waffen für die Jagd, variable Sitze für Ruderboote, bessere Rackets und Bälle zum Tennisspielen, bequemere Schuhe und Kleidung zum Bergsteigen und für Expeditionen.

Unter Technik in einem weiteren Sinn und bezogen auf die Sportausübung selbst fallen außerdem neue, effektivere Bewegungstechniken, wie in der Leichtathletik der Tiefstart, der 1887 von dem US-amerikanischen Studenten in Yale, Charles H. Sherrill, zum ersten Mal praktiziert worden war. Sherrill wurde später ein einflussreicher Sportfunktionär. Sein Landsmann Thomas Burke gewann mit dieser Starttechnik bei den ersten Olympischen Spielen der Neuzeit, 1896 in Athen, den 100 m-Lauf

---

21 Veblen, Thorstein: *The Theory of the Leisure Class*. Oxford: Oxford University Press 2007.

22 Eichberg, „Sport", S. 358.

in 12 Sekunden vor dem deutschen Turner Fritz Hofmann, der in aufrechter Position gestartet war. Der Tiefstart setzte sich durch, weil diese Start-Technik offensichtlich am erfolgreichsten war. Der Begriff der Technik bezieht sich somit also nicht allein auf die Technik von Materialien und Hilfsmitteln unterschiedlicher Art, sondern gerade im Sport auch auf die Art und Weise der Ausführung einer Bewegung und schließlich ihres strategischen bzw. taktischen Einsatzes im Wettkampf.

Ohne die technische Entwicklung von Turngeräten wie beispielsweise federnde Sprungbretter oder elastische Barrenholme und Reckstangen wäre es nicht möglich gewesen, neue artistische Turnübungen zu zeigen.[23] Ohne die Entwicklung von Sprungstäben aus Fiberglas, die wiederum das Ergebnis technisch komplizierter und aufwendiger Materialentwicklung sind, wäre es nicht möglich gewesen, im Stabhochsprung eine Latte über 5 m Höhe zu überqueren, und ohne eine Weichbodenmatte aus Schaumstoff wäre eine Landung aus dieser Höhe viel zu gefährlich. Für den als pädagogische oder gesundheitliche Leibesübungen verstandenen Sport wurden eigens Turn-, Gymnastik- und Fitnessgeräte entwickelt, um bestimmte Bewegungstechniken mit dem Ziel zu unterstützen, diese zu lernen und zu üben oder entsprechende physiologische Parameter wie Kraft, Ausdauer und Beweglichkeit zu trainieren. Der Markt für moderne Fitnessgeräte sowie für Sport- und Fitnessstudios, die spezifisches Gerätetraining anbieten, ist ständig gewachsen. „Der Markt für Heimfitnessgeräte wurde im Jahr 2020 auf 16.423,69 Millionen USD geschätzt, und es wird prognostiziert, dass er im Prognosezeitraum 2021–2026 eine CAGR von 2,75 % verzeichnen wird", heißt es auf *Mordor Intelligence*.[24]

Geräte und Materialien korrespondieren mit den Methoden der Vermittlung des Lehrens und Lernens von Bewegungen. Ohne die Erfindung des Schaumstoffs seit den 1950er- und 1960er-Jahren, um ein weiteres Beispiel aus dem Turnsport des 20. Jahrhunderts zu nennen, und dessen Anwendung in der Turnmethodik und im Turntraining, könnten kaum oder nur unter großen Gefahren akrobatische Turnübungen erlernt werden. Ohne die Erfindung der Schaumstoffmatte wäre der Hochsprung in Technik des Fosbury-Flops undenkbar und unmöglich. Schließlich trugen Wissenschaft und Medizin dazu bei, biologische Leistungsgrenzen zu erforschen und Trainingsmethoden zu entwickeln, mit denen sich die Leistungsfähigkeit von Menschen und Maschinen weiter verbessern ließen.

Radsport und Radtechnik

Die Entwicklung des Radsportes ist ein Paradebeispiel für die Parallelität von technisch-industriellem Erfindergeist, Unternehmertum und Sportentwicklung.[25] Material- und Gerätetechnik einerseits und Bewegungstechnik andererseits mussten aufeinander abgestimmt werden. Freiherr von Drais (1785–1851) aus Karlsruhe, ein deutscher Gentleman, Freidenker, Erfinder und Staatsbeamter in Baden, erfand die Draisine, eine Laufmaschine[26], wie wir sie heute als Kinderspielzeug kennen. Die Draisine wird als Vorläufer des Fahrrads angesehen. Im Jahr 1818 soll in Paris im Jardin du Luxembourg das erste Draisinen-Rennen stattgefunden haben. Aus der Draisine wurde jedoch erst durch die Erfindung und

---

23 Krüger, Michael u. Spieth, Ulrich: „Das Reutherbrett". In: *Deutsche Sportgeschichte in 100 Objekten*. Hrsg. Michael Krüger. Neulingen 2020 (J. S. Klotz Verlagshaus). S. 289–292.
24 *Analyse der Marktgrösse und des Anteils von Heimfitnessgeräten – Wachstumtrends und Prognosen (2023 – 2028)*. https://www.mordorintelligence.com/de/industry-reports/home-fitness-equipment-market. (26.2.2023).
25 Rabenstein, Rüdiger: *Radsport und Gesellschaft. Ihre sozialgeschichtlichen Zusammenhänge in der Zeit von 1867 bis 1914*. 2. Aufl. Hildesheim: Weidmann 1996.
26 Lessing, Hans-Erhard: *Das Fahrrad. Eine Kulturgeschichte*. 1. Aufl. Stuttgart: Klett-Cotta 2017.

industrielle Produktion von Pedalen und Laufrädern in der Fabrik der französischen Unternehmer Pierre und Ernest Michaux in den späten 1860er-Jahren ein Fahrrad. Der Durchbruch erfolgte mit der Erfindung des Gummireifens durch den britischen Arzt und Erfinder John Boyed Dunlop (1840–1921). Parallel dazu wurden bessere Straßen für den Autoverkehr gebaut. Das Fahrrad eignete sich besser als Pferde für die Post. Die Armeen schafften ebenfalls Fahrräder an, um schneller voranzukommen. Automobil und Fahrrad lösten allmählich das Pferd und die Pferdekutsche ab. Die Rösser mussten den „Stahlrössern" weichen, wie die Fahrräder im Volksmund genannt wurden. So gesehen stehen die Entwicklung des Radsportes und der Radtechnik in engstem Zusammenhang mit der Entwicklung des Automobils und der dafür nötigen Infrastruktur an ausgebauten Straßen und Wegen, die wiederum den Einsatz von Pferden, Eseln und Ochsenkarren erschwerten bis unmöglich machten.

Pferde wurden nicht nur zur Arbeit und zum Transport eingesetzt, sondern auch zum Vergnügen, für sportliche Zwecke und in der Freizeit. Heute ist dies mehr denn je der Fall. Ebenso wird das Fahrrad nicht nur als Verkehrs- und Fortbewegungsmittel, sondern als Sportgerät genutzt. 1903 startete in Frankreich zum ersten Mal die Tour de France.[27] Dieses bis heute größte und spektakulärste Straßenrennen der Welt verdankt seinen Erfolg zwei Faktoren: Erstens wurde es vom Herausgeber der Automobilzeitschrift L'Auto, Henri Desgranges (1865–1940), gesponsert, der die Auflage seines Blattes erhöhen wollte. Er schaffte dies – zweitens – auch dadurch, dass die Frankreichrundfahrt als ein nationales Ereignis wahrgenommen wurde, das den Zusammenhalt der Regionen und Departements symbolisierte. Moderne Fahrradtechnik und Industrie gingen deshalb in der Tour de France eine Verbindung mit den Medien, der Nation und der Politik ein. Die „Tour" wurde zum Vorbild für weitere nationale Straßenrennen in Europa wie dem „Giro d'Italia" (seit 1909) oder der Spanienrundfahrt „La Vuelta à Espana" (seit 1935).[28]

Neben den Straßenrennen mit Fahrrädern wurden weitere Rennarten auf der Bahn eingeführt, vom klassischen Bahnradrennen, gipfelnd in den Sechstagerennen, bis zu den sogenannten Steherrennen, bei denen hohe Geschwindigkeiten auf Fahrrädern im Windschatten von Motorrädern erreicht wer-

Das Fahrrad entwickelte sich zum beliebtesten Fortbewegungsmittel der mittleren und arbeitenden Klassen im industriellen Europa.

den.[29] Um solche Bahnradrennen austragen zu können, wurden seit den 1920er-Jahren Radrennbahnen mit erhöhten Kurven und Radstadien gebaut. Pioniere der Architektur für Radrennbahnen und Radstadien waren der Radrennfahrer Clemens Schürmann (1888–1957) und seine Nachkommen, Sohn Herbert und Enkel Ralf, die Radrennbahnen in aller Welt gebaut haben, u. a. die Olympiabahn in Berlin 1936 und das Radstadion für die Olympischen Spiele 1972 in München.[30] Zum Bau solcher Radrennbahnen wurden wiederum moderne Techniken zur Herstellung und Nutzung architektonischer Konstruktionen und Baumaterialien entwickelt und genutzt,

---

27 Blickensdörfer, Hans u. Baumann, Erich: *Tour de France. Mythos und Geschichte eines Radrennens*. Neuausg. Künzelsau: Sigloch 1997.

28 Cervi, Gino [u. a.] (Hrsg.): *100 Jahre Giro d'Italia. Strecken, Fahrer und Legenden rund um den italienischen Radsportmythos*. Bruckmann 2009.
29 Rabenstein, *Radsport*, S. 29–36.
30 Langenfeld, Hans u. Prange, Klaus: *Münster – die Stadt und ihr Sport. Menschen, Vereine, Ereignisse aus den vergangenen beiden Jahrhunderten*. Münster: Aschendorff 2002. S. 246–248.

die den Anforderungen des Radrennsportes gerecht wurden. Die Schürmanns aus Münster waren Experten sowohl im Radsport als auch in der Radtechnik und Architektur.

Im Übergang vom Pferd zum Fahrrad kommt zugleich der Wandel vom elitären Gentlemansport zum Modell des demokratischen „Sport für alle" zum Ausdruck. Das Fahrrad entwickelte sich zum beliebtesten Fortbewegungsmittel der mittleren und arbeitenden Klassen im industriellen Europa: Das Rad oder eher ironisch und despektierlich der „Drahtesel" als Pferd des kleinen Mannes.

Als sich gegen Ende des 19. Jahrhunderts in Deutschland eine eigene proletarische Arbeitersportbewegung etablierte, war der 1896 gegründete Rad- und Kraftfahrerbund Solidarität neben den Arbeiterturnern der größte Verband. 1912 eröffnete der RKFB Solidarität eine eigene Fahrradfabrik Frischauf, die in Form einer Kooperative billige und stabile Fahrräder für Tausende von Arbeitern produzierte. Der Verband zählte in den 1920er-Jahren über 300.000 Mitglieder.[31] Die Arbeiter nutzten die Fahrräder sowohl für den Weg zur Arbeit in die Fabriken als auch für Ausflüge mit der Familie und im Arbeiterverein an den Wochenenden bzw. am Sonntag. Das Fahrrad wurde als Freizeit- und Sportgerät der kleinen Leute, der Arbeiterklasse, genutzt. Es war und ist auch bei politischen und gewerkschaftlichen Demonstrationen und Kundgebungen etwa zum 1. Mai zu sehen.

Aus den Anfängen der Entwicklung des Fahrrads ist inzwischen ein großer weltweiter Markt für Fahrräder und den Radsport für unterschiedlichste Zwecke geworden. Angesichts von Verkehrsstaus und Luftverschmutzung durch Automobile ist das Fahrrad im postindustriellen und post-automobilen Zeitalter für Arbeit, Alltag, Freizeit und Sport neu erfunden worden. Ausgeklügelte Technik und Erfindungen erlauben die Herstellung von Fahrrädern für jeden individuellen Zweck. Der Markt an Elektrofahrrädern (E-Bikes) hat gerade in den letzten Jahren einen besonderen Boom erlebt.

Die Diversifizierung des Fahrradmarktes hat im sportlichen Bereich zu einer besonderen Ästhetik des Rennrades oder der Rennmaschine geführt. Sie besteht letztlich in der Reduktion auf das Wesentliche, im Minimalismus, trotz oder angesichts höchster technischer Entwicklung des Materials, des Antriebs, der Schaltung, der Bereifung und der Bremsen. Im Radsport muss, wie in jedem anderen wettbewerblichen Sport, die körperliche und motorische Leistung vom Athleten und der Athletin selbst erbracht werden. Die Nutzung externer Hilfen wie Dopingmitteln oder im Falle des Radfahrens eines Elektromotors ist nicht gestattet. Zumindest bis zum gegenwärtigen Zeitpunkt hat der Radsportverband noch keine Radrennen mit E-Bikes zugelassen. Allgemein gesagt unterstützt das Regelwerk im Radsport, aber auch in anderen Sportarten eine spezifische Art sowohl von Technik und Material als auch der Bewegungstechnik.

Das moderne, sportliche Rennrad muss extrem leicht und zugleich stabil sein. Um dies zu erreichen, werden hochwertige Materialien, Baustoffe und Metalllegierungen entwickelt, eingesetzt und erprobt. Mensch und Maschine gehen eine Symbiose ein. Das Rad muss optimal auf den Fahrer abgestimmt sein, und der Fahrer muss sich optimal auf seine Maschine einstellen. Ein Radsportler muss das Gerät kennen und beherrschen, genauso wie der Athlet seinen eigenen Körper kennen und beherrschen muss, wenn er sportlich leistungsfähig und erfolgreich sein will. Das Gerät wird zu einem Teil des Körpers.

Dieser Einklang von Mensch und Maschine, Sportler und Sportlerin mit dem Sportgerät gilt im Übrigen für jede Art von Leistungs- und Spitzensport. Er trifft selbstverständlich auch und vor

---

31 Rabenstein, *Radsport*, S. 183–197.

allem auf Musiker und Musikerinnen und ihre Instrumente zu. Die beste Geige klingt nicht, wenn die Geigerin oder der Geiger nicht über die nötigen bewegungstechnischen und künstlerischen Kompetenzen verfügt, um sie zu nutzen. Der Tennisspieler verschmilzt im geglückten Schlag mit seinem Racket, die Ruderin mit ihrem Boot, der Bogenschütze mit seinem Bogen, der Stabhochspringer mit seinem Sprungstab, die Fechterin mit ihrer Waffe, der Turner mit dem Reck, die Skifahrerin mit ihren Skiern und dem Schnee, auf dem sie sich bewegt, ähnlich wie der Schwimmer mit dem Medium Wasser, in dem er wie ein Fisch zu gleiten sich bemüht. Diese Harmonie von Sportgerät und Bewegung gelingt natürlich nicht immer bzw. nur im Idealfall. Die Regel ist eher ein Kampf oder ein Ringen mit sich, mit dem Körper und mit dem Sportgerät. Das Ergebnis sind nicht selten auch zerschmetterte Tennisschläger, wenn der Schläger nicht so funktionierte wie Spieler oder Spielerin dies wollten.

Das Besondere der Technik im Sport besteht in der Kombination und Koordination von menschlicher Bewegungstechnik mit Material- und Gerätetechnik. Der Rennrodler Georg Hackl, mehrfacher Olympiasieger und Weltmeister, führte seine Erfolge auch darauf zurück, dass er selbst bis ins kleinste Detail an der Perfektionierung nicht nur seiner Fahrtechnik, sondern auch an der Technik und dem Material seines Schlittens arbeitete.[32] Im Sport von Menschen mit Behinderungen bzw. körperlichen Beeinträchtigungen, besonders bei den Paralympics, sind inzwischen hochkomplexe Prothesen und Rollstühle entwickelt worden. Die Beinprothesen von Sprintern wie Markus Rehm oder Oscar Pistorius sind Hightech-Produkte, die es gerade diesen beiden Top-Athleten ermöglicht haben, schneller oder genauso schnell zu laufen wie Menschen ohne Behinderungen. Voraussetzung dafür ist allerdings die Beherrschung der Prothesen. Sie wird für die Athleten zum Körperteil.[33]

Der Reiz des Radsportes ebenso wie des Rennsportes mit anderen technischen Geräten besteht nicht allein im Erreichen von absoluten Höchstgeschwindigkeiten, sondern von hohen Geschwindigkeiten, Leistungen und Erfolgen von Mensch und Maschine nach den in der Sportart bzw. jeweiligen Disziplin gesetzten Regeln. Nach den gültigen Regeln des internationalen Radsportes ist dabei weder technisches Doping – z. B. eine im Rahmen des Fahrrads eingebaute Antriebshilfe – noch medizinisch-pharmakologisches Doping erlaubt.[34] Dieser Einsatz würde gegen die Regeln des Sportes und damit den fairen Wettbewerb verstoßen. Radrennen mit E-Bikes sind zwar möglich, aber es wäre ein anderes Radrennen als ohne Elektroantrieb. Im April 2014 startete bereits die erste E-Bike World Championship, die allerdings von den Radsportverbänden (noch) nicht anerkannt wurde.[35] Das Problem des E-Doping stellt sich im Übrigen nicht nur im Radsport, sondern insbesondere im Schachsport, wenn unerlaubter Weise Schachcomputer eingesetzt werden.

Sport als Natürlichkeitsversprechen – Kulturkritik an Technik und Industrie

Moderner Sport bildet jedoch nicht nur eine enge, symbiotische Verbindung mit moderner Technik und Industrie, sondern stellt auch einen Gegenentwurf zu ihnen dar. Statt der Erleichterungen des Lebens, die technische Hilfsmittel und das Leben

---

32 Hackl, Georg. https://georg-hackl.de/engagement/. (20.01.2023).
33 Rehm, Markus. https://markus-rehm.de/. (22.01.2023).
34 Mustroph, Tom: *Betrug im Radsport. Und plötzlich gibt es E-Doping*. http://www.faz.net/aktuell/sport/sportpolitik/doping/radsport-und-ploetzlich-gibt-es-e-doping-13620706.html (31.05.2015).
35 Schwan, Ben: *Radrennen mit E-Bikes*. https://www.heise.de/newsticker/meldung/Radrennen-mit-E-Bikes-2300249.html (19.09.2014).

in der Stadt bieten, geht es im Sport um bewusst gesetzte Hindernisse und Erschwernisse. Statt auf Maschinen und Roboter setzt der Sport auf natürliche menschliche Körper. Leistungen und Erfolge im Sport beruhen auf den körperlichen Anstrengungen einzelner Menschen und nicht (oder weniger) auf Maschinen und technischen Hilfsmitteln. „Eigen-

> **Der Herr der Welt wird zum Sklaven der Maschine.**
>
> OSWALD SPENGLER

leistung" ist ein wesentliches Merkmal sportlicher Leistungen, wie der Philosoph und Ruder-Olympiasieger von 1960 Hans Lenk einst geschrieben hat[36], im Unterschied zu Leistungen in anderen Bereichen von Wirtschaft und Gesellschaft, die auf Technik setzen und bei denen nicht mehr zu erkennen ist, wer am Ende zu den Leistungen und Erfolgen beigetragen hat[37], der Mensch oder die Maschine, die sich im Fall der Robotik in Verbindung mit Künstlicher Intelligenz (KI) verselbstständigen kann oder könnte, wie dies zumindest in Science-Fiction-Büchern und Filmen längst Wirklichkeit ist.[38]

Im Sport soll es jedoch anders sein: Um authentische, natürliche Leistungen zu garantieren, werden im Sport spezifische Regeln definiert und möglichst klare Grenzen gesetzt, wie weit der Einfluss von Technik gehen darf und soll. Wie das Beispiel Doping und Techno-Doping zeigt, gelingt dies zwar nicht immer und es wird auch versucht, der menschlichen Natur durch überlegene Technik nachzuhelfen, aber dies ändert nichts daran, dass der Sport in der modernen Industriegesellschaft als eine Art romantische Reaktion oder Kompensation der künstlichen Welt von Technik und Industrie verstanden werden kann. Die Extremformen eines technischen Sportes sind E-Games und E-Sportes. Weil sie sich dem Natürlichkeitsversprechen des Sportes widersetzen, fällt es uns schwer, diese Art von virtuellen Spielen und Sportarten als Sport zu akzeptieren. Natürlichkeit bezieht sich dabei nicht allein auf die körperliche Natur des Menschen, sondern auch auf seine ihm von Natur gegebenen geistigen Kräfte. Schach gilt nicht als Sport, wenn Schachcomputer zum Einsatz kommen; es sei denn, Schachcomputer treten gegeneinander an. Der Skandal um den Vorwurf des Betrugs von Schachweltmeister Magnus Carlsson an dessen Herausforderer Hans Niemann zeigt erstens, dass es eine Grenze von Sport und Nicht-Sport gibt, die an dem Konzept der natürlichen Kräfte und Möglichkeiten des Menschen ansetzt, verdeutlicht aber auch die Probleme, diese Grenze zu ziehen.[39]

Der deutsche Philosoph Oswald Spengler (1880–1936) prophezeite zu Beginn des 20. Jahrhunderts den „Untergang des Abendlandes" (1922)[40] angesichts der Entwicklungen der modernen Zivilisation wie der Künstlichkeit des Maschinenzeitalters, der Umweltzerstörung oder der Entfremdung der Menschen von ihren natürlichen Lebensgrundlagen und Sozialbeziehungen. In seinem Buch *Der Mensch und die Technik* (1931) sah er den Menschen als Opfer der modernen Technik: „Der Herr der Welt wird zum Sklaven der Maschine. Sie zwingt ihn, und zwar alle ohne Ausnahme, ob wir es wissen oder wollen

---

36 Lenk, Hans: *Eigenleistung. Plädoyer für eine positive Leistungskultur.* Zürich, Osnabrück: Ed. Interfrom 1983.
37 Lenk, *Eigenleistung.*
38 Siehe zu den erstaunlichen Entwicklungen in der Robotik, auch mit Hilfe von KI und selbst-lernenden Maschinen, die Firma *Boston Dynamics*: https://www.youtube.com/watch?app=desktop&v=XuGJqajHAHo (27.02.2023).
39 *Nach Schach-Eklat. Carlsen wirft Niemann erstmals konkret Betrug vor.* https://www.spiegel.de/sport/schach-weltmeister-magnus-carlsen-wirft-hans-niemann-erstmals-konkret-betrug-vor-a-aad779c2-5f08-462d-8717-680f6f4ae982 (27.09.2022).
40 Spengler, Oswald: *Der Untergang des Abendlandes.* München: C. H. Beck'sche Verlagsbuchhandlung 1922; Spengler, Oswald: *Der Mensch und die Technik.* München: C. H. Beck'sche Verlagsbuchhandlung Beck 1931.

oder nicht, in die Richtung ihrer Bahn. Der gestürzte Sieger wird von dem rasenden Gespann zu Tode geschleift."[41]

Der kulturkritische Philosoph Spengler brachte das Unbehagen vieler Menschen zum Ausdruck, welches sie trotz der Annehmlichkeiten des zivilisierten Lebens in den Städten empfanden. Sie suchten deshalb nach Möglichkeiten, um dieses „Unbehagen in der Kultur", wie Sigmund Freud (1856–1939) sich ausgedrückt hatte, zu überwinden.[42] Sie sahen unter anderem in einer alternativen, natürlichen Lebensführung einschließlich Bewegung, Spiel und Sport eine Lösung der vom faustischen Menschen selbst verursachten Probleme der modernen Kultur und Zivilisation. Die Geister, die er rief, wird er nicht mehr los, wie Goethe im Zauberlehrling dichtete.

„Zurück zur Natur" war ein Schlachtruf, der seit der Aufklärung mit den kulturkritischen Schriften Jean-Jacques Rousseaus (1712–1778) verbunden wurde, und an den sich nun im Zeitalter der Industrie und Technik viele Menschen erinnerten. Wie von Rousseau vorausgedacht, sollten an die Stelle vermittelter, sekundärer Erfahrungen wieder authentische Wahrnehmungen und Erfahrungen durch Bewegung, Gymnastik, Turnen, Spiel und Sport treten. Gesundheit und Wohlbefinden durch natürliches Bewegen, Spielen, Turnen und Sporttreiben an der frischen Luft waren seit dem frühen 19. Jahrhundert Argumente, mit denen bis heute Sport gesellschaftlich legitimiert wird. Es handelt sich zugleich um Argumente, mit denen moderne Technik und Industrie sowie die damit verbundene zivilisierte Lebensweise kritisiert oder gar infrage gestellt werden.

Turnen und Sport sind städtische Phänomene. Sie setzen voraus, dass Menschen Zeit und Geld haben, um Sport treiben zu können. Die Trennung von Arbeit und Freizeit, wachsender Wohlstand breiter Schichten der Bevölkerung und bessere Verdienstmöglichkeiten waren Voraussetzungen für die Entwicklung einer „volkstümlichen" Turn- und Sportbewegung. Bewegung, Turnen, Gymnastik, Spiel und Sport sollten die einseitigen Belastungen und Folgen der monotonen Arbeit in den Fabriken und am Fließband ausgleichen helfen, der geistigen „Überbürdung" der Jugend entgegenwirken und insgesamt aktive Erholung ermöglichen.

In der sogenannten Lebensreformbewegung wurde diese Zivilisationskritik in Theorie und Praxis auf die Spitze getrieben.[43] Der Künstlichkeit des modernen technischen Zeitalters wurden alternative Lebensweisen mit natürlicher Ernährung, harmonischer Gesundheitspflege und nicht zuletzt einer freien Körperkultur entgegengestellt. Vegetarismus, Naturismus und Freikörperkultur waren Teil und Ausdruck dieser alternativen Lebensführung. Licht, Luft und Sonne, Frei- und Heilbäder, Bewegungsspiele, Gymnastik und Leibesertüchtigung waren in Mode und versprachen trotz oder angesichts einer Zivilisation, die immer technischer, nervöser, anonymer und rasanter wurde, Ausgleich, Entspannung und Abhärtung.

Der Leistungs-, Spitzen- und Profisport wurde dabei in diese Kritik an der technischen und kapitalistischen Welt einbezogen. Thorstein Veblen war einer der ersten, der in seiner *Theory of the Leisure Class* (1899) den Sport radikal infrage gestellt hatte. Später, in den 1960er-Jahren, bezog sich der neomarxistische Kulturkritiker Theodor W. Adorno (1903–1969) direkt auf Veblen und verbannte den Sport ins „Reich der Unfreiheit": „Der moderne Sport, so ließe sich sagen, sucht dem Leib einen Teil der Funktionen zurückzugeben, welche ihm die Maschine entzogen hat. Aber er sucht es, um die Menschen zur Bedienung der Maschine umso unerbittlicher

---

41 Spengler, *Mensch*, S. 74.
42 Freud, Sigmund u. Mann, Thomas: *Abriss der Psychoanalyse. Das Unbehagen in der Kultur.* Frankfurt am Main: Fischer Taschenbuch-Verlag 1972.
43 Wedemeyer-Kolwe, *Aufbruch*.

einzuschulen. Er ähnelt den Leib tendenziell selber der Maschine an. Darum gehört er ins Reich der Unfreiheit, wo immer man ihn auch organisiert".[44] Im Sport werde der menschliche Körper zur Maschine, meinte Adorno.

Damit war von einem der Väter der „Kritischen Theorie" und der Studentenbewegung ein vernichtendes Urteil über eine Erscheinung des modernen Lebens und der Gesellschaft gefällt, das im deutlichen Gegensatz zur Interpretation des Sportes durch seine bürgerlichen Apologeten stand.[45] Der Sport und die Leibeserziehung, so hatten deren Theoretiker gerade in (West-)Deutschland und nach dem Ende der Hitlerdiktatur und des Zweiten Weltkriegs immer wieder betont, dienten dem körperlich-seelischen Ausgleich und der Freiheit des Menschen in einer Gesellschaft, die immer mehr dazu führe, ihm die natürlichen Grundlagen seines Lebens zu entziehen, Körperlichkeit und Bewegung einzuschränken und die Menschen in immer strengere Formen der Arbeitsdisziplin zu pressen. Spiel und Sport wurden als eine Welt für sich interpretiert, in der es möglich sei, die negativen Begleiterscheinungen und Folgen der modernen technischen Zivilisation zu kompensieren. Im Sport könne man – frei nach Schiller und Carl Diem – ganz Mensch sein, weil der Mensch im Sport noch seinen „Spieltrieb" ausleben könne – vorausgesetzt, man hält den Sport frei von störenden Einflüssen aus Politik, Wirtschaft und Gesellschaft.[46]

Von Technik war weder bei Schiller noch bei Diem die Rede. Sie gehört zum Menschen und zum Sport. Im Sport kann Technik auch zum Spiel und zur Spielerei werden. Technik kann nicht nur dazu beitragen, Athletinnen und Athleten, Training und Wettkampf zu optimieren und zu effektivieren, sondern auch spielerischer und gelegentlich auch leichter und freudvoller zu gestalten.

Resumée

Sport hat wie eine Medaille zwei Seiten: Die eine ist ein Abbild der modernen Industriegesellschaft und die andere ihre Alternative. Bei genauerem Hinsehen ist dieses Bild jedoch zu einfach, um die Realität des Sportes in seiner Vielfalt wiederzugeben. Denn je nach Sportart, je nach Interesse und Motivation, nach Alter und Geschlecht, je nach Zeit und Ort ergeben sich andere, differenziertere Perspektiven auf den Sport als Phänomen der modernen Gesellschaft. Die Übergänge von einer zur anderen Perspektive oder gar von der einen Seite zur anderen Seite der Medaille können dabei durchaus fließend sein, wie etwa das Beispiel Skisport zeigt: Er ist Freizeitvergnügen für die Massen und zugleich Spitzensport für wenige, Hightech-Sport und Natursport in einem, bietet Erholung und Gesundheit genauso, wie er Risiken und Gefahren birgt, kann gesund und gefährlich sein und findet nicht zuletzt in einer Natur statt, die mithilfe von Menschenhand durch Technik und Industrie längst zur Kulturlandschaft, um nicht zu sagen zum Abenteuerspielplatz der „Erlebnisgesellschaft"[47] umgeformt wurde. Gerade deshalb bleibt er ein „Faszinosum" unserer Zeit, wie Christian Graf von Krockow ihn bezeichnet hatte.[48]

---

44 Adorno, Theodor W.: *Prismen. Kulturkritik und Gesellschaft*. München: Deutscher Taschenbuch-Verlag 1963. S. 80.
45 Krüger, Michael: „Adorno, der Sport und die kritische Sporttheorie". In: *Sportwissenschaft* 34 (1). (2004). S. 21–32. S. 21.
46 Diem, Carl: Wesen und Lehre des Sports und der Leibeserziehung (2. Aufl.). Berlin: Weidmannsche Verlagsbuchhandlung 1960.

47 Schulze, Gerhard: *Die Erlebnisgesellschaft. Kultursoziologie der Gegenwart*. 2. Aufl. Frankfurt am Main: Campus-Verlag 1992.
48 Krockow, „Faszinosum".

Bock (Turngerät für Handstand)
aus Eichen- und Buchenholz sowie Metall, um 1930.
Maße: 23 x 56 x 2 cm.
Gerätemuseum des Coburger Landes, Ahorn. Inventarnr. GM04456.

Hand...

Handstände kommen im Geräte- und Bodenturnen sowie beim Yoga, Breakdance, Turmspringen, Voltigieren auf Pferden sowie im Zirkus vor. Die Hände werden beim Handstand etwa in Schulterbreite parallel auf den Boden gesetzt und tragen das gesamte Körpergewicht. Die durchgestreckten Beine und Füße verlängern die Körperachse nach oben. Zum Üben dienen Turngeräte wie das abgebildete Pauschenbrett, das aus einer Platte mit zwei Griffen (den Pauschen) besteht und einem Pferdesattel ähnelt. Der Guinness-Weltrekord im Handstand auf einem Arm wurde 2021 von der Österreicherin Stefanie Millinger aufgestellt und dauerte 1 Minute und 22,44 Sekunden.

Teilnehmer des Gesprächs am 28. April 2022 in der HUK-Coburg Arena Coburg

Felix Streng
Felix Streng wurde 1995 in La Paz ohne rechten Unterschenkel geboren. In seiner Kindheit und Jugend wuchs er ohne große Einschränkungen und mit viel Bewegung in Bolivien, England und dann einem kleinen Dorf im Landkreis Coburg auf. Mit 16 Jahren entschied er sich für einen Umzug in die Eliteschule des Sports des TSV Bayer 04 Leverkusen, um dort sein Sportabitur zu absolvieren und seine neu entdeckte Leidenschaft zu perfektionieren: die Leichtathletik. Inzwischen blickt er auf eine beträchtliche Anzahl an Erfolgen bei den Paralympics, Welt- und Europameisterschaften zurück: darunter Gold über die Königsdisziplin der 100 m bei den Paralympics in Tokio 2021. Sein Fokus liegt stets auf der „ability" und nicht der (vermeintlichen) „disability". Aktuell trainiert er in einer Gruppe von Top-Athleten in London, bei der es keine Rolle spielt, ob jemand eine Prothese trägt oder nicht.

Michael Krüger
Professor für Sportpädagogik und Sportgeschichte an der Universität Münster (siehe Seite 12)

Enrico Putzke
Seit 01.04.2020 vertritt Dr. Enrico Putzke als Geschäftsführer das Institut für Materialwissenschaften der Hochschule Hof (ifm) an den Standorten Hof und Münchberg. In seiner Dissertation befasste er sich mit dem Thema „Charakteristik und Verhalten von synthetischen Faserstoffen in homogenen und heterogenen Wirkpaarungen". Des Weiteren betreut er Projekte im Bereich Mensch-Technik-Interaktion sowie zur Anwendung innovativer Werkstoffe im Maschinenbau und der Textiltechnik.

und die Herausgeber
Christian Holtorf und
Olaf Stieglitz

Felix Streng im Gespräch

Wenn die Technik gewinnt: Erfinden moderne Technologien den Sport neu?

Gespräch und Diskussion mit dem Leichtathleten Felix Streng

Christian Holtorf:
„Wir haben uns heute vorgenommen, gemeinsam mit Felix Streng einen Blick auf die Bedeutung von Technologien im Sport zu werfen. Herr Streng, Sie sind im Augenblick mitten in einem Trainingsprogramm. Was genau tun Sie gerade?"

Felix Streng:
„Wir sind aktuell im Trainingslager auf Teneriffa. Wir bereiten das Grundlagentraining für die Saison vor. Das ist in der Leichtathletik das, was man so macht: Man fährt kurz bevor die Saison startet noch mal ins Warme, um den Körper auf das hohe Niveau des Trainings vorzubereiten und die ganze Gruppe zu fokussieren. Unser Trainer und unser Leichtathletikcoach sind dabei und das ganze Team."

Christian Holtorf:
„Wie sieht Ihr Alltag aus? Wann müssen Sie morgens raus?"

Felix Streng:
„Wir stehen um halb sieben auf, sind um sieben beim Frühstück, und danach geht es direkt auf den Platz. Wir gehen zuerst auf die Leichtathletikbahn. Das startet oft mit einem individuellen Warm-up, dann gehen wir ins gemeinsame Warm-up mit dem Trainer. Er bereitet uns auf die Einheit vor. Danach werden wir von unseren Physio- und Osteopathen durchgecheckt, damit der Körper und die Gelenke vorbereitet sind, weil es beim Sprint ja darum geht, dass man top performen kann. Da muss die Beweglichkeit des ganzen Muskelapparates da sein und die Gelenke müssen richtig stehen. Denn wenn wir mit hoher Geschwindigkeit auf der Bahn sind, wirken große Kräfte auf den Körper ein.

An zwei Tagen in der Woche geht es darum, wirklich zu performen und richtig schnell zu laufen. Das ist die Grundlage für die Anpassung an die Belastung. An anderen Tagen ist es ruhiger. Es ist aber wichtig, dass wir zwei sehr intensive Tage in der Woche haben. Nur wenn wir in der Lage sind, auf diese hohe Belastung und diese hohe Geschwindigkeit zu reagieren, lernt auch unser Körper damit umzugehen.

Deswegen gehen wir auch noch ins Krafttraining. Unser Coach achtet darauf, dass wir Tage haben, an denen wir eher umfangsorientiert trainieren, den ganzen Körper vorbereiten und nicht so oft auf hohe Gewichte gehen. An anderen Tagen arbeiten wir mit schweren Gewichten und wenigen Wiederholungen, damit wir uns den Kräften beim Sprinten anpassen können. Dann ist der Körper intensiver eingestellt, auch in Bezug auf das Nervensystem, und wir gehen von der intensiven Kraft- zur intensiven Sprint- und Leichtathletikeinheit. Sprich, wir wollen auch nicht zu schwer werden, weil wir immer ein perfektes Kraft-Last-Verhältnis erreichen wollen, damit wir uns optimal auf der Bahn bewegen können.

Dann sind natürlich gute Ernährung und guter Schlaf noch wichtig. Acht Stunden Schlaf, darauf

„Es ist viel durchgetaktet."

achten wir. Ein guter Rhythmus ist ebenfalls wichtig, auch an den freien Tagen, damit sich unser Körper gut anpasst. Drumherum ist auch wieder Technologie im Einsatz: Ich komme z. B. gerade aus einer Recovery-Boots-Session. Das sind Hosen, Lymphhosen nennen die sich, die sich von unten nach oben mit zwölf Luftkammern aufblasen und dadurch die ganze Lymphflüssigkeit an den Beinen nach oben drücken. So helfen sie, den Blutfluss in den Beinen in Gang zu bekommen. Da liegen wir dann eine dreiviertel Stunde drin, ohne viel zu machen. Es ist interessant, dass wir auch dafür Technologie einsetzen."

Christian Holtorf:
„Kommen Sie denn selbst auch noch darin vor oder sind Sie nur Teil eines optimierten Ablaufes von Maschinen und Zeitplänen? Sind zum Beispiel Ruhepausen vorgesehen?"

Felix Streng:
„Ja, genau: Es ist schon viel durchgetaktet. Es geht darum, Performance-orientiert zu arbeiten. Man stellt fest, dass der Körper nicht unbedingt immer auf einem hohen Niveau ist und dass man das Training daran anpassen und manchmal mehr Regeneration einlegen muss. Wir haben festgestellt, dass ein Tag Regeneration weniger schädlich ist als ein Tag, an dem man sich verletzt. Denn dann müsste man wieder einige Zeit Reha machen und viel aufholen. An einem Regenerationstag verliert man nicht so viel, sondern gewinnt eher, weil man kontinuierlich arbeitet. Ich glaube, das ist auch eins der wichtigsten Dinge, an denen wir hier mit unseren Trainern arbeiten. Und dass wir sehr kontinuierlich trainieren und dadurch Schritt für Schritt Fortschritte machen anstelle von extremen Hochs und Tiefs. Wir versuchen das Level permanent zu halten und dementsprechend haben wir auch zweieinhalb Regenerationstage in der Woche."

Christian Holtorf:
„Um welche Performance handelt es sich: Soll die sportliche Leistungsfähigkeit und das Abrufen der Leistung bei den Wettbewerben gesteigert werden oder geht es beispielsweise auch darum, Verletzungsrisiken zu minimieren?"

Felix Streng:
„Ja, um all das geht es in unseren Trainingssystemen. Unser Trainer arbeitet sehr viel mit den Top-Ten-Zeiten. Es geht konstant darum, diese Zeiten zu verbessern. In dem Bereich ist Gesundheit enorm

wichtig, denn ohne Gesundheit können wir uns gar nicht weiterentwickeln. Die Gesundheit steht an oberster Stelle, weil der Körper nur fit ist, wenn er gesund ist, auch von der Psyche her. Nur wenn das Well-being passt, ist der Mensch richtig leistungsfähig. Diese Aspekte versuchen wir im Training zu berücksichtigen, um eine nachhaltige Performance leisten zu können. Deswegen haben wir zwei impulsive Tage in der Woche, weil das auch der Saison entspricht. Das Training ist tatsächlich stark an das Event angepasst und dient nicht nur dazu, fit zu werden. Es geht auch darum, gesund zu bleiben und die Leistung nachhaltig zu gestalten. Gerade beim Sprinten kommt es darauf an. Geschwindigkeit ist extrem belastend für den Körper, zum einen für den muskulär aktiven und passiven Bewegungsapparat, aber auch in Bezug auf das ganze Nervensystem. Das Ganze muss in der Balance stehen, um die Nachhaltigkeit zu gewährleisten."

„Was ist für mich Erfolg?"

Michael Krüger:
„Eine Sache ist besonders wichtig, wenn ich Herrn Streng richtig verstehe: Teilhabe an einem wichtigen Teil der Kultur unserer Zeit, nämlich dem Sport. Das ist eine wesentliche Motivation."

Felix Streng:
„Ja, auf jeden Fall. Sport verbindet und Sport bringt Menschen zusammen. Und das ist auch einer der Gründe, warum mich das Thema so interessiert und warum ich mit so einer Leidenschaft daran arbeite. Ein ganz wichtiger Aspekt im paralympischen Bereich ist die Prothese, in der extrem viel Technik und extrem viel Innovation drin stecken. Das trifft den Zeitgeist, wenn es um Inklusion und Toleranz geht.

Das ist ein Bereich, in dem uns die Technologien, die wir zur Verfügung haben, extrem weiterhelfen, um Sport auf diesem Niveau ausüben zu können."

Olaf Stieglitz:
„Haben Sie in Ihrem Trainingsalltag zwischen Trainingsrhythmus und Wettkampfvorbereitung noch Zeit und Gelegenheit, sich über solche gesellschaftlichen Themen informiert zu halten? Wie wird im Parasport über Technik gesprochen? Ist Inklusion für Sie und Ihr Selbstverständnis als Sportler eine wichtige Dimension im Alltag des Trainings? Ist das ein Anliegen von Ihnen oder können und müssen Sie das ausblenden?"

Felix Streng:
„Das sind Dinge, mit denen ich mich als Sportler eigentlich permanent sehr aktiv beschäftige. Wir sind viel unterwegs und treffen häufig Menschen, die wenige Berührungspunkte mit Sport haben, sodass solche Fragen immer wieder auftreten. Ich finde, dass es zu einem modernen Sportler dazu gehört, sich über diese Themen Gedanken zu machen. Gerade auch im paralympischen Bereich stellt sich die Frage der Technologie. Wir hatten schon einige Vorwürfe wegen des sogenannten Technodopings, wenn es etwa darum geht zu fragen, wo das Limit ist und wie wir uns da weiterentwickeln können. Natürlich sind das Themen, die mich im Alltag ständig begleiten."

Christian Holtorf:
„Als Sie die Ziele Ihres Trainings geschildert haben, habe ich mich in manchem daran erinnert gefühlt, was wir an den Hochschulen vermitteln möchten. Wie im Sport geht es auch in der Wissenschaft, in der Wirtschaft und vielen anderen gesellschaftlichen Bereichen um Leistung und Erfolg. Was bedeutet für Sie Erfolg? Welche Ziele haben Sie sich für diese Saison gesetzt?"

Felix Streng:

„Ja, das ist auch ein Thema, bei dem Sport für unsere Gesellschaft extrem wichtig ist. Deswegen versuche ich, wann immer ich kann, jungen Sportlern einen Zugang zum Sport zu vermitteln. Im Sport kann man so viele Dinge lernen, schon alleine durch den Aufbau und Rhythmus des Trainings und man lernt, strukturiert zu arbeiten und sich Ziele zu setzen. Um dieses Thema spielerisch an Kinder und Jugendliche heranzuführen, ist Sport das perfekte Medium. Deswegen finde ich, dass Sport in der Gesellschaft eine

> „Ich kann auf die
> Technik vertrauen."

viel wichtigere Rolle spielen sollte. Sport ist zum einen extrem gesundheitsfördernd. Ich denke, dass sich viele Kinder heutzutage einfach zu wenig bewegen. Und zum anderen lernt man im Sport auch seinen Körper kennen, lernt Teamfähigkeit und zu kommunizieren. Diese Dinge sind enorm wichtig.

Was ist für mich Erfolg? Das ist eine gute Frage. Ich habe mich während der Coronazeit dafür entschieden, mein Trainingssystem zu wechseln und bin zu einem Trainer nach London gegangen. Ich habe für mich festgelegt, dass es für mich Lebenserfolg sein soll, in Tokio die 100 Meter zu gewinnen. Deshalb habe ich dann alles auf den Kopf gestellt, um da hinzukommen. Jeder ist dort bestens vorbereitet, jeder ist über seine Grenzen hinausgegangen. Egal, ob es im Trainingsequipment ist, ob es bei uns im Prothesenequipment ist, ob es im Regenerationsequipment oder ob es im Nahrungsergänzungsmittelbereich ist. Jeder möchte das beste Equipment haben, sei es im Textilbereich, im Material, bei den Schuhen oder den Trikots. Da hat man in der Geschichte des Sportes schon so einiges gesehen, auch Sachen, die verboten waren.

Am Ende habe ich es glücklicherweise geschafft. Dass ich dieses Ziel erreicht habe, ist für mich Erfolg. Aber ich muss auch sagen, dass der Weg dahin auch schon ein Erfolg war. Die richtigen Entscheidungen zu treffen. Diesen Weg einfach zu gehen. Auf vieles verzichtet zu haben, um da zu sein, wo ich jetzt bin. Das alles ist am Ende für mich auch Erfolg. Es ist nicht nur der eine Moment, es ist auch der Weg dorthin."

Christian Holtorf:

„Sie haben viele weitreichende Entscheidungen in Ihrem Leben getroffen. Sie sind relativ früh aus Coburg weggegangen, haben sich auf den Sport fokussiert und sind jetzt in London. Dort haben Sie sich für das Team ‚Össur' entschieden. Das ist der Hersteller der Prothese, mit der Sie laufen. Worin liegt die Qualität des Teams und der Firma ‚Össur'?"

Felix Streng:

„Im paralympischen Bereich besteht das Equipment aus verschiedenen Teilen. Eine Prothese besteht aus einem Schaft, in dem das Bein drinsteckt und an diesem Schaft sind Befestigungen für die Prothese. Dafür gibt es verschiedene Regeln, denn es kann nicht sein, dass für einzelne Athleten ganz besondere Federn angefertigt werden. Die wichtigste Regel ist, dass die Prothese keine Elektronik beinhalten darf. Eine andere Regel ist z. B., dass das Produkt für alle Athleten frei auf dem Markt zugänglich sein muss. Es muss mindestens ein Jahr vor den Spielen beim Hersteller erhältlich sein. Wie die Prothese an das Bein angepasst wird, ist dagegen ein individueller Prozess, bei dem jeder für sich selbst entscheiden kann, welche Technik und welches Material am besten ist. Der eine bevorzugt z. B. ein Vakuumsystem auf Silikonbasis, was sehr modern ist. Ich dagegen laufe mit einem Prothesensystem, was eigentlich ein ganz klassischer Steckschaft ist. Der wurde um die Zeit des Zweiten Weltkrieges entwickelt und ist gar nichts Modernes. Aber er ist sehr simpel und funktioniert für mich in jeder Lage. Ich kann auf diese Technik vertrauen.

Bei den Herstellern habe ich mich für ‚Össur' entschieden, weil ‚Össur' sehr innovativ ist. Sie entwickeln und testen viel. Sie arbeiten eng mit ihren Athleten zusammen und achten auf das Feedback der Athleten. Sie sind sehr nutzerorientiert, was für mich als Sportler, der ein relativ kleines Zeitfenster hat, indem er top performen kann, besonders wichtig ist. Es bringt mir ja nichts, wenn ich in zwanzig Jahren eine Superprothese habe, sondern ich muss jetzt mit meinem Hersteller Kleinigkeiten abstimmen, die ich verändert haben möchte, um dann am Ende meine maximale Performance abliefern zu können.

Das Team ‚Össur' war in den letzten Jahren immer sehr innovativ und hat viel an seinen Formen gearbeitet. Das hat mich in meiner Vorbereitung auf Tokio dazu gebracht, mich für dieses Produkt zu entscheiden. Ich habe vorher sehr viele unterschiedliche Hersteller ausprobiert und viele Techniken getestet, was nicht selbstverständlich ist. Dabei habe ich mit verschiedenen biomechanischen Analysen und Videos gearbeitet und immer überlegt, welche Feder am besten zu mir und meiner Art zu Laufen passt."

Olaf Stieglitz:

„Das hört sich für mich so an, als ob ein Parasprinter auf eine gewisse Art und Weise auch ein Technikfreak sein muss. Sie müssen sich selber ganz stark damit auseinandersetzen, damit Sie sich die Technik in Zusammenarbeit mit Ihrem Hersteller und dem Team individuell anpassen und eine gewisse Expertise entwickeln können. Ist das richtig?"

Felix Streng:

„Absolut richtig, aber ich glaube, dass jeder Sportler, der auf so einem Niveau ist, in dem Bereich, in dem er unterwegs ist, auch informiert ist. Lewis Hamilton kennt sich z. B. mit Autos aus, das Auto ist auf ihn abgestimmt und er kann damit am besten fahren. Wir Sportler stecken am Ende in den ganzen Geräten und müssen damit zurechtkommen. Das bringt nichts, wenn dir jemand sagt, das und das ist die bessere Technik, aber ich komme damit gar nicht klar. Wir als Sportler versuchen, uns in verschiedene Bereiche extrem einzudenken und innovativ zu sein. Das betrifft auch die Regeneration, um für die nächste Trainingseinheit besser vorbereitet zu sein: Ist meine Ernährung gut, ist mein Schlaf gut? Hilft vielleicht eine Uhr, die meine Aktivitäten trackt, sodass ich meine Kalorien darauf abstimmen kann? Da gibt es viele Möglichkeiten. Als Topleistungssportler ist man in diesem Bereich bestimmt auch etwas verrückt, weil man sich immer weiterentwickeln will."

Michael Krüger:

„An dem, was Felix Streng sagt, werden zwei Sachen deutlich. Erstens sollte man unterscheiden zwischen der Technologie der Geräte und der Bewegungstechnik. Er hat sehr eindrucksvoll geschildert, dass der Erfolg erst dann möglich ist, wenn beides optimal aufeinander abgestimmt ist.

Also es reicht nicht, irgendjemandem so eine Hightechprothese anzuschnallen, wenn er nicht intensiv übt und trainiert und versucht, mit der Technik zurechtzukommen. Aber grundsätzlich, und das hat Herr Streng auch sehr zutreffend gesagt, gilt das für alle Sportler, die eine gewisse Verbindung mit ihrem Sportgerät entwickeln. Das gilt auch für manche Radfahrer, die ihr Fahrrad sogar mit ins Schlafzimmer nehmen. Was ich damit sagen will: Die Frage, wie sich der menschliche Körper durch Übungen und Training an die Sportgeräte anpasst, ist ein grundsätzliches Thema des modernen Sportes, das angefangen beim Turnen eigentlich immer mit Geräten zu tun hat. Was Felix Streng jetzt zu seinem Trainingsablauf und Trainingsprozess gesagt hat, unterscheidet sich aber in einem Punkt ganz wesentlich. Seine körperliche Einschränkung erfordert eine ganz besondere Art der Technologie und der Abstimmung von Gerät und Mensch."

Enrico Putzke:
„Zum Thema Fahrrad kann ich aus eigener Erfahrung bestätigen, dass man bei einer längeren Radtour gerne mal das Rad mit aufs Zimmer nimmt. Das hat aber oftmals auch etwas mit dem Wert des Gegenstandes zu tun.

Ich möchte Felix Streng noch etwas anderes fragen. Trainingserfolge werden immer an messbaren Größen, z. B. an Zeiten oder Weiten festgemacht. Ist es bei Ihrer Erfahrung und auf dem Niveau, auf dem Sie den Sport betreiben, spürbar, ob die nächste Steigerung aus der eigenen körperlichen Leistungsfähigkeit machbar ist oder ob sie aufgrund der technischen Hilfsmittel erfolgen muss? Können sie so eine scharfe Unterscheidung treffen? Spüren Sie das oder muss sich das irgendwie ergeben?"

Felix Streng:
„Eine sehr interessante Frage. Ich kann aus meiner Perspektive sagen, dass ich den Punkt noch nicht erreicht habe, an dem ich gesagt habe, jetzt bin ich ausgeschöpft. Ich fühle, dass ich mich körperlich immer noch weiterentwickle, meine Werte im Training auch noch steigere. Da geht es auch wieder um die Aufgabe, das Technische mit dem Menschlichen zu verbinden. Unabhängig von der Prothesentechnik, die natürlich einen sehr großen Teil in meinem Bereich einnimmt, geht es aber auch um die Lauftechnik. Das Sprinten an sich ist z. B. ein hochkomplexer Bereich. Es gilt, in zehn Sekunden um die 48 Schritte zu machen, zu reagieren, verschiedene Körperpositionen einzunehmen und die Strecke mit maximaler Energie in der geringsten Zeit zu überwinden. Es geht darum, wo mein Körperschwerpunkt ist, wo mein Bein den Boden trifft, was meine Arme machen. Und das alles in zehn Sekunden 48 Mal zu reproduzieren. Das ist einfach extrem, in diesem Bereich keine Fehler zu machen und perfekt zu reagieren. Im Kopf frei zu sein, die perfekten Bedingungen zu haben und körperlich auf höchstem Niveau zu sein. Ich glaube, es spielen so viele Faktoren eine Rolle, dass es sehr schwer wird zu sagen, genau jetzt brauchen wir eine neue Technik.

> „Ich fühle, dass ich mich körperlich immer noch weiterentwickle."

Allerdings finde ich es sehr interessant, was wir 2018 und 2019 gesehen haben. In den letzten zwei Jahren vor den Olympischen Spielen 2020 in Tokio hat sich in der Leichtathletik extrem viel verändert. Das ganze Schuhwerk wurde auf den Kopf gestellt. Früher ist man bei uns im Sprintbereich auf Spikes gelaufen, die waren hauchdünn. Das aktuellste Modell von Adidas war damals ein Schuh mit 99 Gramm, der wurde 2012 für die Olympischen Spiele rausgebracht und das war das absolute Highlight. Heute ist man davon weggegangen und hat einen Schuh entwickelt, der viel dicker ist, dafür aber eine eingebaute Carbonsohle hat. Jetzt geht es gar nicht mehr um das Gewicht, sondern um die Steife und die Energierückgabe des Schuhs. Auch in diesem Bereich sieht man, dass sich unser Sport weiterentwickelt.

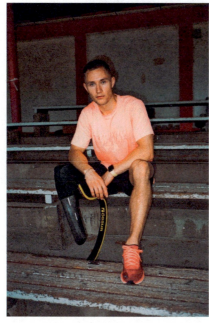

Abbildungen:
Spitzensportler mit Prothese – Felix Streng.

Auch die Leichtathletikbahn in Tokio hat sich in der Geschichte verändert. Am Anfang wurde auf Gras gelaufen, dann ist man zur Aschenbahn übergegangen, schließlich zur Tartanbahn. Heute sind die modernsten Leichtathletikanlagen alle aus Kunststoff, was ein extrem harter, aber auch reaktiver Untergrund ist, auf dem das Laufen viel, viel leichter fällt und die Energierückgabe viel größer ist. Die Leistungen in Tokio haben das auch gezeigt. Die Entwicklung dieser Technologie hat es einfacher gemacht, gewisse Zeiten zu erreichen.

Michael Krüger:
„Würden Sie sagen, dass auch Laufschuhe eine Art von Prothese sind?"

Felix Streng:
„Sie sind auf jeden Fall eine Art Hilfsmittel. Als es darum ging, den Marathon unter zwei Stunden zu laufen, war die große Diskussion, mit welchem Schuh der Sieger Eliud Kipchoge da gelaufen war. Der Schuh wurde erst für eine gewisse Zeit verboten und dann im Olympiamarathon wieder erlaubt.

„Die Schuhe sind absolute Hightechmaschinen."

Das hat auch einen kommerziellen Hintergrund, wenn man z. B. sieht, welchen Boom der Laufsport jetzt durch Corona erlebt hat, weil in dieser Zeit vielleicht der Tennisplatz geschlossen war und auch andere Sportmöglichkeiten wegfielen. Es gibt einen riesigen Markt. Die Schuhe sind mittlerweile absolute Hightechmaschinen, wenn man bedenkt, welche Innovationen und Entwicklungen es in den letzten Jahren in diesem Bereich gegeben hat. Das hat man, glaube ich, in der ganzen Geschichte der Leichtathletik vorher noch nicht gesehen. Von daher sind Laufschuhe schon ein Hilfsmittel, absolut."

Enrico Putzke:
„Interessanterweise arbeiten wir in Hof auch an Schuhmaterialien und nicht nur im dekorativen Bereich. Es gibt viele Sportschuhe, die gar nicht mehr für ihren eigentlichen Zweck gemacht sind, sondern einen Sammlerwert haben, weil sie vielleicht eine limitierte Edition sind. Wenn man schaut, welche Anforderungen in so einem Bereich an das Obermaterial gelten, ist das durchaus sehr herausfordernd. Was sich die Designer und Entwickler dabei denken, steht für die Nutzer im Hintergrund, ist aber für uns in der Forschung sehr herausfordernd.

Wir arbeiten an Obermaterialien, die mit unterschiedlichen Technologien hergestellt werden. Sie sollen für die Verwendung von Recyclingmaterialien offen sein, aber die gleiche Performanz bringen wie die vorhandenen synthetischen Materialien. Dabei geht es um das Anschmutzverhalten, das Waschverhalten und die Atmungsfähigkeit. Ziel ist es, das Level der traditionellen, bewährten Materialien beizubehalten. Abstriche wären den Kunden nur sehr schwierig zu vermitteln."

Olaf Stieglitz:
„Nachhaltigkeit und Ökologie werden im Sport immer wichtiger. Ich vermute, dass der durchschnittliche Sneaker, den man im Laden kaufen kann, ökologisch eine Katastrophe ist. Das spielt im Moment eine wichtige Rolle, in diesem Bereich Anschluss zu finden, oder sehe ich das falsch?"

Enrico Putzke:
„Das ist richtig. Aber gewisse Rückschritte und gewisse Einschränkungen muss man schon hinnehmen, was z. B. die verfügbare Farbpalette angeht und so weiter. Damit muss man umgehen. Die Marketingleute müssen z. B. überlegen, wie man das als Vorteil verkauft."

Christian Holtorf:
„Herr Streng, spielt Nachhaltigkeit auch bei Ihnen eine Rolle? Ist das ein Thema für das Team ‚Össur'?"

Felix Streng:
„Mein Sponsor Puma ist gerade dabei, einen Schuh zu entwickeln, der kompostierbar ist. In der Testphase ging es darum, den Schuh ein halbes Jahr zu tragen und dann zu sehen, wie die Materialien reagieren und wie strapazierfähig sie sind. Es geht dabei um Schuhe für den privaten Freizeitbereich, weil da die Anforderungen an einen Schuh nicht ganz so hoch sind wie im Leistungssport. Auch beim Team ‚Össur' geht es darum, nachhaltig zu sein. Das betrifft die ganze Sportbranche. Die Carbonproduktion soll aus nachhaltiger Produktion kommen, aber mit dem Recycling von Carbon kenne ich mich nicht aus. Carbon ist sehr schwer zu recyceln und das Material ermüdet ziemlich schnell. Das spüre ich auch an meinen Prothesen. Sie müssen regelmäßig ausgetauscht werden, weil das Material sehr schnell ermüdet und es dann passieren kann, dass so eine Prothese bricht, was natürlich nicht angenehm wäre, wenn wir zwischen 35 und 38 km/h laufen."

Enrico Putzke:
„Natürlich wird darüber auch bei uns schon lange geforscht. Das Problem von diesen Verbundstoffen ist, dass ich beim Recyceln von diesen Stoffen das machen muss, was der Stoff eigentlich nicht machen soll. Der Name sagt ja schon, dass die Materialien durch den Verbund lange halten sollen, aber ich muss sie wieder trennen, um an verwertbare Stoffe zu gelangen. Das widerspricht der Motivation, warum sie hergestellt wurden. Ehrlicherweise muss man sich die Frage stellen, ob dieser Weg sinnvoll ist, wenn man sich den Gesamtaufwand anschaut. Vielleicht wäre die thermische Verwertung geeigneter."

Frage aus dem Publikum:
„Wie viele neue Laufschuhe kaufst du ungefähr pro Jahr? Und ist es richtig, dass du eine Leistungsprothese und eine Alltagsprothese hast? Wechselst du die nach dem Training?"

Felix Streng:
„Wie viele Laufschuhe ich im Jahr brauche, kann ich gar nicht so genau beantworten. Ich schätze, bei mir hält ein Laufschuh höchstens acht Wochen. Aber das heißt nicht, dass ich diese Laufschuhe dann die

> „Rein physiologisch ist es Wahnsinn, was ein gesundes Bein kann."

ganze Zeit getragen habe. Ich rotiere die Laufschuhe durch, weil der eine Laufschuh vielleicht für Sprinteinheiten besser geeignet ist und der andere ein bisschen besser für Sprünge, weil er besser abgefedert ist. Auch in diesem Bereich arbeiten wir mit verschiedenen Produkten und im Kraftraum noch einmal mit einem ganz anderen Schuh, der mehr Stabilität hat. Es sind also schon einige Schuhe, auch an Spikes, die ich im Jahr verbrauche, weil das Material ermüdet.

Was die Prothesen angeht, sollten sie eigentlich alles abbilden können und in allem gut sein, ohne dass ich in bestimmten Bereichen verzichten muss. Das ist aber schwer umzusetzen. Deshalb stimmt es, dass ich eine Alltags- und eine Sportprothese habe. Bei der Sportprothese kann ich die Federn und Füße wechseln und mit unterschiedlichen Härten arbeiten, um verschiedene Sachen im Training auszuprobieren. Im Alltag gibt es ganz andere Anforderungen als Highperformance. Da geht es darum, Treppen zu gehen und mit der ganzen Alltagsbelastung umzugehen."

Frage aus dem Publikum:
„Das hört sich so an, als würden die, die keine Prothese haben, eigentlich benachteiligt sein, weil sie nicht einfach wechseln können. Deren Bein muss ja alle Dinge machen, für die du unterschiedliche Prothesen hast."

Felix Streng:
„Ja, aber jetzt ist die Frage, ob wir über zwei gesunde menschliche Beine oder über gar keine Beine sprechen. Habe ich gar keine Beine, bin ich als Prothesenträger im Vorteil, weil ich mich viel freier bewegen kann. Habe ich allerdings zwei Beine, ist das absolut kein Vorteil, weil es die Evolution so eingerichtet hat, dass zwei gesunde Beine mehr leisten können als ich mit einem Bein. Meine Prothese ist nicht wie ein gesundes Bein, sondern relativ statisch. Rein physiologisch ist es Wahnsinn, was ein gesundes Bein kann, das kann meine Prothese nicht. Ein Bein kann sich durch Belastung anpassen, aber bei einer Sportprothese ermüdet das Material. Ich kann die Prothese auswechseln, aber sie passt sich mir nicht an. Wenn mein linkes Bein stärker wird und ich meine Prothese nicht anpasse, kann es sein, dass ich eine komplette Schieflage und Fehlstellungen entwickle."

Olaf Stieglitz:
„Körpergeschichtlich gesehen ist der Sport eine kulturelle Praxis, die das Zusammenspiel von Technik und Bewegungsabläufen aufruft. Sport lässt sich unterscheiden in Leistungssport, Breitensport, Gesundheitssport, Rehasport usw. Alle diese Bereiche haben eine eigene Geschichte, die zum Teil etwas mit Biologie und Evolution zu tun hat. Aber sie hat auch viel damit zu tun, wie menschliche Körperlichkeit historisch immer neu gedacht und aufgeführt wird. Der Sport ist eine der Arenen, der Aktivitäten und Praktiken, in denen Körperlichkeit räumlich, zeitlich und technologiebezogen immer wieder neu ausgehandelt wird. Dazu kommen viele weitere gesellschaftliche Faktoren: Macht es einen Unterschied, ob wir über Männer oder Frauen reden? Was bedeutet es, auf wie viele Ressourcen ich Zugriff habe? Ist es eine Frage des Geldes? Inwieweit werden solche Aspekte politisiert? Inklusion und Exklusion. Kommerzialisierung und Ausbreitung des Leistungsgedankens in den Freizeitbereich. Und so weiter. Diese Felder lassen sich aus meiner kulturhistorischen Perspektive anhand des Sportes und seiner Körperlichkeit gut diskutieren, nicht nur in Bezug auf ihre Geschichte, sondern auch für die Gegenwart. Aber das Selbstverständnis als Sportler oder Sportlerin geht darüber hinaus, und darauf lege ich besonderen Wert."

Enrico Putzke:
„Man hört bei Wintersportlern immer wieder, dass man, wenn es nicht so gut lief, sagt, man hätte sich ‚verwachst'. Das Material hat also nicht gepasst. Haben Sie auch Erfahrungen damit, dass das Material bei bestimmten Witterungsbedingungen nicht passt?"

Felix Streng:
„Das ist eine sehr interessante Frage, weil wir sie bis jetzt nicht beantworten können. Die Wissenschaft sagt aktuell, dass Carbon nicht witterungsanfällig ist. Was ich allerdings erlebe und mit anderen Leuten bespreche, die im paralympischen Sport unterwegs sind, ist, dass sich die Prothese unterschiedlich anfühlt. Ich habe das Gefühl, dass sich die Prothese bei wärmeren klimatischen Bedingungen anders verhält, nämlich viel elastischer ist. Die Frage ist dann, ob sich mein Körper, der ja immer noch in dieser Prothese steckt, schnell genug daran anpassen kann. In den letzten Jahren habe ich festgestellt, dass es wichtig ist, eine eigene Bestperformanceprothese zu haben, denn mein ganzer Körper stimmt sich mit dem technischen Hilfsmittel der Prothese ab. Das ist immer ein Balanceakt, ob ich mich als Sportler auf die Prothese einstelle oder ob ich mich drumherum

bewege. Ich versuche z. B. zwei Tage früher an einem Wettkampfort zu sein, um mich auf die klimatischen Bedingungen einzustellen. Das mache ich unabhängig von der Zeitumstellung, die übrigens auch ein spannendes Thema für den Einsatz von Technologie ist. Zum Beispiel habe ich mich auf die Spiele in Tokio mit einer Brille vorbereitet, die das Blaulicht entfernt, um mich an den Schlaf-Wach-Rhythmus von Tokio anpassen zu können."

„Gab es überhaupt jemals einen fairen Wettkampf?"

Michael Krüger:
„Unser Thema heißt: Technik macht's möglich. Aus der Sicht des Sportes kann man aber vielleicht auch sagen, dass Technik einen fairen Wettkampf unmöglich macht, weil die Ausgangsbedingungen derartig unterschiedlich sind. Wir haben gerade gehört, was an ökonomischem, technischem und wissenschaftlichem Aufwand dahinter steckt, um diese Leistungen zu erbringen, egal, ob das jetzt olympische oder paralympische Athleten sind. Ist die eigentliche Grundidee des Sportes, nämlich einen fairen Wettkampf unter chancengleichen Bedingungen zu ermöglichen, dann noch gewährleistet? Vor dieser Herausforderung stehen die Sportverbände, steht auch der paralympische Verband. Felix Streng hat erwähnt, welche Regularien es mittlerweile gibt, um wenigstens ansatzweise ähnliche Bedingungen zu schaffen, ganz abgesehen davon, dass Nationen, die nicht so viele finanzielle Mittel und Unterstützer haben, gar nicht mehr an diesen Wettkämpfen partizipieren können. Es ist ein Riesenproblem in der Leistungs- und Hochleistungssportentwicklung, dass die grundlegende und fantastische Idee eines fairen, gleichberechtigten Wettkampfes durch moderne Technologie ausgehebelt werden kann."

Christian Holtorf:
„Was sind denn die Werte des Sportes? Sie haben Fairness genannt, aber dazu gehören auch Begriffe wie Natürlichkeit, Gesundheit und Leistung. Welche Rolle spielen diese Werte in der heutigen Praxis, in der auch Wirtschaft und Politik mitspielen? Welche Bedeutung hat z. B. Inklusion tatsächlich? Sie, Herr Krüger, haben jetzt im Grunde dafür plädiert, den Sport auch in seiner exkludierenden Funktion wahrzunehmen."

Michael Krüger:
„Was heißt exkludierende Funktion? Zu einem Wettkampf sind immer alle zugelassen, die die gleichen Chancen mitbringen. Das ist die eigentliche Idee. Es geht nicht darum, Inklusion zu realisieren oder so etwas, sondern es geht darum, unter gleichen Bedingungen einen spannenden Wettkampf zu realisieren. Es ist nur bei paralympischen Athleten viel schwieriger und komplexer, solche gleichen Ausgangssituationen herzustellen. Aber es ist auch bei anderen Athleten äußerst schwierig und da spielt die Technologie eine ganz große Rolle. Die Schuhentwicklung zum Beispiel."

Felix Streng:
„Die grundlegende Frage ist: Gab es überhaupt jemals einen fairen Wettkampf? Ging es im Sport nicht schon immer darum, sich weiterzuentwickeln? War der Sport jemals wirklich fair? Oder entwickeln wir nur gerade einen größeren Abstand zwischen Alltagssport und Spitzensport? Zum Thema Inklusion und Exklusion kann man es eigentlich ganz simpel sagen: Der Breitensport ist auf jeden Fall inklusiv, weil Sport verbindet. Sport macht Spaß. Sport bringt vielleicht auch Leute zusammen, die ein Schicksal erlebt haben, z. B. eine Amputation oder eine Krankheit. Sie fangen dann wieder mit Sport an und man sieht, wie gut es ihnen tut. Sobald es aber um den Leistungssport geht, denke ich, ist der Sport nicht mehr inklusiv. Da geht es darum, sich in einem Wett-

bewerb zu messen, aber unterschiedliche Voraussetzungen in Bezug auf die physische Konstitution, die mentale Stärke, die sozioökonomischen Voraussetzungen usw. zu haben."

Frage aus dem Publikum:
„Eine Frage zu Inklusion im Leistungssport: Vereinzelt haben paralympische Athleten ja schon bei den Olympischen Spielen teilgenommen. Oscar Pistorius ist so ein Beispiel. Wie stehen Sie dazu? Darüber gibt es große Diskussionen, gerade im Sprinten und im Weitsprung."

Felix Streng:
„Genau. Mein Standpunkt ist ganz anders, als Sie jetzt vielleicht erwarten. Ich glaube, der nächste Schritt, den wir machen sollten, ist der, dass olympischer Sport olympischer Sport bleibt und paralympischer Sport paralympischer Sport bleibt. Einfach deswegen, weil wir im paralympischen Sport mit Hilfsmitteln arbeiten und das einfach nicht vergleichbar ist. Aber im olympischen Sport, finde ich, hat Inklusion einfach nichts zu suchen. Als paralympische Sportler sollten wir die beste Werbung für den Sport sein und zeigen, dass wir den gleichen Wert haben wie die olympischen Sportler und den gleichen Aufwand reinstecken. Dass wir uns auf Augenhöhe begegnen. Wenn wir das erreicht haben, dann haben wir zwei Wettkämpfe, die auf einem extrem hohen Niveau stattfinden. Und dann sollte die Frage nicht mehr sein, ob jemand bei den Paralympischen oder bei den Olympischen Spielen mitmacht."

Christian Holtorf:
„Der paralympische Sport hat möglicherweise eine neue Entwicklung im Sport eingeläutet. Herr Krüger, ist das historisch etwas Neues, was jetzt begonnen hat? Ist die zunehmende Technisierung in Bezug auf Leistung wirklich neu?"

Michael Krüger:
„Die Entwicklung des paralympischen Leistungssportes seit den letzten 20 Jahren ist schon ein Quantensprung in der Entwicklung des ‚Versehrtensportes', wie es früher hieß. Nach dem ersten und dem Zweiten Weltkrieg hat Sport, auch Wettkampfsport für Menschen mit körperlichen Beeinträchtigungen, an Stellenwert gewonnen. Aber das war natürlich auf einem ganz anderen Niveau, als es heute mithilfe moderner Materialien und Technologien geschieht. Diskussionen

„Die moderne Technik macht den Leistungssport besonders."

wie die über Oscar Pistorius oder Markus Rehm hätte man in den 1950er- und 1960er-Jahren nie und nimmer für möglich gehalten. Darin ging es darum, ob sich ein Athlet, der solche hoch technisierten Prothesen nutzt, einen Vorteil gegenüber denen verschafft, die diese nicht haben und die Chancengleichheit dadurch außer Kraft gesetzt wird. Wenn ich das so sagen darf, dann hat der paralympische Sport in den letzten 20 Jahren die Entwicklung des Sportes so vorangetrieben, dass heute alle vorhandenen Ressourcen in einen Athleten gesteckt werden, um die Leistung zu optimieren. Niemand hätte früher daran gedacht, dass Menschen mit körperlichen Beeinträchtigungen nicht behinderte Menschen überholen könnten."

Olaf Stieglitz:
„Ich glaube, wir müssen, wenn wir über Sport und Technologie reden, immer im Blick haben, über welchen Sport wir gerade sprechen. Reden wir auf der Ebene des Leistungssportes oder reden wir auf der Ebene des Breitensportes, des Gesundheitssportes oder der Reha. Ich glaube, wenn wir uns Mühe geben, auf diese Unterschiede zu achten, dann kommen wir auch genau

auf die Frage, worum es jeweils geht: Geht's hier noch um Fair Play? Geht's hier um Inklusion? Geht es um das Verankern von Werten in der Gesellschaft? All das sind superwichtige Themen, aber ich glaube, es hilft uns nicht weiter, sie unter dem Oberbegriff des Sportes zu verhandeln. Wir müssen genauer hinschauen, worüber wir jeweils reden. Dadurch gewinnt das Thema auch noch mal an historischer Tiefenschärfe."

Enrico Putzke:
„Neue technologische Entwicklungen gibt es ja auch im Bereich des Hobby- und Breitensportes. Man hört von T-Shirts, die Körperfunktionen messen, die Daten über eine angekoppelte App zu einem Trainingsberater schicken, der anderswo sitzt und dem Sportler ein schnelles Feedback geben kann. Es gibt auch spezielle Socken, die über ein angepasstes Fußbett stimulierend wirken sollen. So hochkomplex und kompliziert muss es aber gar nicht immer sein. Auch ein einfaches Miniband kann als multifunktionales technisches Sportgerät genutzt werden. Also das sind durchaus Entwicklungen im Material- und Textilbereich, die noch Potenzial für die Zukunft haben."

Olaf Stieglitz:
„Das ist ein Superbeispiel: Auch wenn wir über ein anderes sportliches Level reden, sprechen wir trotzdem über Technologien. Wir reden über Anwendbarkeit. Wir reden über Vermarktung. Die gleichen Fragen tauchen auf verschiedenen sportlichen Levels auf. Es würde uns sehr weiterhelfen, genau hinzuschauen und immer zu überlegen, auf welcher Ebene wir uns gerade bewegen."

Michael Krüger:
„Die Grundidee des Wettkampfsportes ist der chancengleiche Wettkampf und erst danach beginnt die Fairness. Wenn man aber den Wert der Fairness aufrechterhalten möchte und sich die Entwicklung der Technik anschaut, dann muss man sich schon die Frage stellen, ob nicht andere Klassifizierungen erforderlich sind, um Mannschaften wirklich gleich zu machen. Man muss sich auch die Frage stellen, ob die technischen Hilfsmittel des Trainings und des Supportes noch zum Ziel der Chancengleichheit beitragen."

Felix Streng:
„Der Leistungssport wird immer innovations- und technikaffin sein. Technik ist aber auch im Alltags- und Gesundheitssport ein großer Vorteil, vom klassischen Hometrainer über das Smartphone bis zu interaktiven Spiegeln für Fitnessprogramme oder YouTube-Videos für Yoga. Technik spielt wirklich in jedem Bereich eine Rolle: ob es darum geht, sich zu ernähren, sich zu regenerieren, die Trainingsleistungen zu analysieren oder das Trainingsequipment auf den neuesten Stand zu bringen. Ich glaube, es wird den Leistungssport immer kennzeichnen, Technologien aus den verschiedenen Bereichen einzusetzen. Aber im Sport selber wird gar nicht so viel Technik entwickelt. Sie wird eher aus den verschiedenen Bereichen der Gesellschaft in den Sport getragen. Der Sport profitiert dann davon. Ich persönlich glaube nicht, dass man die Technik aus dem Leistungssport nehmen kann oder sollte. Die moderne Technik macht den Leistungssport besonders."

Christian Holtorf:
„Vielen Dank Ihnen allen für das spannende Gespräch!"

Lederbälle aus Oberfranken
1920er Jahre.
Sammlung Thorsten Kotschy, Eicha.

...und Fuß.

Der dunkle Lederball stammt von Anfang der 1920er Jahre, wohl aus der damaligen Fußballhochburg Bamberg. Der helle Lederball wurde höchstwahrscheinlich in den 1920/30er Jahren von der Spielvereinigung Mönchröden benutzt. Der Verein schloss sich nicht dem DFB, sondern dem Arbeitersport an und musste im Nationalsozialismus fusionieren bzw. aufgelöst werden. Inzwischen hat sich die Digitalisierung auch im Fußball bemerkbar gemacht: im Training werden Daten von „Smart Balls" ausgewertet, in der Bundesliga sind elektronische Torlinientechnik und Videoschiedsrichter zum Standard geworden. Da ist der Schritt zu Videospielen und E-Sport nicht mehr weit.

Matthias Oloew
Dr. phil. Matthias Oloew promovierte an der TU Berlin zur Architekturgeschichte des öffentlichen Schwimmbads. Der Historiker arbeitete viele Jahre als Redakteur beim Berliner „Tagesspiegel" und leitet seit 2009 die Unternehmenskommunikation der Berliner Bäder-Betriebe. Seine Forschungsinteressen fokussieren auf das 19. und 20. Jahrhundert. Aktuell beschäftigt er sich mit der Kulturgeschichte des Freibads.

Matthias Oloew

Keimfrei und kristallklar

Seit gut 100 Jahren wird in deutschen Schwimmbädern Chlorgas eingesetzt. Der Erfinder der Idee ist heute fast vergessen.

Chlorgas. Nicht nur bei Historikern weckt dieses Wort ungute Assoziationen. Der Grund dafür ist sein Einsatz als Giftgas im Ersten Weltkrieg.[1]

Anders sieht es beim Betrieb von Schwimmbädern aus. Chlorgas gehört heute bei über 70 Prozent der Schwimmbäder in Deutschland zum essenziellen Bestandteil für den Betriebsablauf. Es desinfiziert das Badewasser in verlässlich guter Qualität. Chlorgas schafft damit die Grundlage, dass öffentliche Bäder nach dem Infektionsschutzgesetz überhaupt betrieben werden dürfen.[2]

Chlorgas ist in deutschen Schwimmbädern seit gut 100 Jahren im Einsatz; kurz nach dem Ende des Ersten Weltkriegs und trotz aller seinerzeit weit verbreiteten Bedenken. Erstmals angewendet wird es im Dezember 1920 im Stadtbad Neukölln in Berlin. Der Leiter des Stadtbads, Amtmann Carl Samtleben, tritt Skeptikern wirkungsvoll entgegen, als er erklärt: „Für einen eifrigen Schwimmer bietet das Wasser selbst nach dieser Behandlung und längerer Benutzung genau dieselbe Erfrischung, als wenn man in irgend einem anderen Wasser badet. (Ich kann das aus eigenen Erfahrung bestätigen, da ich allmorgendlich in dem Wasser schwimme.)"[3]

Wie ist es zum Einsatz von Chlorgas gekommen?
Am Anfang steht Robert Koch. Im April 1881 schreibt der Mediziner und Hygieniker in einem Aufsatz für die Zeitschrift des kaiserlichen Gesundheitsamtes mit dem Titel *Ueber Desinfection* und empfiehlt unter anderem den Einsatz von Chlor. Vor allem in destilliertem Wasser habe es sich bei seinen Versuchen, Milzbrandbazillen zu bekämpfen, als außerordent-

---

1 Münkler, Herfried: *Der Große Krieg. Die Welt 1914–1918*. Bonn 2014. S. 394f.; Martinetz, Dieter: *Der Gaskrieg 1914/18. Entwicklung, Herstellung und Einsatz chemischer Kampfstoffe*. Bonn 1996. S. 9–67.
2 Beutel, Thomas: „Stand der Zulassungsverfahren gemäß BPR für die Desinfektionsverfahren in der Wasseraufbereitung". In: *Archiv des Badewesens* 11 (2021). S. 812–818, S. 814f.

3 Samtleben, Carl: „Die bisherigen Erfahrungen über die Filtrierung und Chlorierung des Wassers der Schwimmbecken im Stadtbad Neukölln". In: *Das Bad 18*, 1 (1923). S. 1–4, S. 4.

lich hilfreich erwiesen. Müsse die Desinfektion in geschlossenen Räumen und gasförmigem Zustand eingesetzt werden, komme ebenfalls Chlor in Betracht.[4]

Als der Aufsatz erscheint, erlebt das öffentliche Badewesen in Deutschland eine erste Blüte. Nach Magdeburg und Berlin, wo schon 1830 bzw. 1855 Schwimmbassins in geschlossenen Räumen betrieben worden waren, eröffnen etwa ab Ende der

> „Jeder Keim, der ins Bassinwasser gelangt, muß so schnell wie möglich vernichtet werden."
>
> ERICH SELIGMANN

1870er-Jahre erste Stadtbäder mit Schwimmhallen – in Zwickau, Bremen, Dortmund oder Breslau. Stolze Stadtbad-Bauten, die ein neues Versorgungsverständnis für die Gesundheit ihrer Bevölkerung verkörpern, leisten sich in den Folgejahren u. a. Köln, Frankfurt a. M., Hannover, Mannheim und München.[5]

Das Funktionsprinzip der Schwimmbecken dieser Stadtbäder ist seinerzeit fast überall gleich und unterscheidet sich zum heute praktizierten Standard in einem wichtigen Punkt: Es gibt keinen Kreislauf mit einer weitgehenden Wiederverwendung des Wassers. Stattdessen fließt dem Becken kontinuierlich frisches Wasser zu, entweder über eine Leitung oder aus einem Brunnen. Während ein kleiner Teil davon zusammen mit schwebenden Schmutzpartikeln wieder abfließt, verbleibt das Gros des Wassers aber im Becken. In der Folge wird das Wasser immer trüber, je mehr Menschen darin baden. Spätestens nach einigen Tagen muss das Becken komplett entleert und anschließend gereinigt werden, ehe es eine neue Befüllung mit frischem Wasser erhält. Eine Übertragung von Krankheiten ist selbst dann nicht auszuschließen, wenn alle Badenden der Verpflichtung nachkommen, sich vor dem Betreten des Schwimmbeckens mit Wasser und Seife gründlich zu reinigen.[6]

Dass Krankheiten durch das Badewasser übertragen werden können, wird etwa seit der Jahrhundertwende in Berlin beobachtet. Insbesondere bei Männern, die häufiger die öffentlichen Bäder nutzen, weil sie z. B. am Training ihres Schwimmvereins teilnehmen, sind von einer entzündlichen Augenkrankheit, der sogenannten Schwimmbadkonjunktivitis, betroffen.[7] Solche Fälle werden auch im Stadtbad Neukölln beobachtet. „Wenn diese Erkrankungen auch keine nachteiligen Folgen hinterließen", schreibt Bad-Leiter Samtleben, „so waren sie doch häufig sehr langwierig und manchmal für die Befallenen recht unangenehm. Sie hinderten den Kranken zum Teil an seiner Berufstätigkeit und vor allen Dingen störten sie den Badbesuch."[8] Der Direktor des Berliner Hauptgesundheitsamtes, Erich Seligmann, fordert daher: „Jeder Keim, der ins Bassinwasser gelangt, muß so schnell wie möglich vernichtet werden. Verlangt wird somit eine ständige Desinfektion des Schwimmwassers."[9]

Die Idee, Chlorgas dafür einzusetzen, stammt allerdings nicht aus Deutschland. 1913 gelingt dem Ingenieur Charles F. Wallace und dem Kaufmann

---

4 Koch, Robert: „Ueber Desinfection". In: *Mitteilungen aus dem kaiserlichen Gesundheitsamte* Bd. 1 (1881). S. 234–282, S. 268ff.
5 Oloew, Matthias: *Schwimmbäder. 200 Jahre Architekturgeschichte des öffentlichen Bades*, Berlin 2019. S. 29–80.
6 Poelchau, G.: „Unser heutiges Volksbadewesen". In: *Veröffentlichungen der Deutschen Gesellschaft für Volksbäder* I, Heft 5 (1901). S. 50–70, S. 58.
7 Seligmann, Erich: „Zur Hygiene der Hallenschwimmbäder. Unter besonderer Berücksichtigung der Schwimmbadconjunctivitis". In: *Zeitschrift für Hygiene und Infektionskrankheiten* Bd. 98 (1922). S. 22–47, S. 24ff.
8 Samtleben, Carl: „Betriebsergebnisse. Das Stadtbad Neukölln im Rechnungsjahr 1920". In: *Das Bad*, 17, 7 (1922). S. 62.
9 Seligmann, „Hygiene", S. 36.

Martin F. Tiernan in den USA, Chlorgas direkt über einen Diffusor ins Wasser zu geben und so eine Desinfektion zu erreichen. Ihre Erfindung findet schnell Verbreitung in den USA und sichert vielen Städten die Versorgung mit keimfreiem Wasser.[10]

Die bahnbrechende Idee, das Chlorgas indirekt dem zu desinfizierenden Wasser zuzuführen, stammt hingegen von einem Deutschen, der seine Idee in den USA entwickelt hat. Georg Ornstein errichtet 1912 erstmals eine entsprechende Anlage in der Stadt Niagara Falls und damit sogar ein Jahr vor Wallace und Tiernan. Offensichtlich benötigt es jedoch einen längeren Vorlauf, bis Ornsteins Idee aus dem Schatten von Wallace und Tiernans Erfindung heraustritt.[11] Es ist jedoch das Prinzip von Ornstein, das der Desinfektion großer Mengen Wassers durch Chlorgas zum großen Aufschwung verhilft. Ornstein erhält dafür zahlreiche Patente beiderseits des Atlantiks.[12]

Wie funktioniert das Ornsteinsche Prinzip?
Chlor wird in einer Stahlflasche in komprimierter oder flüssiger Form an die Apparatur angeschlossen und entströmt gasförmig durch das zu öffnende Flaschenventil. Es wird zunächst einem Reduzierventil zugeführt, womit ein gleichbleibend niedriger Druck erreicht wird, der für die weiteren Prozesse notwendig ist. Ein Messgerät sichert die Zufuhr der gewünschten Menge des Chlorgases. Danach wird es in einem kleinen Behältnis einer kleinen Menge fließenden Wassers zugeführt und darin gelöst. Das entstandene Chlor-Wasser-Gemisch wird anschließend dem zu entkeimenden Wasser kontinuierlich zugeführt. Da auf diesem Weg das zu entkeimende Wasser und die Chlorlösung dasselbe spezifische Gewicht aufweisen, wird eine gleichmäßige Durchmischung erreicht, die augenblicklich eine nahezu vollständige Sterilisation erzielt.[13]

Der erste Artikel, den Ornstein für die deutsche Öffentlichkeit verfasst, erscheint 1920 in der Zeitschrift *Technisches Gemeindeblatt*. Darin beschreibt er nicht nur die Funktion und Wirkung seiner Erfindung, sondern preist auch ihre Einfachheit und Effektivität. Er führt auf: „[…] eine außerordentliche Kostenersparnis in der Anschaffung, eine enorme Raumersparnis, da der für die ganze Einrichtung einschließlich Vorratsraum und Chlorflaschen benötigte Raum nicht größer zu sein braucht als etwa 2 x 3 Meter und, abgesehen von gelegentlicher Kontrolle – zwei- bis dreimal täglich –, die jedes Mal nur wenige Minuten in Anspruch nimmt, eine Ausschaltung jeglicher Arbeit."[14] Als wichtigen Einsatzort für seine Erfindung hat er die öffentlichen Bäder ausgemacht. „Durch periodische Behandlung, etwa zwei- bis dreimal am Tage von jeweils 10–30 Minuten Dauer wird eine Reduktion der Keimzahlen von 95 % bis über 99 % erzielt, und somit die Gefahr, die das Volksbad als Krankheitsüberträger bietet, ausgeschaltet."[15]

1921 – inzwischen ist Ornstein nach Deutschland zurückgekehrt – referiert er vor der Jahresversammlung des Vereins der Badefachmänner in Hagen, einem Fachverband von Bäderfachleuten, die Fragen des Betriebs, der Technik und der Architektur von Bädern diskutieren und allgemeingültige Richtlinien formulieren. Auch hier wirbt er vor allem mit der Effektivität und der zu erwartenden Reduzierung

---

10 Roeske, Wolfgang: *Trinkwasserdesinfektion. Grundlagen – Verfahren – Anlagen – Geräte – Mikrobiologie – Chlorung – Ozonung – UV-Bestrahlung – Membranfiltration – Qualitätssicherung.* 4. Aufl. Essen: Vulkan-Verlag 2019. S. 36.
11 Chlorator-Gesellschaft (Hrsg.): *Das indirekte Chlorgas-Verfahren nach den Patenten Dr. Georg Ornsteins.* Berlin 1927. S. 5.; Ornstein, Georg: „Chlorgasanwendung zur Keimfreimachung von Volksbädern". In: *Das Bad* 19 (1921). S. 69–72. S. 70.
12 Roeseke, „Trinkwasserdesinfektion", S. 32.
13 Chlorator-Gesellschaft, „Chlorgas-Verfahren", S. 6.
14 Ornstein, „Chlorgasanwendung" (1920), S. 164.
15 Ornstein, „Chlorgasanwendung" (1920), S. 164f.

der Betriebskosten der Bäder: „Der Verbrauch an Material beträgt [...] bei einer einmaligen Umwälzung des Badewassers pro Tag, ein Bassin von 500 cbm Inhalt und eine Chlormenge von 0,5 g pro cbm vorausgesetzt, 250 g [...] Chlor, dessen Preis sich zum heutigen Tagespreise [...] auf weniger als 85 Pfennige beläuft."[16] Er wiederholt auch hier die einfache Handhabung der Anlage durch wenige Handgriffe und unterstreicht, dass seine Erfindung trotz großer Unterschiedlichkeiten der technischen Anlagen in den Bädern so flexibel eingesetzt werden könne, dass es gelinge, „[...] den Eigentümlichkeiten jeder einzelnen Rechnung zu tragen und ohne weiteres das in jedem Fall Beste und Richtigste zu raten."[17]

Damit trifft er einen akuten Punkt: Der Betrieb öffentlicher Bäder ist für die Städte stets mit einem großen Aufwand verbunden. Infolge der wirtschaftlichen Not, ausgelöst durch den Ersten Weltkrieg und seine Folgen, steht der Betrieb öffentlicher Bäder in vielen Kommunen sogar auf der Kippe. 1920 sind viele städtische Bäder geschlossen, vielerorts können sie nur stundenweise öffnen. Das gilt allerdings nur für die Brause- und Wannenbäder; die Schwimmbecken bleiben überwiegend geschlossen.[18] Zu groß sind der Wasserverbrauch und vor allem der Bedarf an Kohlen, um das Beckenwasser vorzuwärmen.

Es sind vor allem diese beiden Betriebsmittel, die die Kosten der Bäder nach oben treiben. Wenn auch durch die Nutzung von Abwärme einer benachbarten Fabrik beispielsweise oder ggf. eine Einschränkung des Betriebsumfangs der Verbrauch wesentlich gesenkt und ein etwas wirtschaftlicherer Betrieb erreicht werden kann, wie es Fachleute vorrechnen[19], so hat der städtische Bäderdirektor von Frankfurt am Main, Max Nowotny, bereits 1912 vor allem eine Ursache für die Teuerung des Betriebs ausgemacht: „In erster Linie sind es die vielen Bassinfüllungen. Mehr als die Hälfte des Wasserverbrauchs entfällt hierauf."[20]

Das ist eine Einschätzung, die Carl Samtleben, Nowotnys Kollege aus Berlin-Neukölln, nicht nur teilt, sondern auch belegen kann. Nach dem Einbau eines Kreislaufsystems durchläuft das Beckenwasser

> **Neben den wirtschaftlichen Vorteilen werden durch den Einsatz von Chlorgas noch weitere positive Effekte erzielt.**

in seinem Stadtbad nicht nur Kiesfilter für die grobe Reinigung, sondern wird auch durch Chlorgas sterilisiert. Die dafür notwendigen nicht unbeträchtlichen Investitionskosten von 400.000 Mark haben sich nach seiner Rechnung schnell rentiert. Statt im Durchschnitt die Schwimmbecken 115 Mal pro Jahr neu zu befüllen, sind nun nur noch 15 Beckenfüllungen pro Jahr notwendig. Neben der so erreichten Senkung des Wasserverbrauchs um 84.000 Kubikmeter benötigt das Stadtbad Neukölln nun deutlich weniger Koks und Kohlen. Insgesamt, so rechnet Samtleben vor, können die Betriebskosten um rund 680.000 Mark gesenkt werden.[21]

Neben den wirtschaftlichen Vorteilen werden durch den Einsatz von Chlorgas noch weitere positive Effekte erzielt. Im Gegensatz zum Chlorkalk z. B., mit dem ebenfalls zu Beginn des 20. Jahrhunderts experimentiert wird und mit dem ebenfalls gute

---

16 Ornstein, „Chlorgasanwendung" (1921), S. 72.
17 Ornstein, „Chlorgasanwendung" (1921), S. 72.
18 Fichtl: „Einschränkung des Kohlenverbrauchs in Groß-Badeanstalten". In: *Gesundheits-Ingenieur* 43, 13 (1920). S. 266–272, S. 266.
19 Fichtl, „Einschränkung", S. 272.
20 Nowotny, Max: „Über die Wirtschaftlichkeit kommunaler Badeanstalten". In: *Gesundheits-Ingenieur* 35, 3 (1912). S. 777–778, S. 778.
21 Samtleben, „Erfahrungen", S. 4.

Ergebnisse hinsichtlich der Desinfektion erzielt werden[22], bleibt das Wasser nun geruchs- und geschmacksneutral.[23] Das Wichtigste vor allem für den Schwimmsport ist jedoch die Tatsache, dass sich das Beckenwasser durch den Einsatz von Chlorgas nicht eintrübt, was beim Einsatz von Chlorkalk jedoch regelmäßige Begleiterscheinung ist.[24] Das Wasser ist stattdessen kristallklar. So können Zuschauer den Wettkampf besser verfolgen und Schiedsrichter die Einhaltung von Regeln beim Wettkampf – z. B. der korrekte Anschlag oder eine korrekte Wende der Athleten – besser bewerten.

Auch für die im ganzen Land seit Mitte der 1920er-Jahre entstehenden Freibäder (bautypologisch Sommerbäder und bauzeitlich auch Gartenbäder genannt) mit ihren großen, betonierten Becken hat sich Chlorgas als besonders hilfreich erwiesen. Durch die direkte Sonneneinstrahlung in die Becken wuchert das Algenwachstum. Auch Myriaden von Stechmücken trüben gelegentlich das Badevergnügen. Versuche, dem Übel dadurch Herr zu werden, indem Fische in die Schwimmbecken eingesetzt werden, hatten sich nicht bewährt.[25] Der Einsatz von Chlor hingegen ist erfolgreich.[26]

Die Erfindung und die Patente von Georg Ornstein sind heute nur noch einer kleinen Fachöffentlichkeit überhaupt präsent. Der Grund dafür liegt wesentlich in der Verfolgung Ornsteins durch die Nationalsozialisten begründet.

Ornstein, 1880 in Gardelegen im heutigen Sachsen-Anhalt geboren, hat nur für zwei seiner Großeltern den sogenannten „Ariernachweis" erbringen können. Daher wird er 1938 nach dem Nürnberger Gesetzen als jüdisch eingestuft. Um seine Firma *Chlorator* und damit seine Patente vor dem Zugriff des NS-Staats zu bewahren, entscheidet er, die Firma seiner Frau zu schenken.[27] Das Berliner Polizeipräsidium stimmt 1939 diesem Verfahren unter der Bedingung zu, dass sich die Eheleute Ornstein binnen Jahresfrist scheiden lassen und Hermine Ornstein einen „geeigneten fachkundigen arischen Betriebs- und Geschäftsführer mit der fachmännischen Leitung des Betriebes" betraut und dieser wiederum gewährleistet, dass „jeglicher jüdischer Einfluss auf die Führung des Betriebes ausgeschaltet wird und bleibt."[28] Georg Ornstein gelingt die Flucht in die USA, wo er den neuen Namen George Milliam Ornsen annimmt.

Nach dem Zweiten Weltkrieg machen die Ornsteins den Schenkungsvertrag rückgängig.[29] Die Firma wird zurückübertragen und Ornsen verkauft sie schließlich zusammen mit den Patenten an seine Mitbewerber Wallace und Tiernan. Das ist vermutlich der Grund dafür, dass die Idee und das Prinzip des indirekten Chlorgasverfahrens, das den Betrieb der Schwimmbäder einst revolutioniert hat, heute vor allem Wallace und Tiernan zugeschrieben wird.

Ornsen stirbt 1968 in Delaware County, Pennsylvania.

---

[22] Traube, Moritz: „Einfaches Verfahren Wasser in grossen Mengen keimfrei zu machen". In: *Zeitschrift für Hygiene und Infektionskrankheiten* 16 (1894). S. 149–150, S. 149f.
[23] Ornstein, „Chlorgasanwendung (1921)", S. 70.; Hilland, Willy: „Reinigung von Badewasser mit Chlor". In: *Bericht über die Jahresversammlung des Vereins Deutscher Badefachmänner, XX. Versammlung, 16. Bis 19. Juni 1927 Göttingen*, Verein der Badefachmänner (1928). S. 26–29, S. 27f.
[24] Samtleben, „Betriebsergebnisse", S. 62.; Samtleben, „Erfahrungen", S. 4.
[25] Böttger, Paul: „Sommerschwimmbäder". In: *Veröffentlichungen der Deutschen Gesellschaft für Volksbäder* VII, 2 (1924). S. 83–87, S. 85f.
[26] Ornstein, Georg: „Algenvertilgung in Gartenbädern". In: *Bericht über die Jahresversammlung des Vereins Deutscher Badefachmänner, XXII. Versammlung, Stuttgart 5. Bis 8. September 1929*, Verein der Badefachmänner (1930). S. 106 - 109, S. 106.

[27] Zur Biographie s. Wiedergutmachungsakten von George M. Ornsen: Landesarchiv Berlin, B Rep 025-06, Nr. 2414/50 und B Rep 025-06, Nr. 2415/50.
[28] Landesarchiv Berlin. Handelsregister Fa. Chlorator. A Rep 342-02. Nr. 19837.
[29] Landesarchiv Berlin, B Rep 025-06, Nr. 2414/50 und B Rep 025-06, Nr. 2415/50.

Puppen-Rollschuhe
Erste Hälfte des 20. Jahrhunderts. Material: Metall und Leder, Maße: 4 x 8 x 4,5 cm.
Coburger Puppenmuseum.

Sommer...

Roll- und Schlittschuhe erlauben das schnelle Laufen auf glatten Flächen. Beide haben als Freizeitsport eine lange Tradition, denn das Material war stabil und einfach verwendbar. In der ersten Hälfte des 20. Jahrhunderts konnte man sich die metallenen Rollschuhe mit Hilfe von Lederriemen unter die normalen Schuhe schnallen – und los ging die Fahrt durch Hinterhöfe und nur schwach von Autos befahrene Gassen. Die Puppenrollschuhe sind eine exakte Nachbildung der Kinderrollschuhe aus dieser Zeit in Miniatur. Moderne Inlineskates und Skateboards haben die Grundidee weiterentwickelt, indem die Rollen hintereinander oder unter einem Brett angeordnet wurden.

Christian Boseckert
Der Landeshistoriker Dr. Christian Boseckert ist seit 2020 Coburger Stadtheimatpfleger und seit 2022 Leiter der Städtischen Sammlungen Coburg. Seine Forschungsinteressen liegen vor allem in der Stadtgeschichte seiner Heimatstadt. Zu diesem Thema veröffentlichte er bisher zahlreiche Aufsätze und sechs Bücher, darunter zur nationalsozialistischen Baupolitik und zur Geschichte der jüdischen Gemeinde im 19. Jahrhundert.

Christian Boseckert

Das Volksbad als Teil der deutschen Badekultur des 19. und 20. Jahrhunderts

Einführung

Im Zuge der „Hygienisierung" kam es ab der Mitte des 19. Jahrhunderts im deutschsprachigen Raum zur Errichtung von Volksbädern, welche in den kommenden Jahrzehnten einen regen Zulauf zu verzeichnen hatten.[1] Volksbäder galten damals sowohl in technischer als auch in gesundheitlicher Hinsicht als eine moderne Einrichtung. Aber warum hatte diese Art von Badeanstalt einen derartigen Erfolg – auch vor dem Hintergrund einer zunehmenden Privatisierung der Wohn- und damit auch der Badekultur? Um dieser Frage nachzugehen, müssen vor allem Betriebsergebnisse, der Umfang von Bademöglichkeiten, Eintrittspreise und die Bauherren von Volksbädern ermittelt werden. Welche Rolle spielten hier das Bürgertum, Institutionen und vor allem der Staat, welcher im Rahmen der Sozialhygiene ein Programm zur Gesundheitsvorsorge durchführte? Argumentierten die Befürworter von Volksbädern rein vom gesundheitlichen Standpunkt aus oder können wir beim Volksbad der Jahrhundertwende schon von einer Freizeiteinrichtung sprechen? Antworten darauf gibt u. a. die Arbeit von Susann Velte, welche sich mit den bayerischen Volksbädern um 1900 beschäftigt.[2]

Die Vielschichtigkeit der aufgeworfenen Fragen ist hinsichtlich der bisherigen Forschungen zu diesem Thema relativ neu. Die Historiker hatten sich lange Zeit nur mit kunstgeschichtlichen Aspekten und der Historie einzelner Badeanstalten befasst. Es finden sich deshalb auch kaum wissenschaftliche Arbeiten, welche auf medizinische und soziale Fragen eingehen. Hierbei ist es nötig, auf zeitgenössische Schriftwerke zurückzugreifen. Von Bedeutung sind dabei Untersuchungen der Deutschen Gesellschaft für Volksbäder in ihrer Denkschrift *Das Volksbad – Seine Errichtung und sein Betrieb*.[3]

Im Vergleich dazu muss bei der Behandlung des Themas auch die Entstehung und Entwicklung privater Badezimmer berücksichtigt werden. Inwieweit

---

[1] *Meyers Konversationslexikon. Eine Enzyklopädie des allgemeinen Wissens* Bd. 2. Leipzig 1888. S. 223.

[2] Velte, Susann: *Die Volksbäder in Bayern um 1900. Das Karl Müller'sche Volksbad in München, Das Stadtbad in Augsburg, Das städtische Volksbad in Nürnberg*. Nürnberg: Magisterarbeit in der Philosophischen Fakultät I der Friedrich-Alexander-Universität Erlangen-Nürnberg 1990.

[3] Deutsche Gesellschaft für Volksbäder in Berlin (Hrsg.): *Das Volksbad. Seine Errichtung und sein Betrieb*. Berlin 1919.

waren in der Hochzeit der Volksbäder Badezimmer in privaten Haushalten schon verbreitet? Einen Überblick darüber, wie sich das Bad zu einer Standardeinrichtung der modernen Wohnung entwickelte, gibt hier vor allem ein Aufsatz von Christina Trupat.[4] Des Weiteren muss gefragt werden, wer ein solches Badezimmer besaß und welche Gesellschaftsschichten das Volksbad benutzten. Gibt es hier einen Unterschied zwischen Arm und Reich? Ferner spielt die allgemeine Entwicklung hin zur Reinlichkeit und Körperhygiene eine Rolle. Informationen dazu liefern die Monografien von Horst Prignitz *Wasserkur und Badelust* und von Friedrich Bohmert *Hauptsache sauber?*.[5] In dieser Art der Gegenüberstellung soll nun auch der Frage nachgegangen werden, ob man überhaupt die Grenze zwischen öffentlicher Hygiene in Volksbädern und privater Hygiene in Wohnungen ziehen kann. Als Ergebnis dieser Untersuchungen soll die These abgeleitet werden, dass die Volksbäder von ihren Förderern dazu gedacht waren, den ärmeren Bevölkerungsschichten die Möglichkeit zu geben, sich grundlegend zu waschen und zu baden.

Die vorliegende Untersuchung orientiert sich dabei an den Entwicklungsstufen des Volksbades, beginnend mit deren Einführung zur Mitte des 19. Jahrhunderts, über ihre Blüte während der Kaiserzeit und der Weimarer Republik (1871–1933) bis hin zu deren Niedergang in der Zeit nach 1945. Exemplarisch wird diese Periodisierung anhand der Historie des Coburger Volksbades vorgestellt. Auch soll in diesem Zusammenhang die Bedeutung der Technik für den Erfolg dieser Einrichtungen zur Sprache kommen.

Rahmenbedingungen

Gerade zwei fundamentale Ereignisse der modernen Geschichte gaben den Anstoß für den Bau von Volksbadanlagen: die Aufklärung und die Industrialisierung.

Den Aufklärern des 18. Jahrhunderts war es zu verdanken, dass sie die positive und gesundheitsfördernde Bedeutung der Körperhygiene wieder verstärkt betonten.[6] Unterstützt wurden sie dabei auch von Medizinern. So schrieb der bekannte Arzt und Sozialhygieniker Christoph Wilhelm Hufeland (1762–1836): „Man wasche sich täglich mit frischem Wasser den ganzen Körper und reibe zugleich die Haut stark, wodurch sie außerordentlich viel Leben und Gangbarkeit erhält."[7] Ein solches Umdenken war deswegen notwendig geworden, weil eine europäische Badekultur nur noch in Rudimenten existierte. Verantwortlich für diesen Verfall, welcher im Spätmittelalter einsetzte, waren verschiedene Faktoren. Zum einen führte die Einschleppung der unheilbaren Geschlechtskrankheit Syphilis aus Südamerika durch spanische Söldner zum Niedergang des öffentlichen Badewesens, welches auch in Städten wie Coburg existierte.[8] Die Badegäste hatten seinerzeit Angst, sich mit dieser Krankheit anzustecken. Zum anderen führte die Verknappung und Verteuerung des Rohstoffes Holz dazu, dass Badestuben nicht mehr genügend geheizt werden konnten.[9] Gleichzeitig geriet die Körperhygiene im Ganzen in Verruf. Viele Experten, darunter der Hygienist Theophraste Renaudot (1586–1653), bekannten sich dazu, dass das Baden „außer in den vom Arzt verordneten

---

4 Trupat, Christina: „Bade zu Hause. Zur Geschichte des Badezimmers in Deutschland seit der Mitte des 19. Jahrhunderts". In: *Technikgeschichte* 63 (1996). S. 219–236.
5 Prignitz, Horst: *Wasserkur und Badelust. Eine Badereise in die Vergangenheit*. Leipzig: Koehler & Amelang 1986.; Bohmert, Friedrich: *Hauptsache sauber? Vom Waschen und Reinigen im Wandel der Zeit*. Würzburg: Stürtz 1988.

6 Lachmeyer, Herbert [u. a.] (Hrsg.): *Das Bad. Eine Geschichte der Badekultur im 19. und 20. Jahrhundert*. Salzburg: Residenz Verlag 1991. S. 49.
7 Bohmert, *Hauptsache*, S. 151.
8 In Coburg gibt es dazu noch keine wissenschaftlichen Untersuchungen. Einen groben Überblick gibt lediglich Franz Eberlein in Zusammenhang mit der Erklärung von Straßennamen, vgl. Eberlein, Franz: „Die Straßennamen der Stadt Coburg". In: *Schriftenreihe der Historischen Gesellschaft Coburg* 4 (1987). S. 22, 76, 94, 111.
9 Prignitz, *Wasserkur*, S. 53.

> „Man wasche sich täglich mit frischem Wasser den ganzen Körper und reibe zugleich die Haut stark, wodurch sie außerordentlich viel Leben und Gangbarkeit erhält."
>
> CHRISTOPH WILHELM HUFELAND

Fällen nicht nur überflüssig, sondern äußerst schädlich sei."[10] Man war seinerzeit der Auffassung, dass das Wasser als Überträger von Krankheiten für die menschliche Gesundheit schädlich sei. Diese Vorurteile hielten sich im deutschsprachigen Raum teilweise sogar bis ins 19. Jahrhundert hinein.[11] Es ist deshalb ein Verdienst der Aufklärung bzw. einer hier einsetzenden Domestizierung, dass ein allmählicher Bewusstseinswandel einsetzte.

Ein anderer Aspekt war die Industrialisierung, die in Großbritannien ihren Anfang nahm. Dort hatte sich eine verarmte Arbeiterschicht herausgebildet, die in vielen Fällen in Barackensiedlungen eine Unterkunft fand. Durch die dort herrschenden hygienischen Mängel fielen z. B. im Jahr 1832 in Liverpool ganze Arbeiterfamilien der Cholera zum Opfer.[12] Der Staat dachte damals noch nicht daran, eine Politik der Gesundheitsfürsorge zu betreiben. Vielmehr entstand erst 1842 auf Initiative der Arbeiter das erste moderne Volksbad in Liverpool. Es wies mehrere Wannen- und Dampfbäder, zwei Schwimmbäder für Männer und Frauen sowie – für die englischen Volksbäder typisch – auch Gelegenheiten zum Wäschewaschen auf.[13] Erst mit dem *Sir Henry Dukingfield Act* von 1846 griff der Staat in den Volksbäderbau und dessen finanzieller Unterhaltung ein. Das Gesetz erlaubte den britischen Kommunen den Bau von Volksbädern durch Steuerfinanzierung. Der Staat behielt sich aber ein Aufsichtsrecht in dieser Frage vor und verlangte, dass zwei Drittel der Bäder für Arbeiterfamilien einzurichten seien. Tatsächlich führte dieses Gesetz dazu, dass eine große Zahl von öffentlichen und privaten Volksbädern errichtet wurde.[14]

Diese Neuerungen fanden schon bald auf dem europäischen Festland öffentlichen Anklang. Als erste deutsche Großstadt besaß Hamburg seit 1855 ein eigenes Wasch- und Badehaus mit 65 Badewannen und 56 Waschständen.[15] Im gleichen Jahr eröffnete in Berlin das erste Bad mit einer überdachten Schwimmhalle.[16] Allerdings gab es in den deutschen Staaten seinerzeit noch keine gesetzlichen Regelungen oder gar ein Konzept zum Bau von Volksbädern. Hier wurden solche Einrichtungen meist von privater Hand in Form von Aktiengesellschaften gebaut und finanziert. Auch das Hamburger Bad finanzierte sich durch Aktien und Spenden vermögender Bürger. Dieses Vorgehen war zu Anfang der Volksbäderkultur durchaus üblich. Das Hygieneproblem löste sich damit in Deutschland aber noch nicht. Zwar entstanden in der Folgezeit noch weitere Badehäuser. Doch die meisten Stadtbewohner mussten immer noch mit einer Waschschüssel zur Reinigung des Körpers auskommen.[17]

Ein großer Schritt in der weiteren Entwicklung des Volksbades gelang 1879, als die siebte Versammlung des Vereins für öffentliche Gesundheitspflege Grundsätze für Bau, Einrichtung und Betrieb von Volksbädern festlegte.[18] Bemerkenswert erscheint dabei, dass hier ein privater Verein die Richtlinien

---

10 Bohmert, *Hauptsache*, S. 150.
11 Bohmert, *Hauptsache*, S. 150.
12 Prignitz, *Wasserkur*, S. 194.
13 Velte, *Volksbäder*, S. 5.

14 Velte, *Volksbäder*, S. 6.; Meyers Konversationslexikon, S. 223.
15 Boseckert, Christian: „Das Ernst-Alexandrinen-Volksbad und seine Bedeutung für Coburg. Eine Hommage zum 100jährigen Jubiläum". In: *Coburger Geschichtsblätter* 15 (2007). S. 55.
16 Prignitz, *Wasserkur*, S. 198.
17 Prignitz, *Wasserkur*, S. 194.
18 Velte, *Volksbäder*, S. 6.

vorgab und nicht der Staat. Dieser konzentrierte sich vornehmlich auf die Schaffung der allgemeinen ordnungspolitischen Rahmenbedingungen des Gesundheitswesens. Dazu gehörte die Einrichtung einer Gesundheitspolizei. Im Fokus stand dabei vornehmlich die Gesundheitsfürsorge und Hygienisierung ärmerer Bevölkerungsschichten.[19] Der Obrigkeit ging es dabei in erster Linie um die Verbesserung der Lebensbedingungen in den betroffenen Gesellschaftsschichten. Dabei stand für die Politik nicht nur die medizinische Fürsorge im Mittelpunkt des politischen Interesses. Man fürchtete nämlich seitens der Regierungen, dass die katastrophalen Lebensumstände der Arbeiter und Tagelöhner zu sozialen Unruhen führen könnten. Langfristig wollte man so über das Instrument der Gesundheitspolitik einen Umsturz der bürgerlichen und staatlichen Ordnung verhindern.[20]

Technische Neuerungen und die fortschreitende Urbanisierung förderten seinerzeit ebenfalls den Bau von Volksbädern. Von Bedeutung waren hier die qualitative Verbesserung der Wasserversorgung und die Anlegung der Kanalisation. Diese technischen Grundlagen führten auch in Coburg dazu, dass ein Volksbad entstehen konnte. Das für den Badebetrieb notwendige Wasser stammte aus Quellen, die nahe der Ortschaft Fischbach im Froschgrund lagen. 1890 hatte man die dortigen Quellen für die städtische Trinkwasserversorgung erschlossen, später dann durch zusätzliche Bohrungen erweitert und schließlich über Leitungen nach Coburg transportiert. Mit dem Bau der Kanalisation wurde in der Vestestadt ab 1907 zeitgleich mit der Errichtung des Coburger Volksbades begonnen.[21]

Für die Versorgung der Volksbäder waren zudem Wasserwerke notwendig, welche die Möglichkeit besaßen, großen Mengen des kühlen Nasses für den Badebetrieb zu liefern. In der Badeanstalt selbst wurde das ankommende Wasser mittels eines Dampfkessels erhitzt und später nach dem Verbrauch der Kanalisation zugeführt.[22] In Coburg erfolgte die Erwärmung des Wassers über das Gegenstromverfahren. Dabei ließ man kaltes und warmes Wasser in einem Wärmeüberträger aus entgegengesetzter Richtung aneinander vorbeifließen und brachte beide Flüssigkeiten so in Kontakt, dass zwischen ihnen ein Wärmeaustausch möglich war. Die Endtemperatur konnte dabei über eine Zentralstation durch die Badangestellten reguliert werden. Im Schwimmbecken wurde das Warmwasser sodann in einem immer wiederkehrenden Kreislauf entleert und gefüllt. Daraus resultierte eine Wasserbewegung, die für eine gleichmäßige Temperatur in allen Höhenschichten des Bassins sorgte. Zugleich trat durch die Bewegung die oberste Wasserschicht über den Beckenrand. Das Wasser gelangte vom Rand aus in eine Rinne, die das Bassin von allen Seiten umschloss. Die Aufgabe dieser Rinne war es schließlich, das Wasser auszuscheiden. An der tiefsten Stelle des Beckens wurde dieses Wasser abgefangen und über eine Umwälzpumpe wieder dem Schwimmbassin zugeführt. Allerdings erfolgte nur eine teilweise Rückführung des Wassers in das Becken. Stets wurde ein Teil abgeschieden und in die Kanalisation geleitet. So konnten eine andauernde Reinigung und Erneuerung des Wassers gewährleistet werden. Zudem erfolgte mindestens einmal die Woche die komplette Entleerung und Reinigung des Bassins. Die daraus entstandenen

---

19 Der politische Schwerpunkt lag dabei in der Anlegung von neuen, hellen und einfachen Wohnungen.
20 Weber, Wolfhard: „Industrielle Konzentrationen". In: *Propyläen Technikgeschichte* 4 (1990). S. 258.
21 Boseckert, „Ernst-Alexandrinen-Volksbad", S. 64.; Aumann, Georg u. Pachale, Karl-Ulrich: „Die Itz". In: *Schriftenreihe der Historischen Gesellschaft* 15 (2001). S. 74–76, S. 14ff.; Habel, Hubertus: „Coburg 1907.

Leben in der Residenzstadt vor hundert Jahren". In: *Coburger Stadtgeschichte* 7 (2007). S. 34.
22 König, Wolfgang: „Die Stadt als Maschine". In: *Propyläen Technikgeschichte* 4 (1990). S. 303ff.

großen Abwassermengen wurden zur Spülung der Kanalisation verwendet.²³

Eine weitere technische Erneuerung bildete die Erfindung des Lassar'schen Brausebades. Diese Einrichtung sparte Zeit, Raum und Kosten.²⁴ Vorgestellt wurde dieses Volksbrausebad erstmals auf der Berliner Hygieneausstellung im Jahr 1883. Die Einrichtung lockte mit ihren je fünf Duschzellen für Männer und Frauen mehr als 10.000 Badegäste an.²⁵ Die Wirkung des Brausebades war jedoch umstritten. Der Berliner Dermatologe Oskar Lassar (1849–1907) gelangte zu der Überzeugung, dass bereits das Duschen die hygienischen Bedürfnisse der Bevölkerung erfüllen würde. Die in Deutschland einflussreiche Turnbewegung meinte dagegen, dass ein Duschbad nicht ausreichen würde, um die hygienische Situation im Land zu verbessern. Sie setzte sich nachhaltig für den Bau von Volksbädern und Schwimmhallen ein. Für die Turner stand dabei auch die Sportförderung im Mittelpunkt. So galt die körperliche Bewegung als das Mittel, welche den Bedürfnissen der Arbeiterschicht nach Körperhygiene am nächsten käme.²⁶ Dieser Diskurs prägte noch für eine lange Zeit den Bäderbau, was zur dauerhaften Trennung von Volksbädern und reinen Wannen- und Duschbadeanstalten führte.

Insgesamt zeigt sich, dass mehrere unterschiedliche Aspekte den Bau der Volksbäder begünstigten. Vor allem der mentale, kulturelle sowie der wirtschaftliche und soziale Wandel führten dazu, dass Hygiene und Gesundheitsförderung an Bedeutung gewannen. Begünstigt wurde diese Entwicklung durch den technischen Fortschritt und die Entdeckung des Sportes für die Förderung der allgemeinen Gesundheit. Trotz dieser vielen positiven Einflüsse hatten die Volksbadbefürworter mit Problemen zu kämpfen, die vor allem mit den unterschiedlichen Industrialisierungsstufen in den jeweiligen deutschen Staaten zu tun hatten.

Abbildung 1:
Lassar'sches Volksbrausebad.
(Prignitz, *Wasserkur*, S. 197.)

Wo entstanden Volksbäder?

Die Diskussionen über Volks- und Wannenbäder in den 1880er-Jahren änderten an der schlechten hygienischen Lage in Deutschland nichts. 1887 veröffentlichte deshalb Oskar Lassar eine Denkschrift, in der er diese Situation anprangerte. So schrieb er, dass auf eine Warmbadeanstalt ca. 50.000 Einwohner kämen und dass diese Bäder zu klein und aufgrund eines Durchschnittspreises von 50 Pfennigen kaum von den ärmeren Bevölkerungsschichten besucht würden.²⁷ Er forderte deshalb: „Jedem Deutschen wöchentlich ein Bad."²⁸ Als Lassar dies niederschrieb, existierten im Kaiserreich gerade einmal 52 überdachte Schwimmbäder in 39 Städten, währenddessen im stark industrialisierten London zum gleichen Zeitpunkt bereits 70 Schwimmhallen

---

23 Boseckert, „Ernst-Alexandrinen-Volksbad", S. 64.
24 Velte, *Volksbäder*, S. 6f.
25 Prignitz, *Wasserkur*, S. 196.
26 Vetter, Leo: *Das Bad der Neuzeit und seine historische Entwicklung*. Stuttgart: Deutsche Verlags-Anstalt 1894. S. 62ff.

27 Lassar, Oscar: *Über Volksbäder. Vortrag gehalten in der Dreizehnten Versammlung des Deutschen Vereins für Öffentliche Gesundheitspflege zu Breslau 13. September 1886*. Braunschweig: Deutscher Verein für Öffentliche Gesundheitspflege 1887. S. 12.
28 Lassar, *Volksbäder*, S. 12.

vorhanden waren.²⁹ Um dies zu ändern, gründete er im Jahr 1899 die Deutsche Gesellschaft für Volksbäder, deren Ziel es war, sich für den Bau von Stadtbädern und Schwimmhallen einzusetzen.³⁰ Dabei erkannte man das Problem der unterschiedlich entwickelten Industrialisierung im deutschsprachigen Raum. Die ersten Volksbäder entstanden vor allem in den Achtzigerjahren des 19. Jahrhunderts ausschließlich in Nord- und Westdeutschland, wo die Industrialisierung und Verstädterung am weitesten fortgeschritten war, während im industriearmen Süddeutschland erst mit der Eröffnung des Stuttgarter Volksbades im Jahr 1889 die neue Badekultur Einzug hielt.³¹ Oskar Lassar gelangte jedoch zur Auffassung, dass auch den Bewohnern in den ländlichen Gebieten der Zugang zu modernen Bademöglichkeiten offen stehen müsste.

Dieser Idee folgend entstanden in den kommenden Jahrzehnten nicht nur in den Industriezentren des Nordens Volksbäder, sondern auch in den landwirtschaftlich geprägten Regionen, welche eine klein- und mittelstädtische Struktur aufwiesen. Diese Verbreitungsstufe erfasste die ersten weniger industrialisierten Räume um die Jahrhundertwende. So eröffneten 1898 in Bautzen (Sachsen) und 1899 in Neustadt in Holstein die ersten Volksbäder in einem ländlichen, mittelstädtischen Umfeld.³² Der Industrialisierungsgrad einer Landschaft spielte danach für den Bäderbau keine Rolle mehr. Diese Feststellung wird auch durch den ab 1900 einsetzenden Bauboom in diesem Bereich untermauert, welcher bis zum Ausbruch des Ersten Weltkrieges (1914) anhielt.

Alleine die in Bayern errichteten vier Volksbäder waren in diesem Zeitraum zwischen 1901 und 1913 entstanden.³³

Mit dem Beginn des Ersten Weltkrieges kam diese Entwicklung zum Erliegen. Aufgrund der Finanznot der deutschen Kommunen nach dem verlorenen Krieg waren viele Städte und Gemeinden nicht mehr in der Lage, ein Volksbad zu errichten und zu unterhalten. Ähnlich ging es den privaten Investoren aus der Bürgerschicht. Daher kam es nach 1918 nur noch vereinzelt zur Eröffnung von Volksbädern, wie beispielsweise in Berlin-Lichtenberg im Jahr 1928.³⁴ Die Förderer allgemeinen Badewesens konzentrierten sich in dieser Zeit auf die Anlegung von Freibädern, um vor allem im ländlichen Raum hygienische Defizite abzudecken.³⁵ Damit war nun die dritte Stufe eines flächendeckenden Ausbaus an Bademöglichkeiten in Deutschland erreicht. Es gab aber auch andere Formen der Weiterentwicklung. In Rostock plante z. B. die Kommune, einem neuen Volksbad auch eine Volksbibliothek anzuschließen, was aber nach jahrelanger Planung nicht realisiert wurde. Allgemeine Hygiene und Volksbildung sollten hier strukturell miteinander verbunden werden.³⁶ Gerade der Rostocker Fall zeigt, dass trotz der drei Entwicklungsstufen es nicht gelang, eine flächendeckende Verbreitung der Volksbäder in Deutschland zu erreichen. Dieses Problem sollte sich erst nach dem Zweiten Weltkrieg mit dem Bau der Anlegung zahlreicher Hallen- und Freibäder lösen.

---

29 Prignitz, Wasserkur, S. 198.
30 Winkelmann, Otto: „Oscar Lassar". In: *Neue Deutsche Biografie* 13 (1982). S. 669–670, S. 669f. Die Deutsche Gesellschaft für Volksbäder ist Vorläufer der heutigen Deutschen Gesellschaft für das Badewesen.
31 Velte, *Volksbäder*, S. 8.; Deutsche Gesellschaft für Volksbäder in Berlin (Hrsg.), *Volksbad*, S. 91.
32 Deutsche Gesellschaft für Volksbäder in Berlin (Hrsg.), *Volksbad*, S. 91f.
33 Velte, *Volksbäder*, S. 11, 33, 70.; Bosekert, „Ernst-Alexandrinen-Volksbad", S. 60.
34 Erbe, Reinhard: „Der Bau von Bädern, Turn- und Sportstätten. Ein Mittel zur Bekämpfung der nachteiligen Folgen der Wohnungsnot". In: *Das Volksbad. Ein Leitfaden zum Bau moderner Volksbäder.* Hrsg. von Alfred Paatz. Leipzig: Selbstverlag 1925. S. 7–9, S. 7ff.
35 Paatz, Alfred: „Sommerbäder in Bau und Betrieb". In: *Das Volksbad. Ein Leitfaden zum Bau moderner Volksbäder.* Hrsg. von Alfred Paatz. Leipzig: Selbstverlag 1925. S. 17–19. S. 17ff.
36 Prignitz, *Wasserkur*, S. 197.

Das Coburger Volksbad

Entstehung

Wie nun im Einzelfall Volksbäder entstanden, soll anhand des Beispiels Coburg untersucht werden. In der landwirtschaftlich geprägten Residenzstadt des Herzogtums Sachsen-Coburg und Gotha waren die Rufe nach einem Volksbad eher verhalten und die Hygienefrage nicht akut. Dennoch konstituierte sich aus den Reihen der Bürgerschaft im Jahr 1899 eine Volksbadstiftung, deren Ziel es war, die Volkswohlfahrt und die Gesundheit der Bevölkerung zu fördern. Das Thema geriet erst durch das Eingreifen der Herzoginwitwe Alexandrine von Sachsen-Coburg und Gotha (1820–1904) auf die politische Tagesordnung. Die Herzogin hatte im Jahr 1900 rund 120.000 Goldmark für den Bau eines Volksbades bereitgestellt. Alexandrine stellte allerdings die Bedingung, dass das Geld erst nach ihrem Tod ausgeschüttet werden sollte. Als dieser im Dezember 1904 eintrat, ging die Stadt Coburg sogleich daran, die Errichtung eines Volksbades in die Wege zu leiten.[37]

Mit der Planung des Gebäudes wurde der Coburger Stadtbaumeister Max Böhme (1870–1925) beauftragt. Dieser stellte seinen Entwurf im Dezember 1905 vor. Als Vorbild für die Coburger Einrichtung diente dabei das Volksbad in Gießen. Daneben orientierte er sich architektonisch am damals modernen Jugendstil, welchen er während seiner Tätigkeit in der Bauverwaltung des hessischen Staatsministeriums in Darmstadt (1898/99) kennengelernt hatte.[38] Als Standort wählte man das Gelände des früheren Judenangers an der Löwenstraße aus. Die Bauarbeiten begannen dort im Frühjahr 1906 und endeten im August 1907. Die Kosten betrugen insgesamt 283.207 Goldmark.[39] Das Volksbad erhielt nach dessen Fertigstellung den Namen seiner Stifterin und den ihres Ehemannes Herzog Ernst II. von Sachsen-Coburg und Gotha (1818–1893). Wie bedeutend die Eröffnung des Volksbades war, spiegelt sich in einem Artikel der Coburger Zeitung vom 27. August 1907 wieder. Darin hieß es:

> Das Ernst-Alexandrinen-Bad ist heute Vormittag im feierlichen Aktus geweiht und eröffnet worden; damit wurde eine Tatsache vollzogen, durch welche Coburg im Verein mit der zu erwartenden Fertigstellung der Kanalisation in hygienischer Beziehung an die Spitze aller deutschen Mittelstädte rückt. Die Residenz Coburg ist damit zugleich wieder um ein monumentales Kunstwerk und um einen Hauptanziehungspunkt reicher geworden. [...] Mit Freuden haben wir aus dem Munde von weit gereisten und sachverständigen Männern vernommen, dass unsere Anlage kaum von einem zweiten Bad Deutschlands in praktischer und künstlerischer Beziehung übertroffen wird. Die neuen Berliner Volksbäder, das Müllerbad in München, das Stuttgarter Bad usw., die zum Teil Millionen gekostet haben, sind nicht vornehmer in ihrer Wirkung und nicht praktischer in ihrer Einrichtung.[40]

Der Zeitungsartikel unterstrich damit die Modernität der Jugendstil-Architektur mit ihrem hohen künstlerischen Stellenwert.

Folgerichtig wurde sie deshalb in einem Atemzug mit Begriffen wie Fortschritt, Hygienisierung und Praxisorientierung genannt. Auch Max Böhme ging in seiner Eröffnungsrede auf diese Verbindung

---

37 Bosekert, „Ernst-Alexandrinen-Volksbad", S. 57, 59.; Zu Herzogin Alexandrine vgl. Bachmann, Gertraude: „Aus dem Leben der Herzogin Alexandrine von Sachsen-Coburg und Gotha, geborene Prinzessin von Baden, 1820–1904". In: *Jahrbuch der Coburger Landesstiftung* 39 (1994). S. 1–43.
38 Bosekert, „Ernst-Alexandrinen-Volksbad", S. 59. Zu Max Böhme vgl. Pachale, Karl-Ulrich: „Max Böhme (1870–1925)". In: *Coburger Geschichtsblätter* 16 (2008). S. 74–76.; Wolter, Helmut: *‚In welchem Style sollen wir bauen?' Coburger Baumeister und Architekten 1820–1920.* Band 1. Regensburg: Raum – Zeit – Coburg. S. 34–38.
39 Borneff, Rudolf: *Die Finanzwirtschaft der Stadt Coburg im Zeitraum von 1865–1920.* Erlangen: Hochschulschrift der Friedrich-Alexander-Universität 1924. S. 46.
40 Coburger Zeitung vom 27.08.1907.

Abbildung 2:
Vorderseite des Coburger Volksbades, um 1910.

Ausstattung und Auslastung

Das Coburger Volksbad war bei seiner Eröffnung eines der modernsten Bäder im Deutschen Reich. Die neuesten technischen Errungenschaften wurden hier ebenso genutzt wie auch der Jugendstil als die damals modernste Bauform. Insgesamt bestand die Ausstattung aus einem Schwimmbecken mit einer Länge von 20 Metern, einer Breite von 9,50 Metern und einer Tiefe von 80 Zentimetern bis drei Metern. Daneben gab es 14 Brausebäder, zehn Reinigungsbrausen, zwei Hochdruckbrausen, zwölf Fußwaschbecken und ein römisch-irisches Dampfbad. Die Trennung von Volksbädern und reinen Wannen- sowie Duschbadeanstalten, wie sie unter den Experten kontrovers diskutiert wurde, spielte im Fall der Coburger Einrichtung keine Rolle. Der Zugang zu den genannten Bademöglichkeiten erfolgte über 36 Umkleidekabinen und einen Massenumkleideraum. Daneben gab es als technische Einrichtungen eine Kessel- und Maschinenanlage, eine Zentralheizung und eine Wäscherei. Zudem verfügte das Bad über einen Stromanschluss.[43] Betreut wurde das Volksbad indes von insgesamt zehn Angestellten: zwei Bademeistern mit deren Ehefrauen, einem Maschinisten, einem Hilfsmaschinisten, einer Kassiererin, zwei Waschfrauen und einer Hilfswaschfrau.[44] Dabei trug der Bademeister die Hauptverantwortung für den reibungslosen technischen Ablauf innerhalb des Gebäudes. Er beaufsichtigte aber auch den Badebetrieb und leistete bei Unfällen erste Hilfe.

Die Besucherfrequenz im Coburger Volksbad war indes bis zum Beginn des Ersten Weltkrieges sehr hoch. So gelang es, innerhalb eines Tages 1400 Karten zu verkaufen. Die hohe Nachfrage zwang die Stadt Coburg als Eigentümer der Anlage, ab 1911 neue Badezellen einzurichten. Dabei konnten in den ersten

ein: „Mein Bestreben war es, als Schöpfer dieser Anlage die hohen Anforderungen der Wissenschaft und Technik mit der Kunst zu vereinen. Hygiene und Ästhetik – Hand in Hand gehen zu lassen, damit die Segnungen des Bades vermischt mit wahrer Lebensfreude genossen werden können."[41] Zudem verwies Böhme auf die Bedeutung des Volksbades für die Bevölkerung. So diene die Anstalt „der Gesundheit der Bürgerschaft, ihrer vermehrten Arbeitsfähigkeit und erhöhten Lebensenergie."[42] Der Stadtbaumeister erwähnte in diesem Zusammenhang einen weiteren Aspekt, welcher für die Kommunen und den Staat eine wesentliche Rolle spielte. Die Stärkung der Volksgesundheit sollte nach den damaligen Vorstellungen zu einer erhöhten Produktivität des Menschen führen und Grundlage für einen langfristigen wirtschaftlichen Aufschwung von Stadt und Land bilden. Davon sollte langfristig die gesamte Gesellschaft profitieren.

---

41   Zur künstlerischen Ausgestaltung des Volksbades vgl. Reinhardt, Marion: „Das historische Gebäude. Ein architekturgeschichtlicher Rundgang durch das frühere Ernst-Alexandrinen-Volksbad". In: *Coburger Geschichtsblätter* 26 (2018). S. 105–130.
42   Zur künstlerischen Ausgestaltung des Volksbades vgl. Reinhardt, „Gebäude", S. 105–130.

43   Schaffstaedt, H: Öffentliche Schwimm- und Volksbäder, Gießen: Schaffstaedt-Verlag 1915, S. 81ff.
44   Boseckert, „Ernst-Alexandrinen-Volksbad", S. 64.

Abbildung 3:
Die Schwimmhalle des Coburger Volksbades, um 1910.

Betriebsjahren immer neue Besucherrekorde erzielt werden. Die Zahlen stiegen damals innerhalb von drei Jahren von 95.376 verkauften Karten auf 123.029 Tickets im Jahr 1911. Dies entsprach einer Steigerung von 29 Prozent. Bis 1914 konnte sogar die Zahl von 180.000 verkauften Eintrittskarten erreicht werden.[45] Damit lag das Volksbad in Deutschland an der Spitze bei den Besucherzahlen, wie ein Vergleich mit den Einwohnerzahlen beweist. Hier wurde ein Wert von 5,1 Bädern pro Einwohner und Jahr erreicht. Im Vergleich dazu kamen in Paderborn, einer Stadt mit 19.000 Einwohnern, 2,65 Bäder auf einen Einwohner pro Jahr.[46] Nicht mit eingerechnet waren in den Coburger Zahlen die Schüler und Jugendlichen, welche an zwei Wochentagen zu bestimmten Stunden in der Schwimmhalle unter Aufsicht eines Lehrers kostenlos am freien Schwimmunterricht teilnahmen. Vor der Eröffnung des Volksbades stand für diese Form des Sportunterrichts nur eine Schwimmschule zur Verfügung, welche vom Coburger Turnlehrer Johann Löhnert 1851 am westlichen Ufer des Flusses Itz auf Höhe des Sonntagsangers eröffnet wurde.[47]

Mit dem Ersten Weltkrieg ebbte der Aufschwung des Volksbades ab. Das hatte zwei zentrale überregionale Gründe. Zum einen musste aufgrund des eingetretenen Kohlemangels die Nutzung des Bades eingeschränkt werden, sodass die Zahl der Betriebstage rapide zurückging. So waren es in der Wintersaison 1917/18 noch 180 Betriebstage, während in der Saison 1919/20 an 82 Tagen das Volksbad geöffnet

---

[45] Heib, Folker u. Uebel, Walter: *Gestern, Heute. Historische Gebäude in Coburg, eine Dokumentation der AG Geschichte der Realschule Coburg I in Zusammenarbeit mit dem Stadtarchiv Coburg*. Coburg: Realschule Coburg 1992. S. 24ff.; Boseckert, „Ernst-Alexandrinen-Volksbad", S. 65.

[46] Deutsche Gesellschaft für Volksbäder in Berlin (Hrsg.), *Volksbad*, S. 99.; Boseckert, „Ernst-Alexandrinen-Volksbad", S. 65. Coburg besaß damals rund 24.000 Einwohner.

[47] Eckerlein, Ernst: *Eckerlein erzählt aus der Coburger Heimat*. Bd. 6. Fiedler: Coburg 1986. S. 45.

werden konnte.[48] Zum anderen erhöhten sich durch den Kohlemangel die Heizkosten, sodass die Eintrittspreise ebenfalls erhöht werden mussten. Viele Badbesucher konnten sich daraufhin den Eintritt in das Bad nicht mehr leisten. Verantwortlich für die Preise war damals nicht die Stadt Coburg, sondern ein Volksbadkuratorium, dem Max Böhme vorstand und weitere Honoratioren der Stadtgesellschaft angehörten.[49] Insgesamt zeigt diese Entwicklung, wie stark moderne Einrichtungen wie das Volksbad von fossilen Brennstoffen abhängig waren und dass hier Störungen in der Versorgung immense Auswirkungen auf die Nutzbarkeit besaßen. Die Lage sollte sich erst wieder verbessern, als die Kohleversorgung wieder das Vorkriegsniveau erreichte.

Den finanziellen Unterhalt des Volksbades bestritt seinerzeit die Stadt Coburg, was die allgemeine Entwicklung in dieser Frage in Deutschland widerspiegelte. Von der ursprünglichen Finanzierung durch Aktien, welche von Bädervereinen ausgegeben wurden, ging man am Ende des 19. Jahrhunderts weg. Stattdessen sollten die Wasser- und Energieversorgungsnetze sowie die Finanzierung und Instandhaltung der Volksbäder in den Händen der jeweiligen Kommunen liegen. Diesen oblag damit die Verantwortung für die technische und soziale Infrastruktur vor Ort. Dazu gehörte auch die Schaffung eines Ordnungsrahmens für den Bäderbau. Inhaltlich ging es dabei um die Festlegung von Standortfragen, der Größe der Badeanstalten sowie um die Erstellung von Baderegeln.[50] Gleichzeitig lassen sich durch diese Zusammenlegung von Aufgaben Rationalisierungsbestrebungen feststellen, welche die Effizienz verwaltungstechnischen Handelns steigern sollte.

Soziale Aspekte

Der allgemeine Volksbäderbau fiel in eine Zeit, in der das Privatleben eine immer größere Rolle spielte und dies sich in den einzelnen Wohnungen manifestierte. Die Menschen unterschieden damals zwischen dem öffentlichen Wohnzimmer als gute Stube und dem privaten Schlafzimmer, zu dem keiner einen Zutritt hatte.[51] Wie nun erklärt es sich, dass die eigentlich private Körperhygiene jetzt in einer öffentlichen Badeanstalt praktiziert wurde? Hierfür gab es wichtige Gründe.

Zu Anfang des 20. Jahrhunderts besaßen nur wenige private Haushalte ein eigenes Badezimmer. In Berlin kamen im Jahr 1910 auf 1000 Wohnungen lediglich 137 Bäder. Gegenüber 1880, als nur 36 Bäder pro 1000 Wohnungen vorhanden waren, konnte zwar eine positive Entwicklung festgestellt werden. Doch diese wirkte sich nur auf Neubauwohnungen und in den höheren Gesellschaftsschichten aus.[52] Dass überhaupt Wohnungen über eigene Bademöglichkeiten verfügten, war zwei wesentlichen Erfindungen aus dem Bereich der Heiztechnik zu verdanken. So konstruierte der Ingenieur Hugo Junkers (1859–1935) im Jahr 1894 den ersten Gasbadeofen, den er zu einem Durchlauferhitzer weiterentwickelte.[53] Ferner machte die Installierung von Zentralheizungen mit Koksfeuerung die private Warmwasseraufbereitung möglich, an der das private Baden vorher scheiterte.[54] Ein weiteres Problem konnte um 1900 durch den Bau von Wasserleitungssystemen gelöst werden. Damit gelang es zumindest, die städtische

---

48 Borneff, *Finanzwirtschaft*, S. 46.
49 Boseckert, „Ernst-Alexandrinen-Volksbad", S. 66.
50 König, „Stadt", S. 310.

51 Zusammenfassend bei Häußermann, Hartmut u. Siebel, Walter: *Soziologie des Wohnens. Eine Einführung in Wandel und Ausdifferenzierung des Wohnens*. 1. Edition. Weinheim: Beltz Juventa 1996. S. 32–41.
52 Bohmert, *Hauptsache*, S. 162.
53 Behrsing, Gert: „Junkers, Hugo". In: *Neue Deutsche Biographie* 10 (1974). S. 695–697, S. 696.
54 Von Saldern, Adelheid: „Im Hause, zu Hause. Wohnen im Spannungsfeld von Gegebenheiten und Aneignungen". In: *Geschichte des Wohnens. Bd. 3, 1800–1918 Das bürgerliche Zeitalter*. Hrsg. von Jürgen Reulecke. Stuttgart 1997 (Deutsche Verlags-Anstalt). S. 145–332, S. 184.

Bevölkerung flächendeckend mit reinem und frischem Wasser zu versorgen.[55]

Für große Teile der Bevölkerung war jedoch ein privates Badezimmer finanziell unerschwinglich. In solchen Fällen lief die Körperhygiene noch ganz primitiv in einer Waschküche in einer mit Zink-

> **In Berlin kamen im Jahr 1910 auf 1000 Wohnungen lediglich 137 Bäder.**

blech ausgelegten Badewanne ab. Vor allem diese Gesellschaftsschichten sollten durch einen Volksbadbesuch einer gründlichen Körperhygiene nachkommen. Für einen niedrigen Preis war dort das Benutzen eines Dusch- oder Wannenbades möglich. Im Durchschnitt kostete ein Wannenbad vor 1914 zwischen 20 und 30 Pfennig, ein Brausebad zwischen 10 und 20 Pfennig.[56] Dieser Preis war auch für Arbeiter erschwinglich. Durch den Erwerb von Dauerkarten, wie es sie z. B. im Müller'schen Volksbad in München gab, konnten die Besucher sogar noch weiteres Geld sparen.[57]

Ging jedoch mit der Nutzung des Bades ein Verlust der Privatsphäre einher? Gerade für die ärmere Bevölkerung könnte dies angenommen werden. Die bisherigen Untersuchungen bestätigen diese Annahme nicht, denn erstens war das öffentliche Baden gar nicht so öffentlich wie angenommen. Volksbäder wie das in Coburg besaßen nämlich Einzelduschen und -wannen, sodass das Baden in diesem Fall der Öffentlichkeit verborgen blieb. Zweitens schien diese Problematik nicht so groß gewesen zu sein, als das es die Entwicklung der Volksbäder negativ beeinflusst hätte. Dies zeigt sich auch an den Zahlen der verkauften Karten für Brause- und Wannenbäder. Im Coburger Volksbad stieg diese Zahl zwischen 1908 und 1911 von 46.762 auf 60.335 an. Damit entfielen rund 49 Prozent aller verkauften Eintrittskarten auf die Benutzung derartiger Badeeinrichtungen.[58]

Allgemein fanden Dusch- und Wannenbäder in kleineren und mittleren Städten eine höhere Akzeptanz als in Großstädten. 1912 verkauften die Berliner Volksbäder über 3,1 Millionen Eintrittskarten bei 2,1 Millionen Einwohnern, womit nur ungefähr 1,5 Bäder auf einen Bewohner kamen.[59] Der Grund für dieses Gefälle zwischen industrialisierten Großstädten und kleineren Orten lag wohl in erster Linie in der Verbreitung von privaten Bademöglichkeiten begründet. So war das Badezimmer zu jener Zeit noch ein großstädtisches Phänomen, wie Christina Trupat am Beispiel von Berlin aufzeigen konnte. In 13,5 Prozent aller Mietshaus-Wohnungen in der Reichshauptstadt gab es im Jahr 1910 bereits ein Bad. Die Mieter dieser Wohnungen fielen als potenzielle Besucher eines Volksbades weg.[60]

Ein weiterer Punkt, welcher beim öffentlichen Baden eine Rolle spielte, war die Freikörperkultur, die als Reaktion auf die Industrialisierung im Rahmen der Lebensreformbewegung ab 1898 in verschiedenen Jugendorganisationen, besonders im Wandervogel, weite Verbreitung fand.[61] Im Bürger-

---

55 Trupat, „Hause", S. 222.
56 Deutsche Gesellschaft für Volksbäder in Berlin (Hrsg.), *Volksbad*, S. 96f.
57 Deutsche Gesellschaft für Volksbäder in Berlin (Hrsg.), *Volksbad*, S. 96.
58 Boseckert, „Ernst-Alexandrinen-Volksbad", S. 65. Der Anteil der verkauften Karten für das Schwimmbad betrug durchschnittlich ebenfalls 49 Prozent. Die restlichen zwei Prozent verteilen sich auf andere Badeeinrichtungen wie den irisch-römischen Dampfbädern oder Schwefelbädern. Vgl. dazu auch Deutsche Gesellschaft für Volksbäder in Berlin (Hrsg.), *Volksbad*, S. 97f.
59 Deutsche Gesellschaft für Volksbäder in Berlin (Hrsg.), *Volksbad*, S. 97.
60 Trupat, „Hause", S. 228.
61 Rappe-Weber, Susanne: *Wandervogel*. https://www.historisches-lexikon-bayerns.de/Lexikon/Wandervogel (14.03.2023).; Barlösius, Eva: *Naturgemäße Lebensführung. Zur Geschichte der Lebensreform um die Jahrhundertwende*. Frankfurt am Main/ New York: Campus Verlag 1997.

tum war das Nacktbaden dagegen verpönt und verstieß gegen Sitte und Moral. Um die eigene Intimität zu schützen, sollte auch beim Baden eine entsprechende Kleidung getragen werden. Dies fand auch in den Badeordnungen der damaligen Zeit ihren Niederschlag. So heißt es in der Hausordnung des Volksbades Gießen: „Das Baden ohne Badehosen oder ohne Schwimmanzug ist nicht gestattet; ebenso das Verlassen der Baderäume in halb oder ganz entkleidetem Zustande."[62]

Allerdings gab es zu Anfang des 20. Jahrhunderts kaum die Möglichkeit, dass sich Männer und Frauen beim Baden trafen. Es herrschte eine strikte Trennung, welche sich auch auf die Bauweise der Volksbäder auswirkte. Je nach Geschlecht begab man sich nach der Bezahlung des Eintrittsgeldes in einen separaten Umkleideraum, wo es Zugänge zu den jeweiligen Dusch- und Wannenbädern sowie zum Schwimmbad gab. Aus diesem Grund existieren in den meisten Volksbädern auch Damen- und Herrenschwimmbecken, die räumlich voneinander getrennt waren. Bei Volksbädern, die wie in Coburg nur ein Schwimmbassin aufwiesen, ließ sich das Problem durch unterschiedliche Öffnungszeiten für Männer und Frauen lösen.[63] Ähnlich verfuhr man bei den Brause- und Wannenbädern, die in Deutschland nicht so sehr nach dem Geschlecht, sondern je nach Ausstattung in eine I. und II. Klasse getrennt waren.[64]

Jedoch gab es zwischen den Geschlechtern größere Unterschiede in der Benutzung. So kamen Männer eher einem Badbesuch nach als Frauen, wie eine Analyse der Deutschen Gesellschaft für Volksbäder feststellte. Daraus ging hervor, dass in den Betriebsjahren 1911 und 1912 ungefähr 72 Prozent aller Besucher männlich waren.[65] Begründet werden die Zahlen in dieser Erhebung allerdings nicht. Es lässt sich jedoch vermuten, dass das öffentliche Baden von Frauen in der Gesellschaft über eine geringe Akzeptanz verfügte. Das Badezimmer und dessen

> „Das Baden ohne Badehosen oder ohne Schwimmanzug ist nicht gestattet."
>
> HAUSORDNUNG VOLKSBAD GIESSEN

Vorgänger, das Bade- oder Waschkabinett, galten im 19. Jahrhundert nach Francoise de Bonneville als „ein Tempel der Weiblichkeit".[66] Männern blieb dieser Raum unabhängig von der Gesellschaftsschicht verwehrt. Selbst die einfachsten Badeschüsseln und Fußwannen durften nach dem Gebrauch in den Wohnungen wegen des allgemeinen Schamgefühls nicht zu sehen sein, weil diese ein Stück weibliche Intimsphäre repräsentierten.[67] Dass Frauen aus dieser Situation heraus öffentlich badeten, kam daher nicht in Frage. Erst die hereinbrechende Moderne, die auch die Emanzipation der Frau hervorbrachte, änderte deren Freizeitverhalten im Allgemeinen und deren Badekultur im Speziellen.[68]

---

62 Meyer, Hans: *Das Gießener Volksbad. Erbaut von Sten & Meyer, Architekten und H. Schaffstaedt, Fabrik für Bade-Einrichtungen. Ein Beitrag zur Entstehungs- und Entwicklungsgeschichte des Baues und der Einrichtung desselben nebst den Badevorschriften und Badepreisen.* Gießen: Ricker Verlag 1898. S. 53.
63 Meyer, *Gießener Volksbad*, S. 57.
64 Meyer, *Gießener Volksbad*, S. 57.; Deutsche Gesellschaft für Volksbäder in Berlin (Hrsg.), *Volksbad*, S. 97f.
65 Deutsche Gesellschaft für Volksbäder in Berlin (Hrsg.), *Volksbad*, S. 99. Das Ergebnis von 72 Prozent ergab sich aus Stichproben von sechs verschiedenen Volksbädern. Diese waren Berlin, Bremen, Frankfurt am Main, Stuttgart, Straßburg und Hamburg.
66 De Bonneville, Francoise: *Das Buch vom Bad.* München: Rolf Heyne Collection 2002. S. 107.
67 De Bonneville, *Buch*, S. 112.
68 Föllmer, Moritz: „Auf der Suche nach dem eigenen Leben. Junge Frauen und Individualität in der Weimarer Republik". In: *Die „Krise" der Weimarer Republik. Zur Kritik eines Deutungsmusters.* Hrsg. von Moritz Föllmer u. Rüdiger Graf. Frankfurt am Main / New York 2005 (Campus Verlag). S. 287–317, S. 288f.

Auf die Ausgangsfrage zurückkommend, ob es eine Wahl zwischen öffentlichem und privatem Baden gab, muss konstatiert werden, dass es eine solche Entscheidung wohl gar nicht gab. Badezimmer, Volksbad und Zinkwanne waren die Möglichkeiten, um den Körper in privater Atmosphäre zu reinigen. Geschlecht, Gesellschaftsschicht, finanzielle Situation oder individuelle Vorlieben wirkten sich auf die Badekultur in Deutschland nicht aus. Christina Trupat spricht deshalb bereits für die Zeit um 1900 von einer „Demokratisierung des Badens."[69]

Das Ende der Volksbäder

Die Weiterentwicklung des Volksbades hing eng mit der Weiterentwicklung des privaten Badezimmers zusammen. Mithilfe neuer Heiztechnologien wurde es für Familien immer einfacher, Wasser in großen Mengen zu erwärmen. Gleichzeitig fand ein Umdenken darüber statt, wie eine moderne Wohnung auszusehen habe. Neben einer funktionalen Küche war das eigene Bad ein Sinnbild für Modernität im Wohnbereich. Solche Wohnungen waren für große Teile der Bevölkerung auch nach dem Ersten Weltkrieg unerschwinglich.[70] Zum einen blieb die Bautätigkeit während der Weimarer Republik hinter dem eigentlichen Bedarf zurück, sodass ein Wohnungsmangel bestand, und zum anderen forderten die privaten Bauherren für ihre Komfortwohnungen eine horrende Mietsumme, die von den meisten Bürgern nicht bezahlt werden konnte. Deshalb plädierte der Oberbürgermeister der Stadt Greiz im Vogtland, Reinhard Erbe, noch 1925 für den weiteren Ausbau von Volksbädern, um die Defizite im Wohnungsbau bekämpfen zu können.[71]

Auch der Staat erkannte nun die Problematik. Durch die Einführung von Wohnungsbaugesetzen zu Anfang der Weimarer Republik und der nun einsetzenden staatlichen Förderung von gemeinnützigen Baugesellschaften sollten nicht nur die Wohnungsnot, sondern auch die hygienischen Probleme gelöst werden.[72] Die Wohnungsbaupolitik sowohl der Weimarer Republik wie auch des sogenannten „Dritten Reiches" scheiterten jedoch an dem Vorhaben, jedem Deutschen ein eigenes Bad zu ermöglichen.[73] Eine grundlegende Änderung der Situation führte das erste Wohnungsbaugesetz der Bundesrepublik Deutschland aus dem Jahr 1950 herbei.[74] Dieses Gesetz sollte im Endeffekt auch den Untergang des Volksbades beschließen, da es in allen Wohnungen den Einbau von sanitären Einrichtungen vorschrieb. Für die Wohnungen bedeutete dies eine erhebliche Verbesserung des hygienischen Komforts. 1965 besaßen 21,6 Prozent aller deutschen Haushalte ein eigenes Bad; 1978 erhöhte sich diese Zahl auf 61,5 Prozent und erreichte 1988 einen Anteil von 93,7 Prozent.[75] Diese Entwicklung machte den Besuch eines Volksbades für die unteren und mittleren Gesellschaftsschichten überflüssig. Es fällt dabei auf, dass vor allem in den 1960er- und 1970er-Jahren, also zu Beginn des starken Zuwachses an privaten Bädern, schon die ersten Volksbäder schlossen, beispielsweise in Gießen, Flensburg oder Coburg.[76]

In der Vestestadt stellte sich zudem ab 1964 die Frage, ob man unter diesen Umständen das Ernst-Alexandrinen-Volksbad erneuern und ausbauen sollte. Ein solches Vorhaben scheiterte aber an den enor-

---

69 Trupat, „Hause", S. 227.
70 Bohmert, *Hauptsache*, S. 163.
71 Erbe, „Bau", S. 7ff.

72 Bohmert, *Hauptsache*, S. 163.
73 Trupat, „Hause", S. 232.
74 Von Saldern, Adelheid: „Von der ‚guten Stube' zur ‚guten Wohnung'. Zur Geschichte des Wohnens in der Bundesrepublik Deutschland". In: *Häuserleben. Zur Geschichte städtischen Arbeiterwohnens vom Kaiserreich bis heute*. Hrsg. von J. H. W. Dietz. Bonn 1995 (Dietz). S. 227–254, S. 234.; Trupat, „Hause", S. 232f.
75 Bohmert, *Hauptsache*, S. 165f.; Trupat, „Hause", S. 233.
76 Boseckert, „Ernst-Alexandrinen-Volksbad", S. 68.

Abbildung 4:
Abbruch des Alexandrinenbades 1977.

men Kosten. Schließlich ging die Stadt ab 1969 dazu über, einen Neubau ins Auge zu fassen, da das alte Volksbad in Bezug auf Größe und baulichem Zustand nicht mehr den Anforderungen eines modernen Hallenbades entsprach. Ferner stellte man öffentlich die Wirtschaftlichkeit und Rentabilität des Volksbades infrage, da es nur noch dem Freizeitsport und dem Schwimmunterricht dienen würde. Hier schwebte der Stadt ein kombiniertes Hallen- und Freibad vor, welches 1973 eröffnet wurde.[77] Allgemein galt die Sanierung älterer Badeanstalten als zu teuer. Dies muss auch vor dem Hintergrund gesehen werden, dass die Volksbäder in den wenigsten Fällen von Anfang an einen finanziellen Überschuss erwirtschafteten. So fuhr das Müllerbad in München schon im Betriebsjahr 1910 einen Verlust von 4249 Goldmark ein; die fünf Hamburger Volksbäder im gleichen Zeitraum sogar einen Verlust von 134.823 Goldmark.[78] Viele Kommunen sahen in den Volksbädern damals eine unmoderne Einrichtung, die nur Geld kostete und dem Freizeitempfinden der Menschen nicht mehr entsprach.

Nachdem die Volksbäder ihre eigentliche Aufgabe im Gesundheitsbereich verloren hatten, wurden viele dieser Einrichtungen abgerissen. Dazu gehörte auch das Coburger Volksbad, dessen Teilabbruch im Jahr 1977 erfolgte.[79]

Andere Volksbäder wandelten sich dagegen von einer medizinisch-hygienischen Einrichtung zu einem reinen Freizeitbetrieb oder einer reinen Sportstätte. Dieser Wandel zeigte sich vor allem in der Entfernung der Wannenbäder, welche durch die Ausbreitung von Badezimmern in Privatwohnungen immer weniger benutzt wurden. Der neu aufgekommene Freizeitaspekt der Volksbäder hatte bei deren Eröffnung noch keine Rolle gespielt. Ein Beleg dafür ist die Tatsache, dass dieses Thema bei den Veröffentlichungen über das Volksbad zu Anfang des 20. Jahrhunderts nicht einmal erwähnt wurde. Selbst beim Schwimmsport standen damals medizinische und militärische Aspekte im Mittelpunkt der Betrachtung. Sportlicher Ehrgeiz war eher eine Randerscheinung.[80] Dabei ist aber zu berücksichtigen, dass das Freizeitverhalten der Menschen erst durch die fortlaufende Verkürzung der Arbeitszeit entstand. In der Weimarer Republik entwickelte sich langsam ein pluralistisches Freizeitverhalten, welches die Volksbäder zunehmend in Konkurrenz zu anderen Einrichtungen gleicher Art setzte.

Ein weiterer Aspekt, der zum Niedergang der Volksbäder führte, war ihre technische Ausstattung. Durch die beiden Weltkriege und die zwei Währungsreformen waren technische Neuanschaffungen in Volksbädern eher die Seltenheit. Auch die Wartung der technischen Einrichtungen litt in dieser Zeit. So stellte sich bereits in den 1960er-Jahren für die Kommunen die Frage, ob eine Aufrüstung der vorhandenen technischen Geräte finanziell sinnvoll ist oder

---

77 Boseckert, „Ernst-Alexandrinen-Volksbad", S. 68.
78 Deutsche Gesellschaft für Volksbäder in Berlin (Hrsg.), *Volksbad*, S. 95.

79 Boseckert, „Ernst-Alexandrinen-Volksbad", S. 68.
80 Deutsche Gesellschaft für Volksbäder in Berlin (Hrsg.), *Volksbad*, S. 46–50.; Erbe, „Bau", S. 7ff.

der Bau neuer Freizeitbäder vorzuziehen wäre, wie man es dann in Coburg getan hat.[81] In vielen Fällen entschied man sich für den Bau neuer Hallenbäder, welche über den modernsten Stand der Technik verfügten. Dass gerade der technische Fortschritt zum Niedergang der Volksbäder mit beigetragen hat, scheint in diesem Fall fast tragisch zu sein. Die technische Ausstattung besaß bei den Befürwortern der Volksbadekultur immer einen hohen Stellenwert. Sowohl die Deutsche Gesellschaft für Volksbäder als auch Ingenieure stellten in ihren Ausführungen die Installation moderner technischer Errungenschaften, wie beispielsweise die Klärung des Badewassers, dessen Temperierung oder die Wasserzirkulation in den Mittelpunkt ihrer Darstellungen.[82] Der technische Aspekt war so bedeutsam, dass er sogar für Werbezwecke benutzt wurde. Vor allem angetan waren die Zeitgenossen von der Installierung von Fußboden-Heizungen.[83] Es ist durchaus möglich, dass aufgrund einer solchen medialen Strategie Besucher in das Volksbad kamen. Untersuchungen darüber waren jedoch in den vorliegenden Schriften nicht zu finden.

Fazit

Die Volksbäder dienten von Anfang an zur hygienischen Versorgung der ärmeren und mittleren Gesellschaftsschichten. Diese Bevölkerungsgruppen nahmen diese Einrichtungen zu großen Teilen an, was der Verkauf an Badekarten in den ersten 20 Jahren des 20. Jahrhunderts beweist. Auch trug wohl die Installierung moderner technischer Einrichtungen zum Erfolg des Volksbades bei. Den wohlhabenden Gesellschaftsschichten standen zur gleichen Zeit bereits private Badezimmer zur Verfügung. Dies förderte die Demokratisierung des Badens ebenso wie die Verbreitung der Volksbäder.

Der Bau öffentlicher Badeanstalten geschah nicht unter dem Mantel eines staatlich gelenkten Konzepts, sondern vielmehr förderten Privatpersonen, Kommunen und andere Institutionen eine Verbesserung der Bademöglichkeiten. Der Staat beschränkte sich lediglich darauf, durch Wohnungsgesetze das Baden in den eigenen vier Wänden zu ermöglichen, was inzwischen für alle Gesellschaftsschichten ermöglicht wurde. Erst als sich das Bad in jeder Wohnung zu einer Standardeinrichtung entwickelt hatte, verlor das Volksbad seine Bedeutung als Ort der Gesundheitsvorsorge. Die Tatsache, dass es heute noch einige Volksbäder gibt, leitet sich von ihrer Legitimation als Freizeiteinrichtung ab. Dieser Aspekt spielte anfangs ebenso wenig eine Rolle wie die Förderung des Schwimmsportes. Gesellschaftliche und technische Veränderungen ließen das Volksbad in der Zeit nach dem Zweiten Weltkrieg zwar untergehen, doch blieb diese Errungenschaft der Industrialisierung in geringem Umfang bis zum heutigen Tag bestehen.

---

81 Boseckert, „Ernst-Alexandrinen-Volksbad", S. 67.
82 Vgl. Deutsche Gesellschaft für Volksbäder in Berlin (Hrsg.), *Volksbad*, S. 29–41.; Meyer, Gießener Volksbad, S. 29, 33, 38, 48f.; Dietz, Ludwig: *Die technischen Anlagen im Städt. Volksbad Nürnberg (Dreihallenschwimmbad). Beschreibung der Einrichtungen und Betriebsergebnisse.* München / Berlin: Oldenbourg Wissenschaftsverlag 1918. S. 5–48.
83 Boseckert, „Ernst-Alexandrinen-Volksbad", S. 67.

Schlittschuhkufe, zum Anbringen an einen Schuh
Metall, erste Hälfte des 20. Jahrhunderts. Länge: 35 cm.
Gerätemuseum des Coburger Landes, Ahorn. Inventarnr. 1985/00422.

...und Winter.

Kufen, die an Schuhe angeschnallt wurden, waren schon im Mittelalter bekannt. Das Eislaufen entwickelte sich vom Vergnügen des Adels zu einem populären Volkssport. Auf zugefrorenen Gewässern können jedoch die Erschütterungen und Schallwellen, die durch das Knirschen der Schlittschuhkufen und das Springen und Fallen von Eisläufer*innen hervorgerufen werden, dazu führen, dass Fische und im Wasser lebende Amphibien aus ihrer Winterruhe aufschrecken. Der Eiskunstlauf ist die älteste Wintersportart bei Olympischen Spielen: er wurde bei den Sommerspielen 1908 erstmals ausgetragen. Der Eisschnelllauf ist dagegen in letzter Zeit für Dopingfälle bekannt geworden.

Hannah Vossen
Hannah Vossen, M.A., hat ihr Studium der American Studies an der Universität Leipzig sowie an der Ohio University in den USA erfolgreich abgeschlossen. Ergänzend ist sie gegenwärtig im Lehramtsstudium für Gymnasien an der Universität Leipzig eingeschrieben und arbeitet als studentische Hilfskraft am dortigen Lehrstuhl für Amerikanische Kulturgeschichte.

Olaf Stieglitz
Dr. Olaf Stieglitz ist Professor für Amerikanische Kulturgeschichte am Institut für American Studies der Universität Leipzig. In Lehre und Forschung arbeitet er vor allem an Themen der Geschlechter- und Körpergeschichte und in diesem Zusammenhang auch häufig zu Fragen der US-amerikanischen und deutschen Sportgeschichte. Besonders interessieren ihn visuelle Quellen, und dies zeigt sich in seinem laufenden Projekt „Visualizing Athletic Bodies, 1890s–1930s".

Hannah Vossen, Olaf Stieglitz

Abfahrt ohne Zukunft? Wintersport im Anblick der Klimakrise

Die Bilder gingen im Winter 2022/23 um die Welt, in traditionellen wie in „neuen" Medien: schmale weiße Bänder aus Schnee zogen sich durch ansonsten grüne Berglandschaften, Skifahrer*innen drängen sich auf dem engen Raum, den die Betreiber der Skigebiete für sie hatten herrichten können. Ungeübte landeten nicht selten außerhalb der Pisten, wo Geröll leicht ihre Ausrüstung beschädigte und auch sie selbst schnell Schaden leiden konnten; die Unfallzahlen erhöhten sich spürbar. Doch nicht allein Freizeitsport und Tourismus litten unter dem Schneemangel der Saison. Zahlreiche nationale wie internationale Sportveranstaltungen mussten entweder verschoben oder gar abgesagt werden, die Begründung immer wieder: Schneemangel. In Deutschland traf es u. a. die prestigeträchtige 70. Austragung des legendären Kandahar-Rennens in Garmisch-Partenkirchen, das Jubiläum musste zwei Wochen vor der geplanten Austragung aus dem Programm genommen werden. Die Veranstalter dort teilten ihr Problem mit vielen anderen: „Der Weltcup der Nordischen Kombinierer im französischen Chaux-Neuve, die WM der Para-Snowboarder im spanischen La Molina, die Abfahrt am Matterhorn – alle abgesagt oder verschoben wegen Schneemangels", wie der Deutschlandfunk berichtete.[1]

Die Klimaforschung betrachtet diese im letzten Winter so spürbaren Auswirkungen des Schneemangels in den Alpen als Merkmale eines längerfristigen Trends. „Winterdürren" werden dort seit längerem immer wieder beobachtet (etwa besonders 2017/18 in der Schweiz), und die Höhe der durchschnittlich gemessenen Schneedecken nimmt ebenfalls nicht erst seit diesem Winter ab. Besondere Aufmerksamkeit, sowohl in den Wissenschaften als auch in der breiten Öffentlichkeit erfährt das Abschmelzen der großen Gletscher der Alpenregion; an ihr lässt sich die Dramatik des Klimawandels besonders symbolträchtig veranschaulichen und zugleich beklagen.

Der Wintersport – sowohl im (Hoch-) Leistungsbereich als auch in seinen vielfältigen Freizeitvarianten – und der so eng mit ihm verbundene Tourismus sehen sich massiv mit den Folgen des in den Alpen besonders markant erfahrbaren Klimawandels kon-

---

[1] Marconi, Marlen [u. a.]: *Wintersport in der Klimakrise. Wie Skigebiete und Veranstalter sich neu erfinden müssen.* https://www.deutschlandfunk.de/wintersport-klimawandel-106.html (15.01.2023).

frontiert: „Einseitig betrachtet lassen sich Klimaschutz, ökologische Nachhaltigkeit und Wintersport erst einmal nicht miteinander vereinbaren. Die wirtschaftlichen Interessen der Anlagenbetreiber, die Forderungen der Wintersport-Touristen und der Umweltschutz stehen zu sehr in Konkurrenz. Es ist eine große Herausforderung diese Kluft zu bewältigen."[2]

Technik spielt im Umgang mit dieser Problemlage eine immer größer werdende Rolle, der wir in unserem kurzen Beitrag kritisch-reflektierend und anhand einiger Beispiele nachgehen wollen. Können technische Hilfsmittel neben kurzfristigen Lösungen auch nachhaltig dabei helfen, die Interessen von Sport- und Tourismusindustrie einerseits und diejenigen von Natur- und Klimaschutz andererseits miteinander in Einklang zu bringen? Inwieweit kann Technik – und damit können ganz unterschiedliche Dinge gemeint sein, wie wir noch sehen werden – Teil der Lösung dieses existenzbedrohenden Problems sein, oder müssen wir nicht eher skeptisch sein und ein Zuviel an technischen Eingriffen fürchten, welche die Situation langfristig eher noch schwieriger machen könnten? Ist das hoch empfindliche Ökosystem der alpinen Naturlandschaft, die zugleich eine Wintersport- und Tourismusregion ist und (womöglich) bleiben soll, auf Technik angewiesen? Es geht mithin um das Verhältnis von Technik und Natur und damit um eine Kernfrage von Kulturwissenschaften – nie schien es drängender, sich mit ihr auseinanderzusetzen, denn augenblicklich.

Technische Möglichkeiten und Implikationen in Bezug auf Nachhaltigkeit

Der Einsatz von Ecotechnologien in Wintersportregionen kann zwischenzeitlich auf eine durchaus lange Geschichte zurückblicken; ihre Entwicklungen reichen bis in die 1980er-Jahre zurück und waren zu Beginn noch eher selten von Sorgen um einen bevorstehenden massiven Klimawandel inspiriert, sondern vom Wunsch, Saisons zu verlängern oder Schneesicherheit für Leistungs- und Freizeitsport auch in niedriger gelegenen Regionen zu gewährleisten. Wir wollen hier in gebotener Kürze einige zentrale Techniken vorstellen sowie auf deren Chancen und Risiken eingehen.

Die Herstellung und der Einsatz von Kunstschnee ist vermutlich das bekannteste und am weitesten verbreitete technische Hilfsmittel, um benötigte Schneemengen sicherzustellen. Schneekanonen gehören heute zur Standardausrüstung aller Skigebiete und nur sie ermöglichen die verlässliche Durchführung von großen, publikumsträchtigen Sport-Events ebenso wie einen verlässlichen Ski-Tourismus. „[E]s gab keine Entwicklungsphase, die so tiefgreifende ökologische, technische und gesellschaftliche Veränderung mit sich brachte, wie die vor 40 Jahren gestartete Phase der künstlichen Beschneiung und Pistenplanierung"[3], und aus Sicht der Wintersport- und Tourismusbranche handelt es sich um eine Erfolgsgeschichte.

Innerhalb der Wintersportbranche wird der Begriff des „Kunstschnees" immer seltener verwendet, mit der Begründung, dass die zur Herstellung verwendeten technischen Hilfsmittel nicht „künstlichen" Ursprungs sind. Technischer Schnee besteht wie Naturschnee aus gefrorenem Wasser. Im Gegensatz zu Naturschnee wird technischer Schnee

---

[2] Hermann, Felix u. Kernatsch, Tom: „Nachhaltigkeit im Wintersport – die Alpenkonvention als Chance". In: *Studentische Fachkonferenz 2016: Nachhaltigkeit im industriellen Umfeld*. Hrsg. von Maike Sippel. Konstanz, Weingarten 2016 (HTWG Konstanz, HS Ravensburg-Weingarten). S. 38–45. S. 42.

[3] Jong, Carmen de: „Schmilzt den Wintersportgebieten die Nachhaltigkeit weg?". In: *Jahrbuch 2019*. Hrsg. von Marburger Geographische Gesellschaft. Marburg 2020. S. 195–208. S. 195.

biochemisch „optimiert", um die Eiskristalle auch bei höheren und damit „ungünstigen" Temperaturen zu stabilisieren und den Gefrierpunkt herabzusetzen.[4] So werden im weltweit genutzten Produkt Snomax sterilisierte und natürlich – im Boden und im Wasser – vorkommende Pseudomonas-Bakterien verwendet. Sie werden mit Gammastrahlen abgetötet und bei minus 197 °C gefriergetrocknet ausgeliefert.[5] Diese Bakterien bewirken, dass Wasser bereits bei höheren Temperaturen gefriert. In Deutschland und Österreich ist der Einsatz dieses Zusatzes jedoch umstritten und in Bayern sogar gänzlich verboten. Ein weiterer Zusatzstoff von technischem Schnee sind Salze, z. B. Ammoniumnitrat, die für die Pistenpräparation verwendet werden.[6]

Damit der technische Schnee auf die Skipisten der Wintersportregionen gelangt, werden großflächig Schneekanonen bzw. Schneelanzen verwendet. Schneekanonen produzieren technischen Schnee,

> Schneekanonen und technischer Schnee sind seit mehreren Jahrzehnten ein integraler Bestandteil des internationalen Wintersportes.

indem das in Rohre zugefügte Wasser in Form von Wassertröpfchen mittels Pressluft aus den Schneekanonen herauskatapultiert und zerstäubt wird. Es entstehen kleine Eiskristalle. Es wird zwischen Hochdruck- und Niederdruck-Schneekanonen unterschieden. Letztere sind mobil einsetzbar, benötigen jedoch ebenfalls aufwendige Strom- und Wasserleitungen sowie Kühlanlagen. Die zuvor beschriebene Düsentechnik der Schneeproduktion funktioniert jedoch nur bei Temperaturen unter minus 3 °C.[7] Bei höheren Temperaturen muss auf Zusatzstoffe zurückgegriffen werden und weitere Kälte- und Kryotechnik eingesetzt werden. Einige Anlagen ermöglichen die Produktion von technischem Schnee bei Temperaturen von 35 °C.[8] Dazu werden entweder Kühlkompressionen oder flüssiger Stickstoff oder Wasserstoff verwendet.[9] Beide Verfahren sind jedoch äußerst kostenintensiv und werden daher derzeit nur in besonderen Fällen, z. B. für Filmaufnahmen oder große Sportveranstaltungen, eingesetzt.

Schneekanonen und technischer Schnee sind seit mehreren Jahrzehnten ein integraler Bestandteil des internationalen Wintersportes. Die Technologie wurde in den 1950er-Jahren eher zufällig durch den amerikanischen Ingenieur Joseph T. Tropeano entwickelt und in Europa erstmals 1963 in Garmisch-Partenkirchen benutzt.[10] Heutzutage werden im gesamten Alpenraum Schneekanonen und technischer Schnee eingesetzt. Der größte Anteil (auf 90 Prozent aller Pisten) wird in den italienischen Skigebieten verwendet; gefolgt von Österreich mit 70 Prozent und der Schweiz mit 54 Prozent.[11] Deutschland stellt in dieser Statistik eine seltene Ausnahme dar: So verfügt Deutschland zwar über die höchste Anzahl an Skigebieten in Europa (498), verwendet jedoch nur auf 25 Prozent der Pisten Schneekanonen und technischen Schnee.[12]

Schneesicherheit dient als wichtigstes Argument für den Wintersport. Als „schneesicher" gilt

---

4 Jong, „Wintersportgebieten", S. 196.
5 Bayerisches Landesamt für Umwelt (Hrsg.): *Beschneiungsanlagen und Kunstschnee*. Augsburg 2013. S. 3.
6 Jong, „Wintersportgebieten", S. 196f.
7 Bayerisches Landesamt für Umwelt, *Beschneiungsanlagen*, S. 3.
8 Bayerisches Landesamt für Umwelt, *Beschneiungsanlagen*, S. 3.
9 Bayerisches Landesamt für Umwelt, *Beschneiungsanlagen*, S. 3.
10 Bayerisches Landesamt für Umwelt, *Beschneiungsanlagen*, S. 3.
11 Zandt, Florian: *Wo Schnee aus der Kanone kommt*. https://de.statista.com/infografik/7385/anteil-der-beschneibaren-skipisten-im-alpenraum-nach-land/ (05.01.2023).
12 Zandt, *Schnee*. Es handelt sich um Daten aus der Wintersportsaison 2021/22.

eine Region, wenn an mindestens 100 Tagen und in sieben von zehn Wintern 30 bis 50 cm natürlicher Schnee liegt.[13] Folgt man dieser Regel, sind derzeit circa 91 Prozent der Wintersportgebiete in den Alpen schneesicher.[14] Prognosen gehen davon aus, dass bis zum Ende des Jahrhunderts bis zu 70 Prozent der natürlichen Schneedecke in der Alpenregion nicht mehr vorhanden sein wird.[15] Somit wären nur noch 30 Prozent der Wintersportgebiete in den Alpen 2100 „schneesicher".[16] Künstliche Anpassungs- und Mitigationsstrategien wie der vermehrte Einsatz von technischem Schnee und Schneekanonen gelten daher als essenzielle Technologien, welche dazu dienen können, die Wintersportsaison auch in Zeiten steigender Temperaturen und abnehmender Schneegarantie weiterhin zu ermöglichen. Zugleich eignet sich technischer Schnee besonders für den Wintersport: Während natürlicher Schnee aus eckigen Eispartikeln besteht, besteht technischer Schnee aus „kleinen, gerundeten Eispartikeln, die eine sehr viel dichtere, härtere und sauerstoffarme Schneedecke bilden".[17] Technischer Schnee liefert dem Wintersport so eine bessere Festigkeit der Schneedecke und eine geeignetere Wärme- und Wasserresistenz. Gleichzeitig wirkt durch die Nutzung von technischem Schnee ein größerer Druck auf den Boden, sodass die Bodenverdichtung in den sensiblen Ökosystemen von Gebirgsgebieten zunimmt.

Durch die Beimischung von Zusatzstoffen in technischen Schnee in großen Mengen gelangen zudem potenziell schädliche Chemikalien in das Grundwasser und den Boden. Die Nebeneffekte dessen sind in der Forschung äußerst umstritten. Befürworter*innen führen an, dass Zusatzstoffe eine „zusätzliche Nahrungsquelle für den Boden [sein können,] wodurch sich dieser schneller regenerieren kann".[18] Kritiker*innen beziehen sich auf Studien, die eine Veränderung des (alpinen) Pflanzenbewuchs und somit eine Veränderung des ökologischen Gleichgewichtes feststellen.[19] Zweifelsohne bedingt die Produktion von technischem Schnee „infrastrukturelle und landwirtschaftliche Veränderung vor allem durch den Ausbau von hochgelegenen Wasserspeicherbecken, Pistenbegradigungen und -vergrößerungen".[20] Zwar obliegt der Bau von Speicherbecken und Schneeleitungen den Anforderungen des FIS (dem internationalen Skiverband),

Eine Technologie, die auf den ersten Blick wie eine Notlösung wirkt, ist das Anlegen von Schneedepots durch die Praxis des *„Snowfarming"*.

dennoch werden Speicherbecken aufgrund von Ausbaudruck im Eilverfahren genehmigt. Zudem sind zwar immer mehr Skigebiete umweltzertifiziert, die Zertifizierung basiert jedoch meist „auf der Grundlage von [...] Energiesparmaßnahmen oder der Verwendung von grünem Strom, öffentlichem Transport, umweltfreundlichen Geschäftsansätzen oder Schneefahrzeugen mit Biodiesel".[21] Der Verlust von Wasser (zwischen 40 und 60 Prozent) durch Verdunstung aus den Speicherbecken, durch undichte Rohre und während der Beschneiung wird hingegen wenig thematisiert.[22] Das Ausmaß der technischen Beschneiung lässt sich anhand einer Veröffentli-

---

13 Hermann u. Kernatsch, „Nachhaltigkeit", S. 42.
14 Hermann u. Kernatsch, „Nachhaltigkeit", S. 42.
15 Jong, „Wintersportgebieten", S. 196.
16 Hermann u. Kernatsch, „Nachhaltigkeit", S. 42.
17 Jong, „Wintersportgebieten", S. 197.
18 Hermann u. Kernatsch, „Nachhaltigkeit", S. 43.
19 Hermann u. Kernatsch, „Nachhaltigkeit", S. 43.; Bayerisches Landesamt für Umwelt, *Beschneiungsanlagen*, S. 5.
20 Jong, „Wintersportgebieten", S. 195.
21 Jong, „Wintersportgebieten", S. 205.
22 Jong, „Wintersportgebieten", S. 197.

chung der Universität Innsbruck zu der Region Tirol aus dem Jahr 2012 illustrieren: So belief sich das Ausmaß auf 6270 Fußballplätze bzw. einem „70 Meter breiten und 660 Kilometer langem weißen Band von Wien bis Bregenz, welches durchgehend mit einem Meter Schnee bedeckt" wäre.[23]

Resilienz des Wintersports

Die Entwicklung hin zu einer „alpinen Wasserindustrie"[24] in Zeiten von steigenden Temperaturen führt dazu, dass weniger Wasser für die Beschneiung zur Verfügung steht. Eine Folge: Die Wintersportsaison wird verkürzt, unterbrochen und/oder verschiebt sich.[25] Hinzukommen abnehmende Wasserressourcen, die die Entnahme aus lokalen Quellen erschweren. Nutzungskonflikte um die Trinkwasserversorgung sind eine Folge.[26] Abhilfe könnte die Verlagerung von Speicherbecken und Pumpen vom Talflusswasser auf bis zu 1.000 Meter Höhe schaffen.[27]

Noch in den Kinderschuhen steckt die verlässliche Kühlung von Eis. Wintersportdisziplinen stellen unterschiedliche Anforderungen an die Temperatur, die Dicke und die Beschaffenheit von Eis. Konventionelle Verfahren der Kunsteisherstellung nutzen Kühlungsmittel, wie z. B. R507, die die Umwelt belasten. Bei den Olympischen Winterspielen 2022 in Beijing wurde erstmals die sogenannte TCDDC-Technologie großflächig verwendet.[28] Dabei wird Kohlenstoffdioxid zunächst unter Hochdruck von gasförmig zu flüssig umgewandelt.[29] Beim Dekomprimieren verdampft das Kohlenstoffdioxid, indem es die Umgebungswärme absorbiert und somit kühlt.[30] Das Verfahren hat eine leicht höhere Kühleffizienz als konventionelle Kühlverfahren.[31]

Eine Technologie, die auf den ersten Blick wie eine Notlösung wirkt, ist das Anlegen von Schneedepots durch die Praxis des *Snowfarming*. Dabei wird Schnee in den wärmeren Jahreszeiten gesammelt und mit Sägespänen und Hackschnitzeln bedeckt, um diesen in der Wintersportsaison einsetzen zu können. Studien zeigen, dass dabei (lediglich) 20 bis 30 Prozent des Schnees durch Abschmelze verloren gehen.[32] Schneedepots sind inzwischen vom FIS und von der IBU (dem Biathlon-Weltverband) zum Teil vorgeschrieben und werden insbesondere bei großen Wintersportevents eingesetzt.[33] Das Anlegen von Schneedepots mittels *Snowfarming* funktioniert selbstverständlich nur, wenn ausreichend Schnee liegt. Um dies zu gewährleisten, sind einige Wintersportregionen dazu übergegangen, Gletscher-Eis abzudecken. So kann die Abschmelze um bis zu 60 Prozent verhindert werden.[34]

Eine weitere Möglichkeit, um den Wintersport resilienter zu gestalten, bietet die Technologie der Pistenpräparierung; dabei werden beispielsweise Skipisten nach Wellen- und Rillenanordnungen präpariert und die mechanischen und thermodynamischen Eigenschaften des Schnees so verändert, dass die Erosion und die Verdunstungs- und Abschmelzungsoberfläche reduziert wird.[35]

---

23 Hermann u. Kernatsch, „Nachhaltigkeit", S. 43.
24 Jong, „Wintersportgebieten", S. 197.
25 Jong, „Wintersportgebieten", S. 197.
26 Jong, „Wintersportgebieten", S. 198.
27 Jong, „Wintersportgebieten", S. 198.
28 TCDDC steht für „transcritical carbon dioxide direct cooling".
29 Liu, Guixian [u. a.]: „Green technologies behind the Beijing 2022 Olympic and Paralympic winter games". In: *Environmental Science and Ecotechnology* 16 (2023). S. 1–4. S. 1.
30 Liu [u. a.], „Green technologies", S. 1.
31 Liu [u. a.], „Green technologies", S. 1.
32 Grünewald, Thomas u. Wolfsperger, Fabian: „. Storing snow for the next winter: Two case studies on the application of snow farming". In: *Geophysical Research Abstracts. EGU General Assembly* 18 (2016).
33 *Schneemangel in den Bergen. Wintersport in der Klimakrise.* https://www.deutschlandfunk.de/witterungsbedingungen-wintersport-kunstschnee-garmisch-100.html. (11.01.2023); Grünewald, Thomas [u. a.]: „Snow farming: conserving snow over the summer season". In: *The Cyrosphere* 12 (2018). S. 385–400. S. 386.
34 Grünewald [u. a.], „Snow farming", S. 386.
35 Fischer, Andrea [u. a.]: „ Glaciers, snow and ski tourism in

Nachhaltigkeitsinitiativen im Wintersport

Die Wintersportindustrie wirkt an der Klimakrise mit und ist zugleich maßgeblich von der Klimakrise betroffen. Um mit den Herausforderungen des Klimawandels umzugehen, nutzen Akteure ganz unterschiedliche Wege, die nicht immer aufeinander abgestimmt scheinen. Modernisierung, die Erweiterung sowie die Erschließung von Wintersportgebieten in höheren Lagen, aber auch der Ausbau von Beschneiungsanlagen werden vielerorts diskutiert. Möglich scheint auch der Ausbau von Wintersporthallen, die ein Wintersporterlebnis auf kleinem Raum ermöglichen. Weltweit existieren bereits circa fünfzig dieser Hallen, oft in Gegenden ohne Wintersporttradition. Die Fokussierung auf einen ausgewogenen und vor allem schneeunabhängigen Ganzjahrestourismus, z. B. durch die Doppelnutzung von Aufstiegsanlagen

> **Die Wintersportindustrie wirkt an der Klimakrise mit und ist zugleich maßgeblich von der Klimakrise betroffen.**

sowie den Ausbau von Bikeangeboten und Wander- und Erlebnispfaden scheinen ebenfalls mögliche Szenarien. Im Rahmen dieser Überlegungen wird häufig das Konzept des sanften und resilienten Wintersportes thematisiert. Dieser sieht die Nutzung von Maßnahmen im Bereich Klima, Energie, Natur, Soziales, Gesellschaft, Gesundheit sowie der Nutzung und Wertschöpfung vor.[36]

Eine der naheliegenden Möglichkeiten, den Wintersport nachhaltiger zu gestalten, bietet der Einsatz von erneuerbaren Energien (vorwiegend durch Fotovoltaik-Systeme) im Betrieb von Wintersportanlagen. Im österreichischen Skigebiet Wildkogel wurde im Jahr 2010 Europas höchstes Solarkraftwerk (auf 2.100 Metern) errichtet, damit kann derzeit „rund ein Viertel des gesamten Strombedarfs der Bergbahnen" abgedeckt werden.[37]

Zudem erfreut sich nachhaltige Wintersportausrüstung einer stetig wachsenden Popularität. Nachhaltigkeit in Bezug auf die Ausrüstung im Wintersport kann unterschiedlich umgesetzt werden.[38] Einige Marken reduzieren die Umverpackungen ihrer Produkte, indem sie Plastikfenster und Plastiktüten abschaffen und/oder auf ökologisch zertifizierte Kartonage zurückgreifen. Um die Haltbarkeit der Ausrüstung zu verlängern, bieten einige Anbieter kostenlose Reparaturen, Recylingprogramme sowie verlängerte Garantien an. Zudem bemüht sich ein Teil der Branche, nachhaltigere Materialien zu entwickeln und diese in ihren Produkten einzusetzen. So werden beispielsweise recycelte Materialien verwendet und/oder Materialien verwendet, die sich im Anschluss einfacher recyceln lassen. Aufgrund der hohen Anforderungen an Wintersportausrüstung und insbesondere an Wintersportbekleidung – sie soll wasserabweisend, wärmeisolierend und flexibel an sportliche Bewegungen angepasst sein – gestalten sich diese Bemühungen jedoch als schwierig. Nischenprodukte wie Ski oder Snowboards aus ökologisch zertifiziertem Holz und Schaum-Inserts aus recycelten PET-Plastikflaschen oder Skistöcke aus Flachsfasern, aber auch die steigende Nachfrage nach nachhaltiger Wintersportbekleidung zeigen, dass sich die Branche an den veränderten Präferen-

---

Austria's changing climate". In: *Annuals of Glaciology* 52, 58 (2011). S. 89–96. S. 94.
36 Stiftung Sicherheit im Skiport [u. a.] (Hrsg.): *Kompetenzen für eine nachhaltige Zukunft #careforfuture*. Planegg, Oberhof 2023. S. 6.

37 *Grün, grüner, Wildkogel-Arena! Eine Region und ihr Weg zu grünem Umwelt- und Energiemanagment.* https://www.wildkogel-arena.at/urlaubsinformationen/nachhaltigkeit-wildkogel-arena/#/pois (01.09.23).
38 *Sustainability Strategies of Ski and Snowboard Manufacturers.* https://www.ispo.com/en/news-trends/sustainability-ski-and-snowboard-manufacturers (03.10.2023).

zen ihrer Konsument*innen orientiert und bisweilen anpasst. Grundsätzlich lässt sich jedoch feststellen, dass nachhaltig produzierte Wintersportausrüstung derzeit noch die Ausnahme ist. Hinzukommt, dass ein Label- und Zertifizierungsdschungel die Unterscheidung zwischen Greenwashing und tatsächlich nachhaltig produzierten Wintersportprodukten entlang der gesamten Lieferkette erschwert.

In der Gemeinde Tenna (Italien) wurde im Jahr 2011 der weltweit erste Solarskilift in Betrieb genommen, der den Strombedarf des Lifts vollständig abdeckt. Die Überproduktion wird in das Netz der Gemeinde eingespeist.[39] In der Gemeinde Laax (Schweiz) wird ein besonders großflächiges Umweltmanagementsystem genutzt, welches mit „Zielen, Maßnahmenplan und Indikatoren, […] die jährliche Zielerreichung misst."[40] Dazu gehören Maßnahmen zur Verbesserung der Energieeffizienz, Fotovoltaikanlagen auf Liftanlagen, die Reduktion des Treibstoffverbrauches von Fahrzeugen, die LED-Beleuchtung von öffentlichen Plätzen, Recyclingsysteme und ökologisch produzierte Kleidung für die Mitarbeitenden.[41]

Große Wintersportveranstaltungen bemühen sich ebenfalls darum, ihre Nachhaltigkeitsinitiativen zu verbessern. Bei den IBU Weltmeisterschaften im Biathlon 2023 in Oberhof stand die Verwendung von Fotovoltaikanlagen, die Bioenergie- und Abwärmenutzung, die Verwendung von Schneedepots, die nachhaltigere Pistenpräparierung und nachhaltigere Mobilitätskonzepte sowie zahlreiche Ausgleichs-, Renaturierungs- und Ersatzmaßnahmen im Vordergrund.[42] Derzeit läuft ebenfalls das durch die EU geförderte Programm „*Beyond Snow*" (Jenseits von Schnee), welches es sich zum Ziel gemacht hat, die sozio-ökologische Klimaresilienz von kleinen und auf mittlerer Höhe gelegenen Wintersport- und Schneetourismusdestinationen zu verbessern. Im Rahmen des Projektes werden neue nachhaltige Entwicklungspfade, Übergangsprozesse und umsetzbare Lösungen für die sechs am Projekt beteiligten Alpenländer entwickelt.[43]

Ein technisches Narrativ für ein komplexes ökologisches Problem?

Der Wintersport ist gegenwärtig mit vormals unvorstellbaren klimabedingten Veränderungen konfrontiert. So treten aufgrund von mangelndem Schnee vermehrt Verletzungen auf[44], die „Schneesicherheit" nimmt ab und Veranstaltungskalender müssen immer öfter angepasst werden. Technische Möglichkeiten stellen im Angesicht dieser Entwicklung eine vermeintlich effiziente, aber auch „einfache" Lösung dar. Doch was, wenn technische Möglichkeiten nicht die erwünschten Effekte erzielen, an ihre Grenzen stoßen oder womöglich schwer kalkulierbare Folgen nach sich ziehen?

„Man sollte Biathlon mit Radfahren und Laufen verbinden", empfahl der langjährige Biathlon-Erfolgstrainer Wolfgang Pichler kürzlich in der *Süddeutschen Zeitung*.[45] Die Erderwärmung gefährde seinen Sport, so Pichler, und statt immer nur weiter an vermeintlichen Lösungen mithilfe von Ecotechnolo-

---

[39] Menn, Arne u. Putzing, Fabian: „Die Klimapioniere – Nachhaltigkeitsinitiativen im Wintersport". In: *CSR und Sportmanagement. Jenseits von Sieg und Niederlage: Sport als gesellschaftliche Aufgabe verstehen und umsetzen*. Hrsg. von Alexandra Hildebrandt. Berlin, Heidelberg 2014 (Springer-Verlag). S. 533–546. S. 538.
[40] Menn u. Putzing, „Klimapioniere", S. 538.
[41] Menn u. Putzing, „Klimapioniere", S. 539.
[42] Stiftung Sicherheit im Skiport [u. a.], Kompetenzen, S. 13, 20, 24f.
[43] *BeyondSnow*. https://www.alpine-space.eu/project/beyondsnow/ (04.08.2023).
[44] Arnu, Titus: Ski-Unfälle. „*Ich denke oft: Da fährt nicht ein Mensch mit Skiern, da fahren Skier mit einem Menschen*". https://www.sueddeutsche.de/panorama/wintersport-skifahren-klimawandel-schneemangel-stuerze-unfaelle-bergrettung-1.5732029 (13.01.2023).
[45] Eisenberger, Korbinian: *Zukunft des Wintersports*. „*Man sollte Biathlon mit Radfahren oder Laufen verbinden*". https://www.sueddeutsche.de/sport/biathlon-wolfgang-pichler-visionen-ruhpolding-1.5996447? (04.07.2023).

gien festzuhalten, schlug er vor, wie sich Sportarten verändern müssten, um den Erfordernissen der Zeit gerecht zu werden. Rollski sind im Sommer bewährte Trainingsgeräte für Biathlet*innen, warum nicht auch Wettkampfserien im Winter auf Rollen? Oder auf Fahrrädern? Der Biathlon-Weltverband, so der Beitrag der *Süddeutschen*, zeigt sich bislang skeptisch und verweist auf Traditionen. Eine ähnliche Alternative zeigt sich seit langem beim Skispringen; im letzten Winter wurde erstmals ein offizielles Weltcup-Springen der Wintersaison auf einer grünen Mattenschanze abgehalten. Eine Praxis, die bislang ausschließlich im Sommer und dann in erster Linie als Vorbereitung auf die eigentliche Saison zur Anwendung kam. Doch was in diesen Sportarten Alternativen sein könnten, taugt für andere Events eher nicht: Ski-Abfahrten ohne Schnee bzw. ohne einen Gletscher als Unterlage wird es kaum geben können. Hinzu kommt, dass der Winter(leistungs)sport es mit einem traditionsverhafteten Publikum zu tun hat – wie sehr würde es deutliche Eingriffe in das „Feeling" ihrer Sportarten und des ganzen oft Party-orientierten Umfelds tolerieren? Auch dieser Aspekt wird wegen der Abhängigkeit vom Tourismus immer mit zu berücksichtigen sein. Da überrascht es, dass eine derzeit noch nicht existente Wüstenstadt in Saudi-Arabien im Jahr 2029 die Winter-Asienspiele ausrichten soll.

In Anbetracht der Tatsache, dass die Erwärmung der alpinen Region in den letzten Jahren bis zu dreimal höher als im weltweiten Durchschnitt fortschritt[46], ist der Wintersport akut mit der Frage seiner Nachhaltigkeit konfrontiert. Besondere Beachtung fand eine Studie der Universität Innsbruck Anfang 2022, die zeigte, dass ohne drastische Maßnahmen und eine schnelle Reduktion der globalen Treibhausemissionen die meisten ehemaligen Gastgeber der Olympischen Winterspiele am Ende des Jahrhunderts keine gleichwertigen Spiele mehr austragen könnten.[47] Das Gebot der ökologischen Vernunft und Verantwortung bedingt, dass sich die sportliche Gemeinschaft mit den nicht-nachhaltigen Auswirkungen des gegenwärtigen Wintersportes (z. B. Erosion, Biodiversitäts- und Habitatsverlust, Wasserknappheit, Wasser-, Luft- und Lichtverschmutzung sowie irreversible Landschaftszerstörung) auseinandersetzen muss.

Es ist zweifellos anzuerkennen, dass die Wintersportcommunity und die mit ihr verwobenen Wirtschaftsbranchen mit einem Zwiespalt zwischen Tradition und Kulturgut einerseits sowie Kommerzialisierung und Industrialisierung andererseits konfrontiert sind. Dem Konzept der Nachhaltigkeit liegt kein normiertes, allgemein anerkanntes Wertegefüge zugrunde. Unterschiedliche Akteure definieren Nachhaltigkeit entlang potenziell divergierender Variablen (z. B. Umweltbilanzierung, ökologischer Fußabdruck, Vermeidung, Minimierung und/oder Kompensation). Die Wintersportcommunity bemüht daher gerne das technologische Narrativ und verspricht sich durch technische Innovation eine augenscheinlich „einfache" Lösung. Sie verkennt dabei die Komplexität der Klimakrise in ihren Auswirkungen auf den Wintersport.

Nur wenn sich der Wintersport an die sich verändernden Bedingungen anpasst, kann verhindert werden, dass dem „Wintersport die Nachhaltigkeit wegschmilzt"[48] und der Wintersport damit die Abfahrt in die Zukunft verpasst.

---

46 Hermann u. Kernatsch, „Nachhaltigkeit", S. 42.

47 Scott, Daniel [u. a.]: „Climate change and the future of the Olympic Winter Games". In: *Current Issues in Tourism* 26 (2023). S. 480–495. S. 480.

48 Jong, „Wintersportgebieten", S. 207.

Schlitten für Sledge-Hockey, Modell: „Polarwolf"
Designmodell von Julian Rathmann. Maße: ca. 125 x 50 x 45 cm, verschiedene Materialien. 2011 als Diplomarbeit im Studiengang Integriertes Produktdesign an der Hochschule Coburg (Betreuung: Prof. Gerhard Kampe) entstanden.
Privatbesitz.

Schnelligkeit...

Der Designer Julian Rathmann hat sich im Rahmen seiner Diplomarbeit an der Hochschule Coburg mit der Sportart Sledge-Hockey beschäftigt. Sledge-Hockey ist Eishockey für Sportler mit Handicaps und der populärste sowie physisch härteste Parasport im Winter. Die Spieler bewegen sich nicht auf Schlittschuhen, sondern auf Schlitten. Ziel der Arbeit war es, ein Sportgerät zu entwickeln, das funktional, ergonomisch und formal-ästhetisch gestaltet ist. Heraus kam ein Produkt, das sich aufgrund seines modularen Aufbaus für viele Spielertypen eignet und im Schadensfall schnell und unkompliziert vor Ort repariert werden kann. Eine wirtschaftliche Fertigung in Kleinserie ist realistisch.

Jochen Koubek
Dr. Jochen Koubek ist Professor für Digitale Medien an der Universität Bayreuth. Arbeitsschwerpunkte sind die Geschichte, Ästhetik und Kultur interaktiver Medien, insbesondere digitale Spiele. Zuletzt veröffentlichte er 2020 eine Monografie zu Monetarisierungsformen von Computerspielen.

Jochen Koubek

Ist E-Sport eine Sportart?

Der Definition des eSport-Bunds Deutschland e. V. folgend, ist E-Sport bzw. eSport „der unmittelbare Wettkampf zwischen menschlichen Spieler/innen unter Nutzung von geeigneten Video- und Computerspielen an verschiedenen Geräten und auf digitalen Plattformen unter festgelegten Regeln."[1]

E-Sport ist in Ligen und Turnieren organisiertes, hochkompetitives Computerspielen. Weltweit haben im Jahr 2022 über 900 Millionen Menschen Live-Streams von E-Sport-Events zugeschaut, über 260 Mio. verfolgen sie regelmäßig, die jährlichen Umsätze werden auf über 1.3 Mrd. US$ geschätzt, mit wachsender Tendenz.[2] Die kumulierten Preisgelder für Turniere werden 2023 auf über 500 Mio. US$ geschätzt.[3]

Auch in Deutschland hat E-Sport jährliche Wachstumsraten von bis zu 20 Prozent, mehr als zwei Drittel der Bevölkerung haben den Begriff zumindest schon gehört und eine ungefähre Vorstellung davon, um was es sich dabei handelt.[4]

Dennoch ist die Frage bis heute strittig, inwiefern und ob überhaupt E-Sport tatsächlich als Sportart aufzufassen ist oder sich lediglich so nennt. Die Frage betrifft mehr als nur das Selbstverständnis der E-Sport-Szene und den Abgrenzungswunsch der etablierten Sportarten oder eine akademische Suche nach präzisen Definitionen.

Anerkannte Sportarten haben in Deutschland Anspruch auf steuerliche Gemeinnützigkeit, staatliche Förderung sowie vereinfachte Reisebedingungen für internationale Sportler*innen und Trainer*innen, sie finden einfacher Sponsoren und den Weg in die mediale Berichterstattung.

Nicht zuletzt deswegen wird die Diskussion über die Anerkennung von E-Sport als Sportart seit mehr als zwei Jahrzehnten geführt, seit Süd-Korea Anfang der 00er-Jahre diese Anerkennung vollzogen hat.[5]

---

[1] *Was ist eSport?*. https://esportbund.de/esport/was-ist-esport/ (16.10.2023).
[2] *Newzoo: Global Esports & Live Streaming Market Report 2022.* https://resources.newzoo.com/hubfs/Reports/Esports/2022_Newzoo_Free_Global_Esports_Live_Streaming_Market_Report.pdf (16.10.2023). S. 28.
[3] *E-Sports Statistiken: Daten & Fakten für 2022.* https://www.only4gamers.de/e-sports-statistiken (16.10.2023).
[4] *Esport.* https://www.game.de/esport/ (16.10.2023).
[5] *Sportart eSport.* https://esportbund.de/sportart-esport/ (16.10.2023).

In diesem Aufsatz soll die Diskussion in Deutschland in groben Zügen nachvollzogen werden, allerdings ohne eine Antwort oder auch nur die Empfehlung einer solchen zu bieten. Ist E-Sport eine Sportart oder wie Leichtathletik, eine Gruppe von Sportarten? Als naheliegenden Einstieg nähern wir uns der Diskussion über eine scheinbar einfache Frage.

Intuitiv denkt man vielleicht zunächst an anstrengende körperliche Bewegungsspiele – Sport ist, wenn man anschließend duschen muss.

Was ist Sport?

Gesucht wird eine Definition, die das Wesen des Sportes zu erfassen imstande ist. Intuitiv denkt man dabei vielleicht zunächst an anstrengende körperliche Bewegungsspiele – Sport ist, wenn man anschließend duschen muss. Aber zum einen erfasst dieser Ansatz nicht die körperlich weniger fordernden Sportarten wie Billard oder Dart, andererseits ist die Abgrenzung zu anstrengenden Tätigkeiten, die keine Sportarten sind, damit allein nicht möglich. Es bedarf also sowohl eines differenzierteren Blicks auf die Körperlichkeit als auch auf weitere Merkmale des Sportes.

Der Sportwissenschaftler Claus Tiedemann listet über 40 solcher Definitionsversuche für den Begriff „Sport" auf [6] und bedauert gleichzeitig, dass die Sportwissenschaft vor der Komplexität der Verwendung des Begriffs kapituliert habe, wenn im Sportwissenschaftlichen Lexikon vermerkt sei: „Seit Beginn des 20. Jahrhunderts hat sich S. zu einem umgangssprachlichen, weltweit gebrauchten Begriff entwickelt. Eine präzise oder gar eindeutige begriffliche Abgrenzung läßt sich deshalb nicht vornehmen."[7]

Ohne die einzelnen Definitionsversuche an dieser Stelle zu diskutieren, lassen sich doch konstitutive Elemente identifizieren, die darin in Teilen oder in Gänze zum Wesen des Sportes gezählt werden. Dazu gehören:

- *Körperliche Bewegung* als die für jede Sportart spezifischen Kompetenzen im Umgang mit dem eigenen Körper und der körperlichen Leistungsfähigkeit in Bezug auf Motorik, Motivation und Handlungsabläufe.
- *Wettkampf* als Ziel der Aktivität, um im Leistungsvergleich messbar-objektive Unterschiede in den Leistungen zu bestimmen. Bewegung ohne Wettkampfabsicht kann zwar gesundheitsfördernd sein und als individuell oder kollektiv gewinnbringend erlebt werden, als „Sport" kann sie aber nicht bezeichnet werden.
- *Regeln* legen fest, auf welche Art der Körper bewegt werden darf, soll oder muss und wie die zu vergleichende Leistung zu messen ist. Die Überwachung dieser Regeln kann sozial und technisch erfolgen, wobei in viele Regelsysteme zunehmend technische Unterstützungen aufgenommen werden.
- *Ethische Werte*: Neben den kodifizierten Regeln soll Sport allgemeine humanistische Werte beachten, bei denen der Wettkampf nicht um jeden Preis und Missachtung der Unverletzlichkeit der Menschenwürde oder anderer Lebewesen gewonnen werden darf.

---

6 Tiedemann, Claus: *Texte zum Sport-Begriff*. http://www.sport-geschichte.de/tiedemann/documents/TexteSport-Begriff.pdf (05.10.2020).
7 Tiedemann, Claus: „Sport" – Vorschlag einer Definition. http://sport-geschichte.de/tiedemann/documents/DefinitionSport.pdf (01.05.2021).

- *Unproduktivität:* Sportliche Bewegung darf nicht das Hervorbringen eines Produkts, Werks oder einer Dienstleistung zum Ziel haben, sondern muss ihren Zweck in sich selbst bzw. im Gewinnen eines Wettbewerbs haben.
- *Organisation:* Neben diesen konstitutiven Wesensmerkmalen wird regelmäßig auch das strukturelle Merkmal der vereins- und verbandsmäßigen Organisiertheit genannt, die als notwendige Voraussetzung im Sport erfüllt sein müssen. Doch nicht ein Verein allein kann eine neue Sportart erschaffen, dazu braucht es mindestens nationale oder noch besser internationale Organisationsstrukturen, die regelmäßig mit Professionalisierung und Kommerzialisierung einhergeht. Auch Jugendarbeit, Nachwuchsförderung und Breitensport sollte von einer Sportorganisation gewährleistet werden.

Weitere Merkmale, die in deutschen Definitionen seltener zu finden sind, sind z. B. der Verzicht auf Glück als zentrales Element oder auf Sportgeräte, die nur von einem einzigen Hersteller zu beziehen sind.

Auf den ersten Blick erscheinen diese Kriterien als notwendig und hinreichend, um eine Aktivität als Sportart zu kennzeichnen. Aber die Brauchbarkeit einer Definition erweist sich nicht im Zentrum, in dem z. B. Fußball, Schwimmen oder Laufen angetroffen werden, sondern an den Rändern. An diesen treffen sich Tätigkeiten, die noch als Sportart angesehen werden und solche, für die das nicht gilt. Eine brauchbare Definition muss diese Grenze möglichst trennscharf erfassen.

Grenzfälle

Auf der Sportseite dieser Grenze stehen gerätebezogene Sportarten, d. h. „Sportaktivitäten, für die motorische Aktivität gegenüber kognitiven Anforderungen eher nachrangig ist oder im Wesentlichen in der Beherrschung spezifischer Sportgeräte besteht."[8] Dazu gehören Billiard, Bogenschießen, Boule, Dart, Dressurreiten, Minigolf, Motoryacht, Rennfahren, Reiten, Sportfischen, Sportjagen, Sportschießen. Und Schach, auf das noch gesondert einzugehen ist.

Auf der anderen Seite der Grenzen stehen leistungsbezogene, kompetitive, organisierte und sozial geregelte Aktivitäten, die keine Sportart sein wollen oder es nicht sind, darunter Musikwettbewerbe wie Jugend musiziert, Spielturniere für Poker, Skat oder Doppelkopf, Poetry Slams, Rap Battles, Luftgitarre, Schönheitswettbewerbe oder Wettessen-Turniere. Auch hier müssen Körper trainiert und die Trainingserfolge nach klaren Regeln miteinander verglichen werden, ohne dass dies hinreichend für eine auch nur umgangssprachliche Attribuierung, geschweige denn gesellschaftliche Anerkennung als Sportart ist.

Aber auch E-Sport als „Wettkampf zwischen menschlichen Spieler/innen unter Nutzung von geeigneten Video- und Computerspielen an verschiedenen Geräten und auf digitalen Plattformen unter festgelegten Regeln" erfüllt weitgehend die oben genannten Kriterien, wobei es bei dreien noch Diskussionen gibt:

1. Die körperliche Bewegung, die beim E-Sport im Bedienen von Computereingabegeräten besteht, wird nicht unmittelbar als sportliche Aktivität gesehen. Als Ausschlusskriterium müsste dies dann aber für andere gerätebezogene Sportarten ebenso gelten, z. B. Sportschießen.
2. Die ethischen Werte werden nicht beachtet, wenn das Spielziel darin besteht, die Gegenspieler virtuell zu töten, wie dies bei Spielen wie *Counter Strike: Source* (Valve 2004), *League of Legends* (Riot Games 2009) oder *StarCraft II* (Blizzard 2010) der Fall ist. Dieses Argument rührt an der Killerspiel-Debatte

---

[8] Burk, Verena u. Fahrner, Marcel: *Einführung in die Sportwissenschaft.* Stuttgart: UTB 2013. S. 32.

und der Frage nach dem Verhältnis von virtueller und echter Gewalt. Der Deutsche Olympische Sportbund (DOSB) schreibt: „In vielen Spielen ist die Vernichtung und Tötung des Gegners das Ziel des Spiels. Insbesondere die deutlich sichtbare und explizite Darstellung des Tötens von virtuellen Gegnern ist mit den ethischen Werten, die wir im Sport vertreten, nicht vereinbar."[9]
Computerspieler betonen hingegen, dass der Abschuss einer gegnerischen Figur in einem Shooter von allen Beteiligten nicht als gewalttätiger erlebt wird als das Schlagen einer Figur im Brettspiel *Mensch ärgere Dich nicht*. Ausgeblendet wird in der Debatte auch der Status von Kontakt-Kampfsportarten wie Boxen, Judo oder Fechten, bei dem deutlich mehr echte Menschen zu Schaden kommen als in allen E-Sport-Spielen zusammen.

3. Die Abhängigkeit aller E-Sport-Spiele von einzelnen, kommerziell ausgerichteten Studios ist das derzeit trennschärfste Argument gegen die Anerkennung von E-Sport als Sportart. Zwar gibt es mächtige Sportverbände wie die FIFA oder das IOC, die Regeln für Fußball oder olympische Disziplinen sind aber Allgemeingut und ohne Genehmigung verwendbar. Die allermeisten E-Sport-Titel hingegen unterliegen als geistiges Eigentum der Kontrolle einzelner Anbieter, die ohne Ankündigung Regeländerungen implementieren können oder die Weiterentwicklung der Spiele jederzeit einstellen können. Der DOSB schreibt in seiner Stellungnahme zu E-Sport: „Im Gegensatz zu dem gemeinwohlorientierten Sport, den der DOSB mit seinen Vereinen und Verbänden vertritt und in dem Entscheidungen über Regeln, Spiel- und Wettkampfsysteme demokratisch getroffen werden, stehen im „eSport" gewinnorientierte global agierende Unternehmen im Vordergrund. Einzig und allein diese Unternehmen entscheiden über Regeln, Inhalte und Spielformen."[10]

Wenn aber ein soziales Subsystem wie der Sport seine eigenen Grenzen mit trennscharfen Definitionen nicht zu kennzeichnen im Stande ist, kann die Suche nach Wesensmerkmalen oder stimmiger Systematik abgebrochen werden. Stattdessen sollte man versuchen, Machtstrukturen freizulegen, mit denen die Grenzen gesichert werden. Analog zu den Subsystemen der Kunst, Erziehung oder Wissenschaft gilt daher auch für den Sport:

> **Sport ist, was Sportler machen. Wer Sportler ist, entscheidet der Sportbetrieb.**

Denn trotz der definitorischen Schwierigkeiten gibt es in Deutschland eine sehr pragmatische Möglichkeit dafür zu wissen, was Sport ist: Sport ist, was der Deutsche Olympische Sportbund als solchen anerkennt. Dafür gibt es eine Aufnahmeordnung, die zuletzt 2018 aktualisiert wurde. Viele der oben angesprochenen Kriterien finden sich darin wieder. Mitglied beim DOSB und damit anerkannte Sportart können demnach nur Verbände werden, die „eine eigene, sportartbestimmende motorische Aktivität eines jeden zum Ziel haben", die als „Selbstzweck der Betätigung" auf „die Einhaltung ethischer Werte z. B. Fairplay, Chancengleichheit, Unverletzlichkeit der Person und Partnerschaft durch Regeln und/oder ein System von Wettkampf- und Klasseneinteilungen gewährleisten." Die Verbände müssen

---

[9] *DOSB und „ESport"*. https://www.dosb.de/ueber-uns/esport (04.12.2018).

[10] *DOSB und „ESport"*.

„eine Mindestmitgliederzahl von 10.000 vertreten", „Jugendarbeit in nicht nur geringfügigem Umfang betreiben" und im Sinne der Abgabenordnung (AO) als Sportart gemeinnützig sein. Gleichzeitig schließt der § 3 der Aufnahmeordnung Denkspiele aufgrund fehlender eigenmotorischer Aktivität explizit als Sportart aus.[11]

Dieser Kriterienkatalog führte dazu, dass das BMI 2014 aufgrund der „beim Denksport nicht vorliegende[n] eigenmotorische[n] Aktivität"[12] Schach die Förderfähigkeit absprach und die Fördermittel kürzte. Dieser Beschluss wurde nach großem Protest und politischer Einflussnahme revidiert. Schach ist damit weiterhin als Sportart förderfähig, der § 52 Abs. 2 Ziffer 21 der Abgabenordnung vermerkt ausdrücklich: „Schach gilt als Sportart".[13]

Begründet wurde dies aber nicht nur aus dem historischen Umstand, dass der Schachbund als Gründungsmitglied des DOSB Bestandsschutz genießen soll, sondern auch inhaltlich mit dem Hinweis auf die besondere körperliche Belastung im Turnierschach, das dadurch eben kein Denksport sei. Offen bleibt in dieser inhaltlichen Argumentation allerdings, wieso diese Ausnahme allein für Turnierschach gilt, nicht aber für andere Brettspiele wie Bridge, die, unterstützt durch internationale Verbände, auf Turnierniveau gespielt werden.[14] Der Bundesfinanzhof hat in seinem Urteil vom 09.02.2017 - V R 70/14[15] aus diesem Grund zumindest die Gemeinnützigkeit von Turnierbridge anerkannt. Auf eine Anerkennung des Turnierbridge als Sportart hatte dies allerdings keine Auswirkungen.

Institutioneller Sportbegriff

Der zunächst so klar erscheinende Sportbegriff wird also an seinen Rändern zunehmend unscharf. Insbesondere Entscheidungen über die Nobilitierung einer Aktivität als Sportart sind dort nicht mehr definitorisch, sondern politisch zu verstehen. Aufgrund der mit einer Teilhabe verbundenen Privilegien und Statusgewinne werden diese Grenzen daher teilweise juristisch ausgefochten. Der institutionelle Sportbegriff schaut also nicht auf die Stimmigkeit von Definitionen, sondern allein auf die Vergabepraxis politischer Akteure, die mit mehr oder weniger starker Kopplung an eine Systematik darüber zu entscheiden vermögen, was Sport ist oder zumindest als förderwürdig angesehen werden darf. Die Entscheidungen müssen nach innen zwar begründet, die Begründungen ihrerseits aber nicht nach außen konsistent sein. Notfalls wird der Diskurs einfach abgebrochen und Machtentscheidungen getroffen.

Beim E-Sport gibt sich der DOSB allerdings neben der Verweigerung der Aufnahme zusätzlich Mühe, inhaltliche Gründe zu benennen. Neben der bereits zitierten Stellungnahme[16] gibt es auch ein beauftragtes Gutachten zu „Rechtsfragen einer Anerkennung des e-Sports als gemeinnützig"[17], das wenig überraschend negativ ausfällt. Zusätzlich wird bei der vom DOSB vorgenommenen Differenzierung zwischen „virtuellen Sportarten" als Simulationen bestehender Sportarten und „eGaming" als andere

---

11 *Aufnahmeordnung des DOSB.* https://cdn.dosb.de/user_upload/www.dosb.de/uber_uns/Satzungen_und_Ordnungen/aktuell_Aufnahmeordnung_2018_.pdf (01.12.2018). S. 2–3.
12 *Schriftliche Fragen mit den in der Woche vom 26. Mai 2014 eingegangenen Antworten der Bundesregierung.* https://dserver.bundestag.de/btd/18/015/1801590.pdf (30.05.2014). S. 7.
13 *Abgabenordnung (AO) § 52 Gemeinnützige Zwecke.* https://www.gesetze-im-internet.de/ao_1977/__52.html (16.10.2023).
14 *Turnierbridge ist nun gemeinnützig!.* https://www.rkpn.de/gemeinnuetzigkeitsrecht/veroeffentlichungen/turnierbridge-ist-nun-gemeinnuetzig.html (12.05.2017).
15 *Die Förderung von Turnierbridge ist für gemeinnützig zu erklären.* https://datenbank.nwb.de/Dokument/694567/ (16.10.2023).
16 *Umgang mit elektronischen Sportartensimulationen, eGaming und „eSport". Positionierung von DOSB-Präsidium und -Vorstand.* https://cdn.dosb.de/user_upload/www.dosb.de/uber_uns/eSport/DOSB-Positionierung-eSport.pdf (29.10.2018).
17 Fischer, Peter: *Rechtsfragen einer Anerkennung des e-Sports als gemeinnützig.* https://cdn.dosb.de/user_upload/www.dosb.de/uber_uns/eSport/Gutachten_eSport.pdf (10.08.2019).

virtuelle Spiel- und Wettkampfformen, für einen Teil der E-Sport-Titel eine Eingliederung in Aussicht gestellt. Diese „vom DOSB ausgerufene Trennung von eSport in gute und schlechte Spiele"[18] wird vom ESBD hingegen abgelehnt und im Gegensatz gefordert, den eSport gesamtheitlich zu gestalten.

Unterscheidungsmerkmale
Zurück zur Ausgangsfrage: Ist E-Sport eine Sportart bzw. eine Gruppe von Sportarten? Diese Frage kann inhaltlich nicht beantwortet werden, weil weder die Sportwissenschaft noch der DOSB trennscharf definieren kann, was Sport ist und was nicht bzw. die eigenen Definitionen mit Ausnahmen aufweichen und Zuordnungen in Grenzfällen nicht konsequent vornehmen bzw. begründen können.

Inhaltlich orientierte Versuche, diese Frage zu entscheiden, verlaufen nur noch an der Frage der Autonomie der Spielumgebungen und Regelsysteme, die bei E-Sport-Spielen ausschließlich unter der Kontrolle wirtschaftlich arbeitender Unternehmen liegt. Damit aber den gesamten Aktivitäten des organisierten E-Sportes eine nach Unternehmenslogik ausgerichtete Marktorientierung vorzuhalten, ist einerseits mit Blick auf das Vereinsleben zu kurz gedacht und andererseits mit Blick auf die kommerzielle Ausrichtung des professionellen Sportes eine fragwürdige Abgrenzung. Dessen ungeachtet ist die Abhängigkeit des E-Sportes von Unternehmensinteressen aber auch auf unteren Leistungsebenen ausgeprägter als im traditionellen Sport, was unbestreitbar ein Unterscheidungsmerkmal darstellt.

Ein weiteres unbestreitbares Unterscheidungsmerkmal ist der Umstand, dass Computerspielsucht (on- und offline) von der WHO im internationalen Krankheitsklassifikationssystem (ICD-11) als eigenständige Diagnose aufgeführt wird, Sportsucht hingegen allgemein unter der Oberkategorie als Verhaltenssucht bzw. Störung der Impulskontrolle subsumiert bleibt. Daraus aber wie der DOSB zu schließen, dass Videospielen ein Gesundheitsrisiko darstellen, verwechselt Ursache und Wirkung und müsste auf Nahrungsaufnahme, Sozialkontakte oder Schlafen ausgeweitet werden, für die ebenfalls Krankheitsbilder existieren. Geschlossen werden kann höchstens darauf, dass Menschen mit Impulskontrollstörung in besonderem Maße von Compu-

> **Selbst wenn die Anerkennung als Sportart ausbliebe, gäbe es noch andere Wege, E-Sport-Vereine als gemeinnützig anzuerkennen oder staatlich zu fördern.**

terspielen erreicht werden, nicht aber darauf, dass Computerspiele die Krankheit auslösen und deshalb in besonderem Maße gesundheitsgefährdend sind. Und natürlich blendet das Argument des Gesundheitsrisikos die körperlichen Gefährdungen im Sport aus, die trotz nachweislicher Folgeschäden als Konsequenzen zu intensiven oder falschen Trainings und nicht als konstitutives Merkmal des Sportes gezählt werden.

Ob von diesen beiden Unterscheidungsmerkmalen – Kontrolle der Spielumgebung durch kommerzielle Unternehmen und Vorhandensein eines eigens benannten Krankheitsbildes – die An- oder Aberkennung von E-Sport als Sportart abhängt, ist also weniger eine inhaltliche als eine politische Frage.

---

[18] *DOSB-Rechtsgutachten stützt die Einheit des eSports – ESBD sieht kritische Fehler in Ablehnung als Sportart.* https://esportbund.de/blog/2019/08/28/dosb-rechtsgutachten-stuetzt-die-einheit-des-esports-esbd-sieht-kritische-fehler-in-ablehnung-als-sportart/ (27.08.2019).

Fazit

Ist E-Sport Sport oder sollte E-Sport als Sportart anerkannt werden? Dieser Aufsatz kann und will dazu keine Antwort oder Empfehlung aussprechen. Die Frage ist auch weniger rational als vielmehr machtpolitisch zu beantworten: Wenn eine Mehrheit beim DOSB sich dafür ausspricht, dann ist es so. Oder wenn politisch in der Abgabenordnung neben Schach auch E-Sport als Ausnahme bei der Förderung des gemeinnützigen Zweckes „Sport" aufgenommen wird, ist es ebenfalls so. In den Koalitionsverträgen der CDU/SPD-Regierung von 2018 und von SPD, Grünen und FDP aus dem Jahr 2022 stehen zumindest die Absichtserklärungen für eine derartige Anerkennung. Allerdings hat die Große Koalition diesen Punkt gar nicht, die Ampelregierung noch nicht umgesetzt. Doch selbst wenn die Anerkennung als Sportart ausbliebe, gäbe es noch andere Wege, E-Sport-Vereine als gemeinnützig anzuerkennen oder staatlich zu fördern.

Und während die Diskussion und politische Meinungsbildung in Deutschland dazu noch nicht abgeschlossen zu sein scheinen, wurden für die Asian Games 2023 in Hangzhou/China bereits sieben Computerspiele als Medaillendisziplinen aufgenommen, darunter außer Fußball keine virtuellen Versionen bestehender Sportarten.[19] Bei den Olympischen Spielen in Paris/Frankreich 2024 werden erste Annäherungen gewagt[20] – auch die machtpolitische Antwort ist also noch nicht gefunden.

---

[19] Zulkiflee, Sarah: 2023 *Asian Games for esports: All medals, dates, and more details.* https://esports.gg/news/esports/esports-in-2023-asian-games-all-medals-date-and-more-details/ (24.09.2023).
[20] *IOC startet Olympic Esports Series mit Sportsimulationen.* https://www.sportschau.de/newsticker/dpa-ioc-startet-olympic-esports-series-mit-sportsimulationen-100.html (01.03.2023).

Schachbrett und Spielsteine
Zugeschrieben Johann Karl Haberstumpf (1654–1724), Anfang 18. Jahrhundert. Reliefintarsie aus einheimischen Hölzern. Maße: 9,5 x 42 x 42 cm. *Kunstsammlungen der Veste Coburg, Inv.-Nr. Gr.Kat.IXl.046, Gr.Kat.IXl. 048, Gr.Kat.IXl.049.*

…und Langsamkeit.

Schach ist seit Jahrhunderten in vielen Teilen der Welt verbreitet. Das Spiel gilt als Modell für berechnende Rationalität. Schon lange vor der Erfindung des Computers war deshalb mit dem Spiel der Traum von einer denkenden Maschine verknüpft. Im 20. Jahrhundert wurde es zu einem Prüfstein für die Leistungsfähigkeit von Computern. Auch die Pioniere der Künstlichen Intelligenz Alan Turing und Konrad Zuse schrieben Schachprogramme. 1997 konnte „Deep Blue" als erster Schachcomputer mit Garri Kasparow einen amtierenden Schachweltmeister unter Turnierbedingungen besiegen. Schach wurde 1999 vom Internationalen Olympischen Komitee als Sport anerkannt, aber noch nie bei Olympischen Spielen ausgetragen.

Niël Conradie
Der Philosoph Dr. Niël Conradie ist wissenschaftlicher Mitarbeiter im Bereich Angewandte Ethik an der RWTH Aachen. Er hat in St. Andrews (Schottland) zum Thema „Moralische Verantwortung" promoviert. Der Schwerpunkt seiner Arbeit jetzt liegt auf Fragen der kollektiven Verantwortung und wie Überlegungen zu individueller und kollektiver Verantwortung mit „Künstlicher Intelligenz" und anderen aufkommenden Technologien zusammenhängen. Er lehrt in der ganzen Breite der angewandten, normativen und Metaethik und weiteren Themen der Praktischen Philosophie.

Saskia Nagel
Prof. Dr. Saskia Nagel ist Universitätsprofessorin und Leiterin des Lehr- und Forschungsgebietes Angewandte Ethik an der RWTH Aachen. Sie studierte Kognitionswissenschaft und promovierte zwischen Kognitionswissenschaft und Philosophie zum Thema Neuroethik. An der Schnittstelle von Ethik, Philosophie, Lebens- und Technikwissenschaften untersucht sie, wie neue Mensch-Technik-Beziehungen – etwa durch Entwicklungen in den Bereichen Künstliche Intelligenz, Neurowissenschaften, Kognitionswissenschaft, Robotik oder Datenwissenschaft – das Selbstverständnis und das Werteverständnis des Menschen beeinflussen.

Niël Conradie, Saskia Nagel

Ethische Bewertung der Auswirkungen von Wearables auf die Autonomie der Nutzer*innen[1]

Für eine ethische Diskussion um Wearable-Technologien im Allgemeinen und für die spezifischen Ziele des *InviDas*-Projektes, die digitale Souveränität der Nutzer*innen von Wearables zu fördern, untersuchen wir die Auswirkungen von Wearables auf die Autonomie – und insbesondere die Entscheidungsautonomie – dieser Nutzer*innen. In Anlehnung an die einflussreiche Analyse von Luciano Floridi[2] verstehen wir digitale Souveränität als legitime Kontrolle über das Digitale. Darüber hinaus argumentieren wir, dass diese Kontrolle im Falle individueller digitaler Souveränität am besten als Autonomie oder Selbstbestimmung in Bezug auf die digitalen Dimensionen des eigenen Lebens zu verstehen ist.[3]

Um zu untersuchen, wie diese Autonomie durch Wearables beeinträchtigt werden könnte, haben wir zunächst einen konzeptionellen Überblick über die allgemeine ethische Diskussion um Wearables erstellt, in dem wir moralische Kalküle identifiziert haben, die Entwickler*innen, Anbieter*innen und Nutzer*innen solcher Technologien berücksichtigen müssen. Für jedes dieser Kalküle gibt es sowohl moralische Chancen als auch moralische Herausforderungen zu berücksichtigen. Obwohl jedes dieser Kalküle eine eigene ausführliche Diskussion um Abwägungsprozesse zu verschiedenen moralischen Werten, z. B. zu Gerechtigkeit und Wohlergehen verdient, die wir an anderer Stelle vorgelegt haben[4], liegt unser besonderes Augenmerk hier darauf, wie sich diese Technologien auf die Autonomie der Nutzer*innen auswirken können.

Unsere Fähigkeit, unsere eigenen Entscheidungen zu treffen, ist uns wichtig. Diese Selbstbestimmung über unsere Entscheidungen nennen wir

---

1 Von den Autor*innen leicht überarbeitete Fassung von Conradie, Niël H. u. Nagel, Saskia K.: „Ethische Bewertung der Auswirkungen von Wearables auf die Autonomie der Nutzer*innen". In: *Projekt InviDas: Wearables und individuelle digitale Souveränität*. Abschlusspublikation Mai 2020 bis April 2023. Hrsg. von Elisabeth Schauermann. Berlin 2023 (Gesellschaft für Informatik). S. 23–27.
2 Floridi, Luciano: „The Fight for Digital Sovereignty: What It Is, and Why It Matters, Especially for the EU". In: *Philosophy & Technology* 33 (2020). S. 369–378.
3 Conradie, Niël H. u. Nagel, Saskia K.: „Digital sovereignty and smart wearables: Three moral calculi for the distribution of legitimate control over the digital". In: *Journal of Responsible Technology* 12 (2022). S. 1–11.
4 Siehe Conradie u. Nagel, „Digital sovereignty".

WAS SIND WEARABLES?[1]

Mit Wearables bezeichnet man eine Gruppe von mobilen Geräten, die Nutzer*innen direkt am Körper tragen und die mit verschiedenen Sensoren ausgestattet sind, um sie mobil zu unterstützen.[2] Wearables können eine Vielzahl von Aktivitäten ihrer Nutzer*innen und deren Gesundheitsdaten aufzeichnen. Anwendungen existieren in einem breiten Spektrum von Bereichen, z. B. Gesundheit, Lebensstil, Arbeit, Fitness.[3] [...]

Es ist eine wesentliche Aufgabe zur Förderung der digitalen Souveränität, die Nutzer*innen in die Lage zu versetzen, die Informationen über ihre Daten zu verstehen und zu verarbeiten. Dies sollte in einer Weise geschehen, die jeweils für sie angemessen und aussagekräftig ist. In einer digitalisierten Gesellschaft ist die digitale Souveränität ein wichtiger Aspekt der allgemeinen Souveränität, zu der auch die Fähigkeit zur unabhängigen Selbstbestimmung in Bezug auf die Nutzung und Gestaltung der digitalen Systeme selbst, die in ihnen erzeugten und gespeicherten Daten und die Prozesse, die sie repräsentieren, gehört.[4]

Dies trifft in besonderem Maße auf Informationssysteme zu, die am Körper getragen werden. Solche sogenannten Wearables zeigen nicht nur Benachrichtigungen vom Smartphone an und messen den Puls, sondern sie analysieren das Schlafverhalten, zählen Schritte, zeichnen Ort und Dauer von Trainingseinheiten auf und berechnen den Kalorienverbrauch. Ein Vermessen des persönlichen Verhaltens in seinen vielen Facetten wird möglich („Quantified Self"). Die Daten diverser Endgeräte können auf Plattformen zusammengeführt werden, um ein komplexes Profil der Nutzenden und deren Umgebung zu erstellen. Anders als bei Nachrichten und Bildern, die in sozialen Medien geteilt werden, handelt es sich bei den durch Wearables erhobenen Daten oftmals um sensible biometrische Gesundheitsdaten. Entsprechend hoch ist der Bedarf der Nutzer*innen nach einer Grundlage für die erleichterte reflektierte Entscheidungsfindung zur Sammlung, Verarbeitung und Weitergabe ihrer Daten.

Während die Endverbraucher*innen durch die Nutzung eines Fitness-Armbandes beispielsweise verstehen möchten, wie viel sie sich bewegen, wie viele Kalorien sie verbrennen und wodurch ihr Bewegungsverhalten beeinflusst wird, könnten Hersteller*innen und Drittanbieter*innen z. B. durch die Kombination der dabei gemessenen Bewegungsdaten mit personenbezogenen Krankheits- und Gesundheitsdaten Rückschlüsse auf den Gesundheitszustand der Nutzer*innen ziehen. Installieren die Endverbraucher*innen die zum Fitness-Armband passende App auf ihrem Smartphone, können die Daten unter Umständen im Hintergrund mit anderen Apps und deren Anbietern ausgetauscht werden (vgl. ein aktuelles Experiment der *Washington Post* zur iOS-Hintergrundaktivität). Diese digitalen Prozesse, aber auch rechtliche Zusammenhänge, bleiben jedoch oft unsichtbar und damit unverstanden. [...]

Im Projekt *InviDas* wurde von einem interdisziplinären Expert*innenteam aus Informatik (Software-Engineering, Sicherheit und Datenschutz, Human-Computer-Interaction), Kommunikationsdesign, Psychologie, Human Factors und Ergonomie, Ethik und Recht eine digitale Plattform entwickelt. Ziel der Plattform ist es, personenbezogene Daten, die ethischen und rechtlichen Implikationen ihrer Übermittlung und deren Verarbeitung für Nutzer*innen besser verständlich zu machen.

---

1 Von den Autor*innen leicht veränderter Auszug aus: Butting, Arvid [u. a.]: „Souveräne digitalrechtliche Entscheidungsfindung hinsichtlich der Datenpreisgabe bei der Nutzung von Wearables". In: *Selbstbestimmung, Privatheit und Datenschutz: Gestaltungsoptionen für einen europäischen Weg.* Hrsg. von Michael Friedewald [u. a.]. Wiesbaden 2022 (Springer Vieweg). S. 489–508. S. 491–494.
2 Seneviratne, Suranga [u. a.]: „A survey of wearable devices and challenges". In: *IEEE Communications Surveys & Tutorials* 19, 4 (2017). S. 2573–2620.; Yang, Heetae [u. a.]: „User acceptance of wearable devices: an extended perspective of perceived value". *Telematics and Informatics.* 33, 2 (2016). S. 256–269.
3 Vermeulen, Jo [u. a.]: „Heartefacts: augmenting mobile video sharing using wrist-worn heart rate sensors". In: *Proc. ACM Conf. on Designing Interactive Systems* (2016). S. 712–723.; Päßler, Sebastian [u. a.]: „Food Intake Recognition Conception for Wearable Devices". In: *Proc. 1st ACM MobiHoc Workshop on Pervasive Wireless Healthcare. MobileHealth'11, ACM* (2011). S. 1–4.; Bernaerts, Yannick [u. a.]: „The office smartwatch: development and design of a smartwatch app to digitally augment interactions in an office environment". In: *Proc. 2014 companion publication on Designing interactive systems* (2014). S. 41–44.; Wenig, Dirk [u. a.]: „StripeMaps: Improving map-based pedestrian navigation for Smartwatches". In: *International Conference on Human-Computer Interaction with Mobile Devices and Services* (2015). S. 52–62.; Williams, Lucretia [u. a.]: „HCI and mHealth Wearable Tech: A Multidisciplinary Research Challenge". In: *Extended Abstracts of the 2020 CHI Conference on Human Factors in Computing Systems* (2020). S. 1–7.

4 Stubbe, Julian [u. a.] (Hrsg.): *Digital souverän? Kompetenzen für ein selbstbestimmtes Leben im Alter.* Gütersloh: Bertelsmann Stiftung 2019.

Entscheidungsautonomie. Sie ist der moralische Wert, den wir im Folgenden genauer untersuchen werden. Wearables verfügen über drei Eigenschaften, die ihren potenziellen Einfluss auf die Entscheidungsfindung verstärken. Ihre unmittelbare Präsenz am Körper der Nutzer*innen (Nähe) in Verbindung mit ihrer leichten Zugänglichkeit und Nutzung (Bequemlichkeit) und ihrer Allgegenwart (Ubiquität) machen sie zu idealen Einfallstoren für Eingriffe, die die Autonomie der Nutzer*innen beeinflussen können.[5] Wichtig zu bemerken ist, dass wir diese drei Eigenschaften von Wearables erwarten oder sie sogar fordern: Es sind Eigenschaften, die ein exzellentes Wearable haben sollte, um unsere Erwartungen an das Gerät zu erfüllen. Das Fehlen einer dieser Eigenschaften wäre ein Defizit des betreffenden Wearables. Daher können wir davon ausgehen, dass Entwickler*innen und Anbieter*innen bestrebt sind, genau diese Qualitäten sicher zu stellen. Gerade diese Eigenschaften ermöglichen nun die moralisch wünschenswerten und die moralisch nicht wünschenswerten Möglichkeiten. Sie können daher nicht „wegdesignt" werden, sondern müssen für jeden einzelnen Fall ausgehandelt werden.

Wenn wir die Vorteile wollen, die diese Technologien zweifellos bringen können, müssen wir die Herausforderungen, mit denen sie untrennbar verbunden sind, akzeptieren und uns ernsthaft damit auseinandersetzen. Studien mit Smartphones (die zwar keine Wearables im engeren Sinne sind, aber viele relevante Eigenschaften mit Wearables teilen) haben gezeigt, dass ein Gerät, das sich in unmittelbarer Nähe des*der Nutzenden befindet und für ihn*sie leicht zugänglich ist, schnell zu einem fast unhinterfragten Teil der täglichen Aktivitäten und Entscheidungen einer Person werden kann.[6] Ein weiterer Hinweis für die Nähe und Allgegenwart von Wearables ist, dass sie sehr persönliche und intime Daten sammeln, einschließlich Gesundheits-, Bewegungs- und Standortdaten. Dies ermöglicht eine Vielzahl nützlicher Eingriffe zur Verbesserung des Lebens einer Person, u. a. auch zur Förderung ihrer Autonomie, weckt jedoch Bedenken hinsichtlich möglicher Verletzungen der Privatsphäre und der Aussicht, dass diese Daten missbraucht werden können, um die Autonomie der Person zu untergraben.

Ein anderer entscheidender Faktor zur Bewertung von Wearables ist die Eigenschaft solcher Systeme, die wir als intelligente Wearables bezeichnen können, den Benutzer*innen kognitive Entlastung zu verschaffen.[7] Unter kognitiver Entlastung versteht man die Übertragung der Kontrolle über die

> **Wearables verfügen über drei Eigenschaften, die ihren potenziellen Einfluss auf die Entscheidungsfindung verstärken.**

Durchführung einer kognitiven Aufgabe oder über das Treffen einer Entscheidung an ein Gerät oder System. Diese Möglichkeit besteht, wenn das Wearable in der Lage ist, Daten zu sammeln und algorithmisch so zu verarbeiten, dass es zielgerichtete und (bisweilen) korrigierende Ergebnisse erzeugen kann.

---

5 Conradie, Niël H. [u. a.]: „The impact of smart wearables on the decisional autonomy of vulnerable persons". In: *Auswirkungen der Künstlichen Intelligenz auf Demokratie und Privatheit*. Hrsg. von Michael Friedewald [u. a.]. Baden-Baden 2022 (Nomos-Verlag). S. 377–402.

6 Hamilton, Kristy A. u. Yao, Mike Z.: „Cognitive Offloading and the Extended Digital Self". In: *Human-Computer Interaction. Theories, Methods, and Human Issues. HCI 2018. Lecture Notes in Computer Science. Vol 10901.* Hrsg. von Kurosu Masaaki. Cham 2018 (Springer). S. 257–268.; zur Reflektion siehe: Reiner, Peter B. u. Nagel, Saskia K.: „Technologies of the Extended Mind: Defining the Issues". In: *Neuroethics: Anticipating the Future.* Hrsg. von Judy Illes u. Sazzad Hossain. Oxford 2017 (Oxford Scholarship Online). S. 108–122.

7 Conradie u. Nagel, „Digital sovereignty".

Eine solche Übertragung von Kontrolle kann die – vielleicht überraschende – Folge haben, dass der*die Nutzer*in insgesamt mehr Kontrolle über das Erreichen der eigenen Ziele hat.[8]

Um dies zu veranschaulichen, betrachten wir das Beispiel eines Tennisspielers, der daran arbeitet, bestimmte Aspekte seines Spiels zur Gewohnheit und schließlich zum Reflex zu machen. Er zielt darauf ab, die Kontrolle über diese Aspekte an seine automatischen Reaktionen abzugeben, um sein übergeordnetes Ziel besser erreichen zu können: den Sieg im Tennisspiel. Als weitere Beispiele, die Wearables involvieren, dient die Berechnung eines optimalen Trainingsplans, die an ein Fitness-Wearable delegiert wird oder die Suche nach dem nächstgelegenen passenden Restaurant über eine Smartwatch. Ausschlaggebend für die im Projekt *InviDas* zentralen Überlegungen zum Datenschutz und zur Datensouveränität ist, dass intelligente Wearables diese kognitive Entlastung, die Nutzende sich wünschen und die sie unterstützen, nur erreichen können, wenn sie in der Lage sind, relevante Daten zu sammeln und zu verarbeiten.

Moralische Chancen und Bedenken
Wearables können die Entscheidungsautonomie auf vier Arten fördern: (1) die Freisetzung kognitiver Kapazitäten, (2) die Bereitstellung von Informationen, (3) die Erweiterung des Handlungsspielraums und (4) das „Nudging" zu unseren selbstgesetzten Zielen.

Die Freisetzung kognitiver Kapazitäten ist selbsterklärend: Durch die Erleichterung der kognitiven Entlastung ermöglicht das Wearable den Nutzenden, sich auf die Tätigkeiten zu konzentrieren, die sie für wertvoller halten, und erhöht die Wahrscheinlichkeit, dass Nutzende Gründe erkennen können, die sie sonst übersehen hätten, und dass sie in der Lage sind, ihre Ziele zu erreichen.

(2) bezieht sich auf die Bereitstellung von Informationen, die sonst nicht zur Verfügung stehen (z. B. genaue Angaben zur Herzfrequenz beim Intervalltraining), sodass Nutzende Überlegungen, die für

> **Die Idee hinter einem Nudge ist, dass der*die Betroffene seine volle Autonomie bei der Entscheidungsfindung behält.**

ihre Ziele relevant sind, besser erkennen können. Mit (3) „Erweiterung des Handlungsspielraums" ist hier gemeint, dass das Wearable Optionen direkt ermöglicht, die vorher nicht verfügbar waren. Offensichtliche Beispiele hierfür sind Wearables, die zur Unterstützung von Menschen mit eingeschränkter Autonomie eingesetzt werden. Ein gutes Beispiel hierfür ist der Fall von Simon Wheatcroft, einem Langstreckenläufer, der erblindet ist. Er verwendet ein von der Firma WearWorks entwickeltes Wearable, das mit einem GPS-System verbunden ist und über mehrere am Körper getragene Sensoren verfügt, die Bewegungs- und Annäherungsdaten sammeln, die dann verarbeitet werden, um Simon Wheatcroft (oder jedem*jeder anderen Nutzer*in) durch haptische Hinweise Orientierung zu geben.[9] Dieses Beispiel unterstreicht auch, dass die Auswirkungen, die sowohl moralisch wertvoll als auch nachteilig sein

---

8   Köhler, Sebastian [u. a.]: „Technologically blurred accountability? Technology, responsibility gaps and the robustness of our everyday conceptual scheme". In: *Moral Agency and the Politics of Responsibility*. Hrsg. von Cornelia Ulbert [u. a.]. London 2017 (Taylor & Francis Ltd). S. 51–68.; Carter, Adam J.: „Virtue Epistemology, Enhancement, and Control". In: *Metaphilosophy* 49, 3 (2018). S. 283–304.

9   Sisson, Patrick: *Beyond the finish line: how technology helped a blind athlete run free at the New York Marathon*. https://www.theverge.com/2017/11/6/16610728/2017-new-york-marathon-blind-runner-wearworks-wayband-simon-wheatcroft (06.11.2017).

können, für besonders schutzbedürftige Personen wie Menschen mit Behinderungen, Kinder oder ältere Erwachsene besonders bedeutsam sein können.[10]

Für eine Diskussion von (4) muss zunächst geklärt werden, was unter „Nudging" zu verstehen ist. Einem*einer Akteur*in X in Bezug auf eine Entscheidung Y einen „Schubs" (Nudge) zu geben, bedeutet, die für Y relevante Entscheidungsarchitektur von X so zu verändern, dass eine bevorzugte Wahl gefördert wird, ohne dass Optionen vom Tisch genommen oder neue, z. B. finanzielle Anreize eingeführt werden.[11] Die Idee hinter einem Nudge ist, dass der*die Betroffene seine volle Autonomie bei der Entscheidungsfindung behält. Gleichzeitig aber erhöht das Nudging die Wahrscheinlichkeit, dass der*die Betroffene die vom Nudger intendierte Wahl trifft, die immer auch im angenommenen Interesse der Person sein sollte, die geschubst wird, dem Nudgee. Nudges können zur Förderung des Wohlergehens oder zur Unterstützung der Autonomie des Nudgees eingesetzt werden.

Solche Nudges können aufgrund der Eigenschaften der Nähe und der Ubiquität besonders effektiv sein, wenn sie durch Wearables angewendet werden. Eine Smart-Watch, die die Fitnessdaten eines Benutzers oder einer Benutzerin beim Joggen aufzeichnet und anhand dieser Daten vorschlägt, wann der*die Benutzer*in eine Pause einlegen sollte, ist ein einfaches Beispiel für ein Wearable, das einen Nudge einsetzt, um den*die Benutzer*in davor zu bewahren, sich zu überanstrengen oder eine Krankheit zu verschlimmern. Hier handelt es sich um einen Fall, in dem der Stupser dem Wohlbefinden dient, ohne die Autonomie der Nutzenden zu verletzen.

Aber Nudges können auch besser als autonomie-neutral sein. Sie können in einigen Fällen die Fähigkeit eines Akteurs zur Selbstbestimmung aktiv stärken.[12] Nehmen wir an, eine Raucherin will ihre Sucht überwinden und kauft zu diesem Zweck ein Gesundheitsgerät, das Nutzende an die Gefahren des Rauchens erinnert und die Warnung vielleicht mit abschreckenden Bildern untermalt, wenn es erkennt, dass die Nutzende raucht. Das Gerät dient dazu, die Autonomie der betreffenden Person zu unterstützen, indem es den Versuch unterstützt, mit dem Rauchen aufzuhören.

Betrachten wir nun drei moralische Herausforderungen oder Risiken: (1) das Risiko der Überauswahl und der Informationsüberflutung, (2) das Risiko Fähigkeiten zu verlieren und abhängig zu werden und (3) die Möglichkeit des „sludging" und „overnudging".

Die Überauswahl in (1) bezieht sich auf eine Situation, in der die Bereitstellung von vielen Optionen dazu führt, dass Akteur*innen weniger in der Lage sind, die Option zu wählen, die tatsächlich am besten zu den eigenen Zielen passt. Eine Informationsüberlastung liegt dann vor, wenn die Bereitstellung von zu vielen unnötigen Informationen den gleichen Effekt hat. Es ist daher von entscheidender Bedeutung, dass Designer*innen von Wearables eine Auswahl relevanter Optionen auf benutzerfreundliche Weise bereitstellen sollten. Außerdem sollten Benutzervereinbarungen (eine Umgebung, in der es schnell zu Informationsüberlastung kommt) mehr auf Erklärbarkeit und Benutzerfreundlichkeit als auf reine Transparenz oder die Bereitstellung maximaler Details ausgerichtet sein.

Da es verständliche rechtliche Bedenken aufseiten der Entwickler*innen und Anbieter*innen dieser

---

10 Conradie u. Nagel, „Digital sovereignty".
11 Thaler, Richard H. u. Sunstein, Cass: *Nudge: Improving decisions about health, wealth, and happiness.* New Haven: Yale University Press 2009.; Felsen, Gidon [u. a.]: „Decisional enhancement and autonomy: Public attitudes towards overt and covert nudges". In: *Judgment and Decision Making* 8, 3 (2013). S. 202–213.; Moles, Andrés: „Nudging for Liberals". In: *Social Theory and Practice* 41, 4 (2015). S. 644–667.; Levy, Neil: „Nudges in a post-truth world". In: *Journal of Medical Ethics* 43(2017). S. 495–500.

12 Levy, „Nudges".

Technologien gibt, können die rechtlichen Details einer solchen Vereinbarung nicht umgangen oder dem Ermessen des Nutzenden überlassen werden. Obwohl es für die Verfasser*innen dieser Vereinbarungen moralische Gründe gibt, sich um Erklärbarkeit zu bemühen, wird dies verständlicherweise nicht ihr einziges Anliegen sein. Es liegt auch in der moralischen Pflicht der Nutzenden, sich über die rechtlichen Einzelheiten der Vereinbarung, die sie eingehen, zu informieren.

Zu (2): Eine Möglichkeit, wie die kognitive Entlastung moralisch besorgniserregend sein kann, besteht darin, dass ein*e Nutzer*in zu sehr von einem Gerät abhängig wird, sodass seine*ihre eigenen Fähigkeiten und Entscheidungsmöglichkeiten bis zu einem Punkt verkümmern, an dem seine*ihre Autonomie bedroht ist. Dies wird oft als „De-Skilling" bezeichnet.[13] Am wahrscheinlichsten ist dies in Situationen, in denen die Nutzung der Technologie unreflektiert oder zur Gewohnheit wird – genau die Gefahr, die durch die Eigenschaften der tragbaren Technologien entsteht, unmittelbar, allgegenwärtig und bequem zu sein. Das soll jedoch nicht heißen, dass alle Abhängigkeiten, die sich aus der kognitiven Entlastung ergeben, besorgniserregend sind: Die Abhängigkeit von der Navigationstechnologie ist eine Bereicherung für die Autonomie vieler Menschen, und da diese Systeme (meistens!) ausreichend zuverlässig sind, können wir davon ausgehen, dass sie autonomiefördernd sind.

Die wichtigste Erkenntnis ist, dass die Entwickler*innen von Technologien, die die kognitive Entlastung erleichtern können, gründlich prüfen müssen, ob sie möglicherweise oder sogar wahrscheinlich zu Abhängigkeiten führen. Wenn dies der Fall ist, ist es wichtig, dass die Zuverlässigkeit der Technologie gewährleistet ist. Aber selbst, wenn die Zuverlässigkeit kein Problem darstellt, gibt es immer noch einige Abhängigkeiten, die die Entscheidungsautonomie beeinträchtigen können. Wenn die Abhängigkeit direkt oder indirekt dazu führt, dass eine für die Entscheidungsfindung notwendi-

Die Platzierung von Süßigkeiten am Ausgang eines Supermarkts ist ein Beispiel für eine Maßnahme, die als Sludge fungieren kann.

ge Fähigkeit eingeschränkt wird oder verloren geht, haben wir gute Gründe, die Technologie, die diese Abhängigkeit hervorruft, zu überdenken oder sogar abzulehnen.

Und schließlich folgt noch Punkt (3): Der gängigen Konvention folgend, bezeichnen wir Eingriffe, die einen Akteur gegen seine Interessen stupsen, als „Sludges".[14] Diese Art von Eingriffen kann viele Formen annehmen, wird aber in der Regel mit dem Ziel eingesetzt, den wirtschaftlichen Gewinn auf Kosten der Nutzer*innen zu steigern. Die Platzierung von teuren, aber ungesunden Süßigkeiten am Ausgang eines Supermarkts ist ein Beispiel für eine Maßnahme, die als Sludge fungieren kann und Kund*innen zum Kauf dieser Produkte veranlasst, auch wenn dies ihren begründeten Interessen und autonomen Zielen zuwiderläuft. Die Bekämpfung von „Sludges" lässt sich oft am besten dadurch erreichen, dass die Verbraucher*innen über ihr Vorhandensein und die Gefahr, die sie darstellen, informiert werden. Das Bewusstsein von einem Nudge oder Sludge ist zwar keine Garantie dafür, kann aber viel dazu beitragen,

---

13 Vallor, Shannon: „Moral Deskilling and Upskilling in a New Machine Age: Reflections on the Ambiguous Future of Character". In: *Philosophy & Technology* 28 (2015). S. 107–124.

14 Thaler, Richard H.: „Nudge, not sludge". In: *Science* 361, 6401 (2018). S. 431.

dass die Menschen sich gegen die möglichen Auswirkungen auf ihre Entscheidungen wehren.

Abgesehen von „Sludges" gibt es zwei weitere Möglichkeiten, wie Nudges die Autonomie untergraben können. Erstens können sich unsere Ziele und Werte oft als sehr endogen erweisen, sodass wir anfällig dafür sind, von unserer eigenen authentischen Selbstbestimmung weggestupst zu werden. Dies gilt vor allem dann, wenn Nudges unter Umgehung unserer deliberativen Fähigkeiten funktionieren.[15] Zweitens kann Nudging dazu dienen, die Entwicklung der für die Autonomie notwendigen Fähigkeiten zu verhindern oder zu beeinträchtigen, indem einem Akteur bestimmte unersetzliche Lernerfahrungen genommen werden.[16] Dies kann selbst dann eintreten, wenn der*die Stupsende die besten Absichten hat, und wird noch verschärft, wenn der*die Nudgee das Ziel vieler konzertierter Stupser ist oder wenn die Quelle des Stupsers unreflektiert in die Entscheidungsfindung der Nudgees integriert wird. Wearables laufen Gefahr, durch ihre Nähe, Allgegenwärtigkeit und Bequemlichkeit genau dies zu bewirken. Eine der besten und einfachsten Möglichkeiten, dieses Risiko zu bekämpfen, besteht darin, die Nutzer*innen darüber zu informieren, wie sie angestupst werden – oder werden könnten. Dies kann wahrscheinlich die Wirksamkeit zumindest einiger Nudges verringern, die oft am besten funktionieren, wenn sie unbemerkt bleiben. Diesen Preis sollte man bereit sein zu zahlen, auf der Suche nach einem angemessenen Gleichgewicht, insbesondere in einem kommerziellen Kontext.

15 Grüne-Yanoff, Till: „Old wine in new casks: libertarian paternalism still violates liberal principles". In: *Social Choice and Welfare* 38 (2012). S. 635–645.
16 Blöser, Claudia [u. a.]: „Autonomy, experience, and reflection. On a neglected aspect of personal autonomy". In: *Ethical Theory and Moral Practice* 13, 3 (2010). S. 239–253.; Niker, Fay [u. a.]: „Autonomy, Evidence-Responsiveness, and the Ethics of Influence". In: *The Law and Ethics of Freedom of Thought*. Hrsg. von Marc J. Blitz u. Jan C. Bublitz. Cham 2021 (Palgrave-Macmillan). S. 182–212.

Datenschutz und Datensouveränität

Wearables sind aufgrund ihrer Nähe, ihrer Ubiquität und ihrer Tendenz zu einer unreflektierten Nutzung in einer besonderen Position, um hochsensible und intime Daten ihrer Nutzer*innen zu sammeln, vor allem Standortdaten und Gesundheitsdaten. In Anbetracht der derzeitigen technologischen Gegebenheiten ist es unvermeidlich, dass beispielsweise eine Fitnessuhr die gesammelten Daten zur Verarbeitung an ein größeres Netzwerk weitergeben muss, wenn sie die volle intelligente Funktionalität bieten soll. Die physische Uhr allein kann die erforderlichen Rechenleistungen nicht erfüllen. Dies bringt die Nutzer*innen in eine Lage, in der die Nutzung der Technologie voraussetzt, dass Fakten über Bewegungen, Herzfrequenz und deren Erhöhung bei sportlicher Betätigung, Schlafzyklus und vieles mehr durch

> **Fragen um die Privatsphäre sind immer auch eng mit Fragen um die Verletzung von Autonomie verbunden.**

mangelnden Datenschutz des verarbeitenden Netzwerks gefährdet sein könnten. Derzeit handelt es sich dabei hauptsächlich um Daten über körperliche Gesundheit, aber es befinden sich Sensortechnologien in Entwicklung, die auch Daten über die geistige Gesundheit eines Nutzenden sammeln können.[17]

Das bringt uns zu der Bedrohung, die Wearables für die Privatsphäre darstellen können. Obwohl hier als separates moralisches Thema behandelt, sind Fragen um die Privatsphäre immer auch eng mit Fra-

17 Abdullah, Saeed u. Choudhury, Tanzeem: „Sensing Technologies for Monitoring Serious Mental Illnesses". In: *IEEE MultiMedia* 25, 1 (2018). S. 61–75.

gen um die Verletzung von Autonomie verbunden. Im Allgemeinen finden wir Verletzungen der Privatsphäre problematisch, weil solche dazu führen können, dass (a) jene erlangten Daten dazu verwendet werden, uns oder andere auszunutzen bzw. zu manipulieren oder (b) die Daten direkt dazu verwendet werden, unser Wohlergehen zu beeinträchtigen (z. B. durch Identitätsdiebstahl oder bei Stalking).

Nehmen wir als Beispiel für (a) eine Fitnessuhr, die die Funktion besitzt, den Nutzenden auf der Grundlage der über sie gesammelten Daten Joggingrouten zu erstellen. Wenn die Entwickler*innen dazu bereit wären, könnte dieses System dazu verwendet werden, die Nutzer*innen regelmäßig auf Strecken zu führen, an welchen Werbung installiert ist oder gar Geschäfte gelegen sind, die die Nutzer*innen in ihren Interessen an die der Entwickler*innen anpassen, ohne dass den Nutzer*innen dies bewusst gemacht wird.

In Bezug auf (b) ist die Bedrohung durch Datenschutzverletzungen bei der Art von intimen medizinischen Daten, die von privaten medizinischen Wearables gesammelt werden, nur allzu offensicht-

Letztlich stellt die Erklärbarkeit der Nutzervereinbarung ein mögliches Bollwerk gegen Verletzungen der Privatsphäre verschiedener Art dar.

lich. Daher sollte jedes legitime System der digitalen Souveränität die Kontrolle über das Digitale so verteilen, dass die Risiken von Datenschutzverletzungen vermieden werden. Diese Bedingung wird oft durch folgenden Lösungsvorschlag eingelöst: Bedenken hinsichtlich des Schutzes der Privatsphäre können – teilweise oder ganz – ausgeräumt werden, sofern eine angemessene Verteilung der Kontrolle über die Daten und die Systeme, die diese Daten verarbeiten, erreicht werden kann. Die rechtlichen und sozialen Mechanismen, durch die diese Verteilung (zumindest normativ) festgelegt wird, konzentrieren sich weitgehend auf die Benutzervereinbarungen, die mit der Technologie einhergehen. Diese Vereinbarungen sollten grundsätzlich die Grenzen der Kontrolle für Nutzer*innen, Entwickler*innen und Anbieter abstecken.

Die Rolle des *InviDas*-Projekts: Förderung der Autonomie durch Erklärbarkeit

In Anbetracht unserer Untersuchung des Verhältnisses zwischen Wearable-Technologien und individueller digitaler Souveränität, die wir als untrennbar von Überlegungen zur Autonomie betrachten, kann die ethische Rolle des *InviDas*-Projekts so bestimmt werden: sie soll für eine bessere Erklärbarkeit der Benutzervereinbarungen sorgen, welche die Grenzen der Kontrolle über das Digitale zwischen den verschiedenen beteiligten Parteien festlegen. Dadurch erhält der*die Nutzer*in mehr Kontrolle über die Ausgestaltung der Kontrolle selbst. Indem sie den Inhalt dieser Vereinbarungen spielerisch oder auf andere Weise erklärbar und nutzbar macht, erhöht die Datenpunkt-Plattform die Wahrscheinlichkeit einerseits, dass Informationen bereitgestellt werden können, ohne dass eine Überauswahl droht, und andererseits, dass kognitive Kapazitäten freigesetzt werden können, während gleichzeitig die Risiken des De-Skilling und erhöhter Abhängigkeit verringert werden.

Indem den Nutzer*innen mehr Einblick in die Art und Weise gegeben wird, wie diese Technologien ihre Nutzer*innen beeinflussen können, lassen sich zudem Sludges und übermäßiger Nudging-Einfluss vermeiden. Und letztlich stellt die Erklärbarkeit der

Nutzervereinbarung ein mögliches Bollwerk gegen Verletzungen der Privatsphäre verschiedener Art dar, indem sie dem*der Nutzer*in ein größeres Bewusstsein dafür vermittelt, welche Daten zu welchem Zweck gesammelt werden oder werden können und das genau auf eine solche Art und Weise, die die Nutzer*innen verstehen und nutzen können – was ihnen wiederum mehr Kontrolle und Wissen, die Bausteine für Autonomie, an die Hand gibt.

Deckelpokal „Grandprix 1996 – Pechvogel-Pokal"
Gestiftet von Stadträtin Irmgard Schwanert, 1996.
Material: Zinnblech,
Maße: 30 x 7,5 x 3 cm.
Städtische Sammlungen Coburg, Inv.nr. SSC 12320.

Sieg...

Pokale gibt es in großer Zahl. Sie schmücken Tausende von Erinnerungsvitrinen. Dieses Exemplar wurde dem größten „Pechvogel" des Coburger Seifenkistenrennens von 1996 verliehen. Der Wettbewerb wurde in den 1990er Jahren mehrere Male vom Coburger Verkehrsverein und Stadtjugendring veranstaltet und erlebte 2023 eine Neuauflage. Die jugendlichen Teilnehmer bauten ihre Seifenkisten selbst. Von Jahr zu Jahr verbesserten sie Technik und Schnelligkeit. Auch die Regeln wurden dabei konkretisiert. Für die Zeitmessung stellte die Verkehrspolizei professionelle Messgeräte zur Verfügung. Schließlich wurden in Coburg sogar oberfränkische und bayerische Meisterschaften ausgetragen.

Lukas Helm

Lukas Helm M.A. ist Consultant bei IBM Germany und spezialisiert auf SAP S/4HANA in der Automobilbranche. Er hat seinen Bachelorabschluss an der Hochschule Coburg in Industriewirtschaft mit Schwerpunkt auf IT erworben und anschließend seinen Master in International Information Systems Management an der Otto-Friedrich-Universität Bamberg abgeschlossen.

Lukas Helm

Schießt Geld Tore?[1]

"Erfolg ist wie ein scheues Reh. Der Wind muss stimmen, die Witterung, die Sterne und der Mond"[2], mit diesen Worten beschreibt der ehemalige Nationalspieler und Nationaltrainer Franz Beckenbauer den Erfolg im Profifußball. Bei einer oberflächlichen Interpretation kann davon ausgegangen werden, dass der sportliche Erfolg einer Fußballmannschaft an eine Vielzahl von Faktoren gebunden ist. Gleichzeitig könnte übertragen werden, dass der Titelkampf in den Top-Ligen Europas von Jahr zu Jahr neu ausgespielt wird und alle Mannschaften der Ligen die Möglichkeit haben, Titel zu gewinnen. Fest steht, dass dieses Szenario im derzeitigen Fußballgeschäft nicht vorzufinden ist. Einzelne Fußballmannschaften entwickelten in den vergangenen Jahren eine enorme Dominanz. Der FC Bayern München (FCB) konnte seit der Spielzeit 2012/2013 zum achten Mal die Deutsche Meisterschaft gewinnen. Der italienische Verein Juventus Turin kann ebenfalls acht Meistertitel in Folge vorweisen und Paris Saint-Germain hatte seit der Saison 2010/2011 insgesamt sieben Meistertitel der französischen Ligue 1 gewonnen. Der Erfolg der Mannschaften demonstriert eine Monopolstellung an der Spitze der nationalen Ligen.

Die Transferaufwendungen stiegen in den vergangenen Jahren ins Unermessliche. Indes wurde im Jahr 2017 der bis zum heutigen Tag teuerste Transfer der Fußballgeschichte durchgeführt. Hierbei generierte der FC Barcelona eine Ablösesumme für den brasilianischen Nationalspieler Neymar da Silva Santos Junior, zu seinem aktuellen Verein Paris Saint-Germain von kolportierten 222 Millionen Euro. Der Klub aus der Premier League Manchester City investierte in den vergangen zehn Spielzeiten in etwa 1,5 Milliarden Euro in den Mannschaftskader.[3] Auch bei einer Betrachtung der Entwicklung der Transferausgaben in der Bundesliga ist zu erkennen, dass die Höhe der Investitionen kontinuierlich zunimmt. Da-

---

1 Auszug aus einer Bachelorarbeit an der Hochschule Coburg 2021 (Betreuer: Dr. Detlef Bittner, Fakultät Wirtschaft).
2 Franz Beckenbauer. https://www.gutzitiert.de/zitat_autor_franz_beckenbauer_thema_fussball_zitat_23404.html (31.10.2020).
3 *Manchester City – Alle Transfers | Transfermarkt.* https://www.transfermarkt.de/manchester-city/alletransfers/verein/281 (30.04.2021).

	Verein	Spiele	Punkte		Verein	Spiele	Punkte
1	Bayern München	340	812	15	Hannover 96	272	317
2	Borussia Dortmund	340	681	16	Hamburger SV	272	301
3	Bayer Leverkusen	340	586	17	1. FC Köln	238	264
4	Borussia Mönchengladbach	340	531	18	RB Leipzig	136	252
5	FC Schalke 04	340	501	19	1. FC Nürnberg	170	178
6	VfL Wolfsburg	340	473	20	Fortuna Düsseldorf	102	104
7	TSG Hoffenheim	340	460	21	FC Ingolstadt	68	72
8	1. FSV Mainz 05	340	435	22	1. FC Kaiserslautern	68	69
9	Werder Bremen	340	408	23	SV Darmstadt 98	68	63
10	Eintracht Frankfurt	306	390	24	SC Paderborn	68	51
11	SC Freiburg	306	373	25	Union Berlin	34	41
12	FC Augsburg	306	357	26	FC St. Pauli	34	29
13	Hertha BSC	272	333	27	Eintracht Braunschweig	34	25
14	VfB Stuttgart	272	318	28	Greuther Fürth	34	21

Abbildung 1:
10-Jahres-Tabelle der 1. Bundesliga 2010/11 – 2019/20
Eigene Darstellung auf Grundlage von Daten des Internetportals *transfermarkt.de* unter https://www.transfermarkt.de/bundesliga/ewigeTabelle/wettbewerb/L1/plus/?saison_id_von=2010&saison_id_bis=2019&tabellenart=alle (24.10.2023).

bei kämpfen kleinere Vereine mit eingeschränkten finanziellen Mitteln um ihre Konkurrenzfähigkeit.

Die bisherigen Erkenntnisse deuten auf keine Trendwendung hin. Es stellt sich daher die Frage, ob der Einfluss auf den sportlichen Erfolg ausschließlich durch die finanzielle Handlungsstärke der Vereine ausgezeichnet wird: „Schießt Geld Tore?".

Zur Beantwortung dieser Frage wurde das Zusammenspiel von wirtschaftlichen und gesellschaftlichen Einflussfaktoren auf den sportlichen Erfolg im Profifußball untersucht. Die Untersuchung berücksichtigt die vergangenen zehn Jahre des deutschen Profifußballs zwischen den Spielzeiten 2010/11 und 2019/20. Unterstützt werden die Untersuchungen von Einschätzungen einer ausgewählten Expertenrunde. Des Weiteren wurden Instrumente der statistischen Datenanalyse angewandt und Zusammenhänge mithilfe von Regressionsmodellen untersucht. Die Forschungsgrundlage hierfür bietet die 10-Jahres-Tabelle der Bundesliga und die potenziellen Erfolgsfaktoren (4-Säulen) Marktwert, Transferwesen, Kaderzusammenstellung und der Beitrag der Zuschauer in den Stadien.

2

Für die Erstellung der 10-Jahres-Tabelle (*Abbildung 1*) wurden alle Tabellen der 1. Bundesliga zwischen den Spielzeiten von 2010/11 bis 2019/20 zusammengetragen. Anschließend wurde die Punkteausbeute der Vereine kumuliert. Es wurden lediglich die erzielten Punkte aus der 1. Bundesliga in die Berechnung aufgenommen. Infolgedessen wurde ein Ranking vorgenommen: Der Klub mit der höchsten Punktzahl ist auf Platz 1 und der Verein mit der niedrigsten Punktzahl befindet sich auf dem letzten Platz. Als Maßstab für den sportlichen Erfolg wird in dieser Arbeit die Punkteausbeute gewertet.

Im Folgenden werden Prognosen versucht, weitere Auswirkungen auf die tatsächliche sportliche Leistung der Vereine festzustellen. Der Betrachtungszeitraum für die Analysen reicht von der Saison 2009/10 bis 2018/19. Dabei werden zwei unterschiedliche Betrachtungen vorgenommen. Zum einen wurde die Punkteausbeute der Vereine aus der 10-Jahres-Tabelle mittels ausgewählter Attribute prognostiziert und zum anderen wurde mittels einer Trendfunktion und durch die Methode des exponentiellen Glättens eine Vorhersage gemacht, die auf der Punktzahl für die Saison 2019/20 basiert.

Bei der Durchführung der Funktion konnte festgestellt werden, dass insgesamt fünf Vereine richtig vorhergesagt werden konnten. Interessanterweise ist zu beobachten, dass sich die richtigen Vorhersagen im ersten Abschnitt der Tabelle befinden *(Abbildung 2)*. Die Abweichungen liegen in diesem Modell bei bis zu elf Tabellenplätzen.

Generell lässt sich festhalten, dass unter Verwendung aller Variablen der 4-Säulen in etwa 43 Prozent der Platzierungen aus der 10-Jahres-Tabelle richtig vorhergesagt werden konnten. Dabei erklärt das Regressionsmodell 94 Prozent (korrigiertes R^2 = 0,94) der Varianz des sportlichen Erfolges.

3

Aufgrund der aktuellen Problematik im Profifußball bereits bestehender Forschungen und einer Befragung von Experten wurden neben der grundlegenden Forschungsfrage „Schießt Geld Tore?" weitere Hypothesen aufgestellt:

Hypothese 1: *Der Marktwert gilt als Maßstab für den sportlichen Erfolg einer Fußballmannschaft.*
Es stellt sich die Frage, ob der maximale Erfolg tatsächlich durch Erfassung des Mannschaftsmarktwertes prognostiziert werden kann. Welcher Zusammenhang besteht tatsächlich zwischen den Marktwerten und den sportlichen Leistungen einer Mannschaft?
Ergebnis: Auch wenn bei der Marktwertanalyse neben den sportlichen Leistungen weitere Faktoren einbezogen werden, konnte mithilfe der Regressionsmodelle nichtsdestotrotz festgestellt werden: Je höher der Marktwert einer Mannschaft, desto höher ist die Punkteausbeute. Der Marktwert kann als Maßstab für den sportlichen Erfolg einer Fußballmannschaft herangezogen werden. Die Hypothese konnte damit auf Basis der getätigten Analysen bestätigt werden.

Abbildung 2:
Prognose 10 Jahrestabelle
Prognose auf der Grundlage der Daten von Abbildung 1 und eigener Berechnungen.

	Verein	Pred.	Δ		Verein	Pred.	Δ
1	Bayern München	1	0	10	Hertha BSC	11	-1
2	Borussia Dortmund	2	0	11	Union Berlin	18	-7
3	RB Leipzig	14	-11	12	FC Schalke 04	4	8
4	Borussia Mönchengladbach	5	-1	13	1. FSV Mainz 05	10	3
5	Bayer Leverkusen	3	2	14	1. FC Köln	15	-1
6	TSG Hoffenheim	6	0	15	FC Augsburg	13	2
7	VfL Wolfsburg	7	0	16	Werder Bremen	8	8
8	SC Freiburg	12	-4	17	Fortuna Düsseldorf	16	1
9	Eintracht Frankfurt	9	0	18	SC Paderborn	17	1

Hypothese 2: *Je höher die Transferausgaben, desto erfolgreicher ist der nationale Erfolg.*

Da immer höhere Ablösesummen gezahlt werden und die gesamten Transferausgaben kontinuierlich steigen, stellt sich die Frage, ob sich der sportliche Erfolg tatsächlich durch die Transferausgaben der Vereine ableiten lässt. Spielen dabei auch die Arten der Spielerverpflichtung eine wichtige Rolle?

Ergebnis: Bei einer absoluten Betrachtung der Transferausgaben konnte festgestellt werden, je höher die Transferausgaben, desto höher ist der Grad der Punkteerreichung. Bei der Untersuchung der Arten der Spielerverpflichtungen konnten zudem Korrelationen festgestellt werden, je höher die Anzahl der Transfers per Ablöse, desto höher die Punkteausbeute und je niedriger die durchschnittliche Transferanzahl je Saison, je niedriger die Anzahl der ablösefreien Transfers und die Anzahl der Leihspieler, desto niedriger ist die Punkteausbeute.

Hypothese 3: *Die richtige Kaderzusammenstellung gewinnt Titel.*

Welche Einflüsse haben die Kaderbreite und die Erfahrung auf die sportliche Leistung einer Mannschaft? Zudem herrscht eine enorme Fluktuation im Traineramt: Welche Auswirkung haben die Trainerwechsel auf den Erfolg einer Mannschaft?

Ergebnis: Ein Zusammenhang konnte nicht pauschalisiert werden. Es konnte aber ein anderer Trend erkannt werden: Je größer der Kader, desto höher ist die Punkteausbeute und je niedriger die Anzahl der Trainer oder das durchschnittliche Alter, desto geringer die Punkteausbeute. Zu beachten ist, dass in dieser Analyse Faktoren wie beispielsweise Spielercharakter in einer Mannschaft, Stimmung des Teams, hierarchische Strukturen oder auch die Qualität der Auswechselbank nicht berücksichtigt wurden.

Hypothese 4: *Der zwölfte Mann auf dem Platz sind die Fans im Stadion.*

Welchen Beitrag tragen die Zuschauer tatsächlich zu den Leistungen der Mannschaft bei und welche Rolle spielen dabei die Anzahl der Zuschauer und die Auslastung des Stadions?

Ergebnis: Die durchschnittliche Stadionauslastung und durchschnittliche Zuschaueranzahl in den Stadien verweisen auf einen linearen Zusammenhang zu den sportlichen Leistungen. Es kann somit interpretiert werden, je höher die durchschnittliche Stadionauslastung und/oder die durchschnittliche Zuschaueranzahl in den Stadien, desto höher der sportliche Erfolg.

4

Bei der Beantwortung der vier Hypothesen konnte festgestellt werden, je höher die Marktwerte einer Mannschaft oder je höher die Transferausgaben, desto höher ist der sportliche Erfolg eines Klubs. Es ist daher nicht abzustreiten, dass der Erfolg einer Fußballmannschaft durch die finanzielle Handlungsstärke eines Vereins mitbestimmt wird. Demzufolge konnten die Forschungsergebnisse zum Thema Einfluss des Marktwertes und der Transferausgaben von Jürgen Gerhards u. a. und Matesanz u. a. bestätigt werden.[4]

Nichtsdestotrotz müssen die Gelder klug investiert werden. Die hohen Transferausgaben des FC Schalke 04 konnten den Abstieg in die 2. Bundesliga in der Saison 2020/21 jedenfalls nicht verhindern. Die Entscheidungen des Managements und die Zielaus-

---

[4] Gerhards, Jürgen [u.a.]: „Die Berechnung des Siegers: Marktwert, Ungleichheit, Diversität und Routine als Einflussfaktoren auf die Leistung professioneller Fusballteams / Predictable Winners. Market Value, Inequality, Diversity, and Routine as Predictors of Success in European Soccer Leagues". In: *Zeitschrift für Soziologie* 43 (2014). S. 231–247.; Matesanz, David [u.a.]: „Transfer market activities and sportive performance in European first football leagues: A dynamic network approach". In: *PLOS ONE* 13 (12) (2018). S. 1–16.

richtung des Vereins müssen daher im Einklang funktionieren. Ursächlich müssen die Profivereine ihre eigenen sportlichen Anforderungen und Perspektiven beurteilen und demnach den Mannschaftskader und das Trainerteam zusammenstellen.

Die Transferpolitik der deutschen Profivereine könnte jedoch kaum unterschiedlicher sein. Top-Vereine wie der FCB oder Borussia Dortmund formulieren zwar als Ziel, junge Talente zu fördern und weiterzuentwickeln, dennoch stammen diese meist nicht aus dem eigenen Nachwuchsbereich. Zudem werden Spieler, welche gute Leistungen bringen, den „kleineren" Vereinen abgeworben.

> **Je höher die Marktwerte einer Mannschaft oder je höher die Transferausgaben, desto höher ist der sportliche Erfolg eines Klubs.**

Zwar erhalten die Mannschaften in der Regel ordentliche Ablösesummen, dennoch müssen die Lücken im Mannschaftskader wieder durch neue talentierte Spieler geschlossen werden. Bei der Beobachtung der Transferanzahl konnte festgestellt werden, dass vor allem bei „kleineren" Vereinen eine hohe Spielerfluktuation vorherrscht. Die Vereine befinden sich in einem Teufelskreis. Die Mannschaften mit sportlichem Erfolg bekommen eine höhere Aufmerksamkeit der Gesellschaft und generieren neben den Spieltagserlösen und TV-Geldern einen Großteil ihrer Einnahmen durch die Kommerzialisierung des Vereins.

Nichtsdestotrotz konnte in dieser Arbeit festgestellt werden, dass auch weitere Attribute den Erfolg einer Mannschaft mitbestimmen. Es wurde dabei beobachtet, dass die Zuschaueranzahl und die Auslastung des Stadions einen Beitrag zur Punktegewinnung leisten und auch der Heimvorteil innerhalb des Betrachtungszeitraumes offensichtlich existiert. Zusammenfassend wurde in dieser Arbeit somit gezeigt, dass für den langfristigen Erfolg einer Fußballmannschaft erhebliche Investitionen notwendig sind. Die Forschungsfrage lässt sich daher beantworten mit: „Geld schießt Tore!"

Harnisch für das Fußturnier
Mit rekonstruiertem Turnierrock nach historischen Vorbildern. Teil eines Paars. Stahl, Messing, Gold, Leder. Gewicht: ca. 14,6 kg.
Wohl Augsburg, frühes 17. Jahrhundert.
Kunstsammlungen der Veste Coburg, Inv.-Nr. I.9.

...und Niederlage.

Ritterliche Turniere waren im 16. und 17. Jahrhundert zu einer Art Kampfsport des Adels geworden. Beim Fußturnier wurde mit Spießen und Schwertern über eine hüfthohe Barriere aus Holz hinweg gekämpft. Zur Sportausstattung gehörten deshalb eiserne Harnische, die vor einer Niederlage durch Verletzung schützen sollten. Da nur die obere Körperhälfte gefährdet war, genügte für diese Turnierform ein Halbharnisch. Die aufwendigen Rüstungen dienten nicht zuletzt der Selbstdarstellung ihrer Besitzer. Sie wurden an den Höfen gesammelt und zu repräsentativen Zwecken eingesetzt. In der Mittelalter-Romantik des 19. Jahrhunderts wurden sie wiederentdeckt und fanden eine neue Anhängerschaft.

Christian Holtorf
Der Historiker und Kulturwissenschaftler Dr. Christian Holtorf ist seit 2011 Professor für Wissenschaftsforschung und Wissenschaftskommunikation an der Hochschule Coburg. Seine Forschungsinteressen liegen in der Kultur- und Wissensgeschichte des 19. und 20. Jahrhunderts. Aktuelle Schwerpunkte in der Lehre sind Philosophie, Wissens- und Sportsoziologie sowie partizipative Bildungsformate. Zuletzt gab er 2019 gemeinsam mit Bärbel Frischmann den Band „Über den Horizont" heraus.

Christian Holtorf

Prinzip Erfolg – Zur Wissenschaftskommunikation des Sports

Die Wissenschaft der Zukunft besteht aus durchtrainierten Athlet*innen. Sie sind jung und gesund, kräftig und schnell. Ihr Ziel ist es, das Rennen um die Rettung der Welt zu gewinnen. Die Wissenschaftszeitschrift *Nature* hat sie 2015 auf ihrem Titelblatt vorgestellt: Sieben Disziplinen treten in einem Team von Superheld*innen zur Lösung der „Grand Challenges" an. Modernste Sporttechnologie, wissenschaftliches Fachwissen und hohe Motivation helfen ihnen, erfolgreich zu sein. Im Comicstil des Zeichners Dean Trippe vermittelt die Zeitschrift die Botschaft, dass es in der Wissenschaft jetzt auf Sportlichkeit ankommt.

Doch um welchen Erfolg geht es im Sport? Sport ist so uneinheitlich wie Wissenschaft. Historisch hat er sich aus Turnen, Gymnastik und spielerischen Wettkämpfen entwickelt. Heute lassen sich nicht nur Leistungssport und Breitensport unterscheiden, sondern es gibt auch Sparten wie Schulsport und Betriebssport, Erlebnissport, Gesundheitssport und Reha-Sport. Zwar sind alle Sportler*innen auf ihre Weise Superheld*innen, sie stellen sich aber unterschiedlichste Aufgaben.

Was sportlichen Erfolg ausmacht, wird nicht nur in Sportwissenschaft und Sportstadien verhandelt. Unter anderem reden auch Wirtschaft und Technik, Medizin und Pädagogik, Politik und Medien, Vereine und Fanklubs mit. Alle, so scheint es, profitieren von der wechselseitigen Beeinflussung: Der Sport wird leistungsstärker, die gesellschaftliche Praxis attraktiver. Mehr Wettbewerbe verschaffen auch in den Wissenschaften mehr Reputation und Erfolg.[1] Inzwischen sind Sportformate zu einem Standard moderner Wissenschaftskommunikation und unverzichtbar für akademische Leistungsvergleiche geworden.

Doch das Verhältnis zwischen beiden ist vielschichtig. Was in den Wissenschaften als Sportformat gilt, hat sich im Sport unter dem Einfluss wissenschaftlicher Forschungen gewandelt. Die Geschichte sportlicher Wissenspraktiken kann für die Wissenschaftsforschung deshalb wie ein Brennglas wirken. Im Sport lassen sich historisch unterschiedliche Kommunikationsstrategien unterscheiden:

---

[1] Vgl. Kaldewey, David: „Eine Phänomenologie des Wettbewerbes in der Wissenschaft". In: *Forschung. Politik – Strategie – Management* 12 (2019). S. 141–146. S. 142.

Abbildung 1: **"Nature" 525 (2015), No. 7569. Cover.** Illustration „Interdisciplinarity. Why scientists must work together to save the world" von Dean Trippe. Abdruck mit freundlicher Genehmigung von Springer Nature.

Wettkämpfe und Erfolgsrezepte, Teamgeist und Coaching, Rankings und Science Slams überall. Der Trend heißt Sportifizierung.

Welches Wissen gilt jeweils als erfolgversprechend? Wo ist es zu bekommen? Welchen Aufwand erfordert es? Wie lässt es sich anwenden? Von wem stammt die Empfehlung? Welche Risiken bestehen? Was macht die Konkurrenz? Die folgenden Überlegungen greifen Motive aus Wissenschaftsforschung und Sportgeschichte auf und versuchen, daraus Schlussfolgerungen für die Wissenschaftskommunikation zu ziehen.

1 Sport als Arena der Wissenschaftskommunikation

Prinzipien des Sportes sind in den letzten Jahrzehnten immer häufiger in andere Bereiche der Gesellschaft vorgedrungen: Wettkämpfe und Erfolgsrezepte, Teamgeist und Coaching, Rankings und Science Slams überall. Der Trend heißt Sportifizierung.[2] Unter anderem gibt es seit 1959 „Wissenschaftsolympiaden" für Schüler*innen. Autorennen für Hochschulteams wurden 1981 in den USA erfunden und unter dem Namen „Formula Student" auch in Europa bekannt. Der jährliche „Robot Soccer World Cup" (kurz „RoboCup") fand erstmals 1997 statt. Wer heute in den Wissenschaften Interesse wecken, Motivation oder Leistung steigern und einfach den Druck erhöhen will, ruft „Challenges" aus, erfindet Ranglisten und inszeniert Unterhaltungsprogramme in Wissenschaftsarenen.[3] Die Ernsthaftigkeit der Arbeit kann dabei sogar in den Hintergrund rücken: „Some rescue missions", so Nature-Illustrator Dean Trippe über seine Arbeiten, „look more like parties. You're invited, too."[4]

Auch die jährliche Vergabe der Nobelpreise, die seit 1901 zelebriert wird, ähnelt einer Siegerehrung. Der Philosoph Helmut Plessner wies schon 1956 darauf hin: „So wie die Olympiaden den ständigen Agon markieren, so markieren ihn die Nobelpreise [...] den ständigen Agon eben unserer modernen wissenschaftlichen Welt."[5] Leistungsbereitschaft, Eigenverantwortung und Selbstorganisation sind entscheidende Bedingungen für wissenschaftliche Karrieren geworden: Mitarbeiter*innen halten sich fit[6], Führungskräfte laufen Marathon und auf fast jedem Hochschulcampus gibt es – zusätzlich zum obligatorischen Hochschulsport – Tischtennisplatte und Tischkicker, Fitnessgeräte und Yoga-Matten, Gymnastikkurse und „bewegte Mittagspausen".

Die Sportangebote haben auch in den Wissenschaften die Durchsetzung der Steigerungslogik durch technische Optimierung, mediale Vermarktung und ökonomische Innovation gefördert. Vielleicht ist diese Nähe kein Zufall: Sport und Wissenschaft haben sich etwa zeitgleich entwickelt und bestehen beide aus „Disziplinen". In beiden gelten Resultate, die keine Siege sind, schnell als Niederlagen, wenn nicht sogar als Scheitern. Ähnlich wie

---

2 Adorno, Theodor W.: „Das Schema der Massenkultur. Kulturindustrie (Fortsetzung)" (1942). In: ders.: *Gesammelte Schriften* Bd. 3. Frankfurt a. M.: Suhrkamp 1981, S. 299–335. S. 328; Ausführlich zum Folgenden: Kaldewey, David: „The Grand Challenges Discourse: Transforming Identity Work in Science and Science Policy". *Minerva* 56 (2018). S. 161–182.

3 Vgl. Carlsson, Bo: „,Science Slam' and sportification processes in science". In: *Sport in Society* 22/9 (2019). S. 1623–1637.
4 Dryponder: You'll Be Safe Here. Post auf *Deviant Art*, 29. April 2013. https://www.deviantart.com/dryponder/art/You-ll-Be-Safe-Here-368578482 (15.10.2023).
5 Plessner, Helmuth: „Die Funktion des Sports in der industriellen Gesellschaft". In: *Wissenschaft und Weltbild* 9 (1956). S. 262–274. S. 273.
6 Huber, Thomas [u. a.] (Hrsg.): *Sportivity. Die Zukunft des Sports.* Frankfurt am Main 2014. S. 66–75.

in kommerziellen Fitnessstudios beruhen auch die wissenschaftlichen Aufgaben in der Regel auf soliden Studien, das richtige Trainingswissen muss man sich jedoch häufig selbst zusammensuchen. Manchmal beschränkt es sich auf „Bro-Science", worunter in der Fitnessszene „ungeprüftes, höchstwahrscheinlich sachlich falsches Wissen" verstanden wird, das „eher von einem Kumpel stamme als

> „Modern Sport is itself a thoroughly technological product."
>
> TARA MAGDALINSKI

aus fundierter Wissenschaft."[7] Die meisten Fitnesssportler*innen sind sich dabei den „gelegentlich widersprüchlichen und teils kuriosen Inhalten der verschiedenen Wissensquellen durchaus bewusst".[8] Es kommt also für den eigenen Erfolg darauf an, wer wann mit wem kommuniziert. Das hat auch Nature erkannt und schreibt in Bezug auf Wissenschaften: „Communication is crucial".[9]

Wer aber entscheidet über Sieg und Niederlage? Den Ausschlag gibt weniger die Qualität eines Produkts als sein Erfolg auf dem Markt. Erfolg und Scheitern sind keine festen Kategorien, sondern zeitlich und räumlich bedingt, häufig sogar zufällig.[10] Der Soziologe Sighard Neckel definiert:

Die moderne Gesellschaft versteht Erfolg als soziale Durchsetzung im Wettbewerb, die sich an Indikatoren wie Macht, Geld, Titel oder Prestige ablesen lässt. Überall dort, wo Ausscheidungskämpfe die Rangordnung bestimmen, nehmen Erfolge daher die Bedeutung von Siegprämien für die Gewinner an. Sport, Bildungswesen, Wirtschaft und berufliche Karriere sind die klassischen Arenen der Erfolgskonkurrenz, denen sich die persönliche Lebensführung in dem Maße hinzugesellt, wie sich auch Körper- und Persönlichkeitsbilder, Beziehungsformen und Kulturstile zu Schauplätzen von Wettbewerben verwandeln.[11]

Der Sport ist dadurch nicht nur zu einem Format der Wissenschaftskommunikation, sondern auch zu ihrer Arena geworden: Wissenschaftskommunikation findet nicht zuletzt im Sport selber statt.

2 Sport und Technologie

Vor dem Hintergrund seiner historischen Wurzeln verbindet der moderne Sport Elemente der Körper- und Persönlichkeitsbildung mit wissensbasierten Technologien und gesellschaftlich-ökonomischen Anreizen. Im Laufe der Zeit haben sich traditionelle Spiele und Bewegungsformen in standardisierte Leistungen gewandelt, die gemessen und dadurch verglichen werden können.[12] Der Körper ist zum Objekt von Training und Selbstbeobachtung geworden, der Sport zum Modell für die moderne Arbeitswelt. Moderner Sport bietet ein breites Anwendungsfeld für Innovationen, die sich im Sport einen fertigen

---

[7] Theis, Christian: „Bro-Science im Gym – Rechtfertigung von Wissen in fitnesssportlver Jugendkultur". In: Narrative zwischen Wissen und Können: Aktuelle Befunde aus Sportdidaktik und Sportpädagogik. Hrsg. von Messmer, Roland u. Krieger, Claus. Baden-Baden 2022 (Academia). S. 259–271. S. 268.
[8] Theis, „Bro-Science", S. 264f.
[9] „Mind meld. Interdisciplinary science must break down barriers between fields to build common ground". In: Nature 525. No. 7569 (2015). S. 289–290. S. 290.
[10] Vgl. Bauer, Reinhold: Gescheiterte Innovationen. Fehlschläge und technologischer Wandel. Frankfurt am Main, New York: Campus 2006.

S. 10; Jungert, Michael u. Schuol, Sebastian (Hrsg.): Scheitern in den Wissenschaften: Perspektiven der Wissenschaftsforschung. Paderborn 2022.
[11] Neckel, Sighard: Flucht nach vorn. Die Erfolgskultur der Marktgesellschaft. Frankfurt am Main, New York: Campus 2008. S. 110.
[12] Vgl. Bette, Karl-Heinrich: Sportsoziologie. Bielefeld: Transcript 2010. S. 10.

neuen Markt geschaffen haben. Tatsächlich schafft der Sport ideale Gelegenheiten, immer neue Ausrüstungen und Trainingsformen, Messgeräte und Wettkampfstätten zu erproben. Sie wurden zur materiellen Basis von Sportarten, die nach Weltrekorden und Medaillen streben: „Modern Sport is itself a thoroughly technological product".[13]

An vielen Stellen geht es gar nicht ohne Technologien: Helme und Verbände, Schutzbrillen und Prothesen überwinden körperliche Barrieren. Zeitlupe und Video-Schiedsrichter, Wearables und Smart Shirts schaffen eine Fülle objektivierbarer Daten. Sportarten wie Rad- oder Automobilsport, Wintersport oder Bogenschießen, Paragliding oder E-Sport beruhen ohnehin vollständig auf der Verwendung technischer Geräte. Auch moderne Sporthallen und Schwimmbäder, Skate- und Kletterparks verbessern die Bedingungen für Training und Wettkampf. Seit den 1950er-Jahren sollten Forschungsergebnisse deshalb möglichst passgenau in Sportvereine und Schulsport transferiert werden, sie sollten in der Praxis wirksam und zu einem Vorteil im Medaillenwettbewerb werden.[14]

Allerdings hat diese Entwicklung auch Protest hervorgerufen. Unter Akademiker*innen war es lange üblich, dem Sporttreiben skeptisch gegenüberzustehen. Der unbedingte Siegeswille, die Einübung von Disziplin und die hohe Körperkontrolle entsprachen ihrer Kritik an den Erziehungsidealen der bürgerlichen Gesellschaft. Theodor W. Adorno nannte den Sport deshalb einen „farblosen Abglanz des verhärteten, kalten Lebens".[15] Tatsächlich hat beispielsweise das Bekanntwerden vieler spektakulärer Dopingpraktiken, die übrigens häufig auf innovativen Forschungen beruhen, diesen Vorbehalten recht gegeben.

Doch der Sport, widersprach Helmuth Plessner, entspricht nicht nur der industriellen Welt, sondern entlastet auch von ihr.[16] Als ausdrückliche Gegenbewegungen haben sich Gymnastik, Tanz und manche Sportspiele entwickelt. Sie verstehen den Körper als Ausdrucksmittel und halten eine Mechanisierung und Maschinisierung des Leibes für unangemessen.[17] Im Abenteuer- und Erlebnissport haben sich Negation und Bejahung der Modernität heute miteinander verbunden: Einer spirituellen Natur- und Selbsterfahrung an idyllischen Orten steht die Nutzung von Sportausrüstungen, Digitaltechnologien und teilweise aufwendiger Transportmöglichkeiten gegenüber.[18] Vom Mountainbiking bis zum Tiefseetauchen werden populäre Angebote für Naturerfahrungen häufig erst durch den Einsatz von Technologien ermöglicht und verbreitet.

3 Grand Challenges und Superheroes

Die Bedeutung der Wissenschaften für die Bewältigung der „Grand Challenges" bezieht sich vor allem auf einen Transfer von naturwissenschaftlich-technischen Forschungen in die Produktion. Diese Art der Vermittlung beruht auf der Annahme, dass mehr Wissen zu besseren Ergebnissen führt und wurde ab

---

13 Magdalinski, Tara: *Sport, Technology and the Body. The Nature of Performance*. London, New York: Routledge 2009. S. 4; vgl. auch Frevel, Nicolas [u. a.]: „Die SportsTech Matrix – ein strukturierendes Element für eine aufstrebende Branche". In: *Wirtschaftsinformatik & Management* 12 (5) (2020). S. 332–341; Heinemann, Klaus: *Die Technologisierung des Sports. Eine sozio-ökonomische Analyse*. Schorndorf: Karl Hofmann 2001.
14 Vgl. Rütten, Alfred: „Sport – Wissenschaft – Transfer (S-W-T)". In: *Wissenstransfer im deutschen Spitzensport*. Hrsg. von Lames, Martin u. Augste, Claudia. Köln 2007 (Strauß). S. 5–17. S. 5–6; Muckenhaupt, Manfred: „Wissensmanagement im Wissenschaftlichen Verbundsystem Leistungssport – Teilstudien des Projekts und erste Befunde". In: *Wissen im Hochleistungssport: Perspektiven und Innovationen*. Hrsg. von Manfred Muckenhaupt. Bonn 2011 (Bundesinstitut für Sportwissenschaft). S. 5–25.
15 Adorno, *Schema*, S. 328.
16 Plessner, „Funktion", S. 274.
17 Adorno, Theodor W.: „Veblens Angriff auf die Kultur. In: *Prismen. Kulturkritik und Gesellschaft* (1963). S. 68–91. S. 43.
18 Vgl. Bette, Karl-Heinrich: *Sportsoziologische Aufklärung: Studien zum Sport der modernen Gesellschaft*. Bielefeld: Transcript 2011. S.107–109.

Abbildung 2:
**„Nature" 525 (2015).
No. 7569. S. 308.**
Illustration von Dean Trippe. Abdruck mit freundlicher Genehmigung von Springer Nature.

1985 von Kampagnen wie der Initiative Public Understanding of Science aufgegriffen. Sie beruht auf einer hierarchischen Informationsweitergabe von Expert*innen an Laien und wird heute „Defizitmodell" genannt.[19]

Die Ästhetik der Marvel-Comics passt zu einem solchen akademischen Selbstverständnis. Der Illustrator Dean Trippe hat für Nature wissenschaftliche Superheroes in bunten Sporttrikots entworfen. Im Marvel-Universum spielt Sport generell eine große Rolle: Vielfach tauchen Skateboarder, Boxer und Football-Spieler auf, die Namen wie „Sportsmaster" oder „Triathlon" tragen. Die Wissenschaftsheld*innen von Nature verfügen über besondere Körper- und Sinneskräfte und heißen „Skywatcher" (Astronomie), „Mind Marvel" (Neurophysiologie), „Invisible Hand" (Ökonomie), „Doc Quantum" (Physik), „Captain Medica" (Medizin), „Control-x" (Informatik) und „Biologene" (Biologie). Alle tragen Zeichen, die ihre Disziplin symbolisieren und im Hintergrund grafisch wiederholt werden. Sie sollen, so die Chefdesignerin von Nature, Ideale darstellen und zusammen „a dream team of science and social science archetypes" bilden.[20] Drei sind als Männer, vier als Frauen zu erkennen. Fünf von ihnen tragen Augenmasken oder Brillen.

Alle fliegen und rennen in dieselbe Richtung, nachdem sie ein entsprechendes „Briefing" erhalten zu haben scheinen. Der/die Sprecher*in ist nicht erkennbar, aber Stichworte der „Grand Challenges" erscheinen auf einer Wand im Hintergrund: „alert", „water shortage", „energy crisis", „disease" und „climate change". Auf die Entschlossenheit der Weltretter*innen deuten die geballten Fäuste und die nach vorn gerichteten Handbewegungen hin. Auch die Interdisziplinarität der Held*innen ist elementar, denn, so die Schlagzeile auf dem Cover, „scientists must work together to save the world".

Der Begriff „Grand Challenges" stammt selbst aus dem Sport. Seit 1839 war „Grand Challenge Cup" die Bezeichnung für eine englische Ruderregatta. Der Begriff wurde erst in den 1980er-Jahren auf die Wissenschaftspolitik übertragen, als zunächst in den USA die Bewältigung von gesellschaftlichen Transformationen die Rede von wissenschaftlichen Problemen ersetzte.[21] Die Anlehnung an sportliche „Challenges" sollte mehr Akzeptanz für die Forschung schaffen und zugleich mehr Praxisbezug her-

---

[19] Vgl. Weitze, Marc-Denis u. Heckl, Wolfgang M.: *Wissenschaftskommunikation – Schlüsselideen, Akteure, Fallbeispiele*. Berlin, Heidelberg: Springer 2016. S. 10.

[20] Krause, Kelly: Better Together. In: *Nature Graphics*, 16. September 2015, https://naturegraphics.tumblr.com/post/129222833223/bettertogetherbackground-to-solve-the-grand (15.10.2023).

[21] Kaldewey, „Challenges"; Kaldewey, David: „Von Problemen zu Herausforderungen. Ein neuer Modus der Konstruktion von Objektivität zwischen Wissenschaft und Politik". In: *Geschlossene Gesellschaften*. Hrsg. von Stephan Lessenich, Stephan. Bamberg 2016 (Verhandlungen des 38. Kongresses der Deutschen Gesellschaft für Soziologie). S. 10; Hicks, Diana: „Grand Challenges in US Science Policy Attempt Policy Innovation". In: *International Journal of Foresight and Innovation Policy* 11 (2016). S. 22–42.

stellen.²² Kritiker*innen argumentierten allerdings, dass es keineswegs Aufgabe der Wissenschaften sei, nach raschen Lösungen zu streben oder praktische Verwertbarkeit zu erreichen. Die Wissenschaften müssten vielmehr gerade ihre Vielstimmigkeit erhalten und eigene Unsicherheiten und Normen transparent machen: sie sollen nicht nur Probleme lösen, sondern auch neue schaffen.²³

Im selben Jahr, in dem Nature seine Comic-Helden veröffentlichte, stellte der Wissenschaftsrat die Theorie der „Grand Challenges" in Frage:

> Große gesellschaftliche Herausforderungen sind keine wohldefinierten Probleme mit einem eindeutig spezifizierbaren Istzustand und Sollzustand. [...] Angesichts der Unschärfe des Begriffs, der heterogenen Verwendungsweisen und unterschiedlichen Interessen, die mit diesem Begriff verknüpft sind, erachtet es der Wissenschaftsrat als notwendig, die wissenschaftspolitische und alltagssprachliche Begriffsverwendung kritisch zu hinterfragen [...] Der Beitrag der Wissenschaft sollte über die Erarbeitung von Szenarien und deren Bewertung hinaus auch darin bestehen, die methodischen Voraussetzungen und Unsicherheiten wissenschaftlichen Wissens zu vermitteln sowie Zielkonflikte, unterschiedliche Verständnisse von Herausforderungen und unterschiedliche disziplinäre Auffassungen transparent zu machen und für Erprobungsmöglichkeiten unsicherer Strategien zu werben.²⁴

Wissenschaftskommunikation bedeutet nach dieser Auffassung keinen Wettbewerb um Erfolge, sondern beruht auf einem gleichberechtigten Austausch zwischen Wissenschaftler*innen und Bürger*innen. Dabei vermittelt sie nicht nur praktische Informationen, sondern auch die Vorläufigkeit und Vielstimmigkeit von Wissen. Sie macht Wert- und Zielkonflikte transparent, zeigt sich für Einwände und Ergänzungen offen und unterliegt selbst dem gesellschaftlichen Wandel.

4 Bewegungszeit und Wissenstransfer

Ab den 1970er-Jahren wurde gegen die Logik der sportlichen Optimierung eingewandt, dass sie einem instrumentellen Wissenschaftsverständnis folgt, das vor allem auf Verwertung ausgerichtet ist.²⁵ Es verfüge nur über eine geringe epistemologische Selbstreflexion.²⁶ Neue gesellschaftliche Bildungsziele förderten dagegen die wissenschaftliche Selbstbestimmung und hinterfragten, was überhaupt unter Höchstleistung und Erfolg zu verstehen ist.²⁷ Jetzt fanden technikfernere Sportarten wie Gymnastik, Tanz oder Yoga neue Anerkennung. Mit Blick auf Gesundheitsgefährdungen und Praktiken der Exklusion sprach der Sportsoziologe Karl-Heinrich Bette von der „Notwendigkeit einer reflexiven und rekursiven Sportwissenschaft", damit „der organisierte Sport mit seiner eigenen Komplexität besser umzugehen lernt".²⁸ Auch im Schulsport, der 1972 zum Abiturfach wurde, sollten Selbstreflexion,

---

22 Vgl. Schneidewind, Uwe u. von Wissel, Carsten: „Transformative Wissenschaft. Warum Wissenschaft neue Formen der Demokratisierung braucht". In: *Forum Wissenschaft* 4 (2015). S. 4–8.
23 Vgl. Strohschneider, Peter: „Zur Politik der Transformativen Wissenschaft". In: *Die Verfassung des Politischen*. Hrsg. von A. Brodocz [u. a.]. Wiesbaden 2014 (Springer). S. 175–192. S. 179f.
24 Wissenschaftsrat: *Zum wissenschaftspolitischen Diskurs über Große gesellschaftliche Herausforderungen*. Positionspapier. Köln: Wissenschaftsrat 2015. S. 16, 17, 23.
25 Vgl. Haaren-Mack, Birte von u. Niermann, Christina: „Wissenschaftskommunikation in der Sportwissenschaft – status quo". In: *Ze-phir* 2 (2021). S. 14–22. S. 17.
26 Vgl. Bette, Karl-Heinrich: „Wissenschaftliche Sportberatung. Probleme der Anwendung und Anwendung als Problem". In: *Leistungssport: Herausforderung für die Sportwissenschaft*. Hrsg. Martin Bührle u. Michael Schurr. Schorndorf 1991 (Karl Hofmann). S. 67–82; Schürmann, Volker u. Ernst-Joachim Hossner: „Interdisziplinäre Sportwissenschaft: Vom Umgang mit Perspektivität". In: *Spectrum* 24/1 (2012). S. 41–52.
27 Vgl. Digel, Helmut: *Wissenschaft und Hochleistungssport*. https://sport-nachgedacht.de/essay/wissenschaft-und-hochleistungssport/ (08.04.2019); Neckel, Flucht, S. 108–115.
28 Bette, „Sportberatung", S. 69, 82.

kritisches Denken und wissenschaftspropädeutische Fähigkeiten vermittelt werden. Dafür wurden Gesellschaftswissenschaften, Wissenschaftstheorie und Interdisziplinarität nun auch im Sport auf den Lehrplan gesetzt.[29]

Doch die kritische Auseinandersetzung mit Wissenschaft wurde zwar eingefordert, häufig aber nicht umgesetzt. Viele Sportlehrer*innen nahmen „Reflexionszeit" als Konkurrenz zur „Bewegungszeit" wahr und verzichteten auf sie.[30] In großer Offenheit nennen einige Diskussionsbeiträge aus dieser Zeit den Konflikt schon in den Überschriften: „Denken im Sportunterricht – eine Forderung ohne Tradition?", „Die Vernebelung des Schulsports durch die sogenannte Theorie", „Wieviel Reflexion muss sein?".[31] Sportwissenschaft und Sportverbände sahen ihre Hauptaufgaben weiterhin in der Erhöhung körperlicher Handlungsfähigkeit und der Steigerung der Leistungen. Ob diese Ziele erreicht wurden und worin sie sich konkret zeigten, blieb allerdings unklar. Die sportwissenschaftliche Forschung, so ergaben Umfragen in den Sportverbänden, ging häufig am Bedarf der Praxis vorbei. In hierarchischen Kommunikationsstrukturen gelang der Wissenstransfer nicht zufriedenstellend: Wissenschaft galt als intransparent und ineffizient. Ihre Sprache war zu kompliziert und der Transfer zu langsam. Die Arbeiten waren zu umfangreich und die Empfehlungen zu unkonkret.[32] Der Sport nutzte sie daher nur selektiv.[33]

Man hatte von den Trainer*innen erwartet, dass sie Wissen so aufbereiten können, dass aktive Sportler*innen es unmittelbar nutzen konnten. Doch viele Trainer*innen waren mit der Aufgabe überfordert.[34] Für Sportwissenschaftler*innen hat die Kommunikation über Methoden, Prozesse und Werte offenbar einen geringeren Stellenwert als für andere Disziplinen.[35] Angesichts dessen setzten sich der Deutsche Olympische Sportbund und das Bundesinstitut für Sportwissenschaft zum Ziel, das Management der Produktion, des Transfers und der Anwendung von Wissen zu verbessern. „Wissensexperten" sollten die Forschungsergebnisse effektiver in die Sportpraxis kommunizieren: Die Sportverbände richteten dafür eigene Stellen für „Wissenschaftskoordinator*innen" und sogenannte „Bundestrainer Wissenschaft" ein.[36]

5 Selbstreflexion

In den 2000er-Jahren breiteten sich diskursive und partizipative Formen in der Wissenschaftskommunikation aus. Sie kommunizierten mit der Öffentlichkeit in Form eines echten, auch kontroversen Dialogs und ermöglichten dadurch, dass Wissen

---

29 Vgl. Wagner, Ingo: *Wissen im Sportunterricht*. Aachen: Meyer & Meyer 2016. S. 21ff.; Stibbe, Günter: *Zur Tradition von Theorie im schulischen Sportunterricht 1770–1945*. Ahrensburg bei Hamburg: Ingrid Czwalina 1993; Willimczik, Klaus: „Wissenschaftspropädeutik als Pflichtaufgabe im Sportunterricht. Anregungen zur unterrichtlichen Umsetzung". In: *Sportunterricht* 64/9 (2015). S. 261–270.
30 Vgl. Neumann, Peter: „Wieviel Reflexion muss sein? Zur Konkurrenz von Bewegungszeit und Reflexionszeit im Sportunterricht". In: *Sportpädagogik* 30/5 (2006). S. 54–55.
31 Schulz, Norbert: „Denken im Sportunterricht – eine Forderung ohne Tradition?". In: *Sportunterricht* 32/11 (1983). S. 405–410; Leist, Karl-Heinz: „Die Vernebelung des Schulsports durch die sogenannte Theorie". In: *Schüler im Sport, Sport für Schüler*. Hrsg. von Detlef Kuhlmann. Schorndorf 1984 (Hofmann). S. 282–285; Neumann, „Reflexion", S. 54–55.

32 Vgl. Grehl, Lukas: „Der Wissenschaftskoordinator im Spitzensport: Entstehung, Verbreitung und Akzeptanz einer neuen Position". In: *Wissen im Hochleistungssport: Perspektiven und Innovationen*. Hrsg. von Manfred Muckenhaupt. Bonn 2011 (Bundesinstitut für Sportwissenschaft). S. 73–97. S. 78; Muckenhaupt, Manfred [u. a.]: *Wissenskommunikation und Wissensmanagement im Leistungssport. Empirische Befunde und Entwicklungsperspektiven*. Tübingen: TOBIAS-lib Universitätsbibliothek 2012. S. 155–159.
33 Bette, „Sportberatung", S. 69.
34 Vgl. Muckenhaupt, Manfred [u. a.]: *Der Trainer als Wissensexperte: eine Studie zum Informationsverhalten, -bedarf und -angebot im Spitzensport*. Schorndorf: Hofmann 2009.
35 Vgl. Haaren-Mack u. Niermann, „Wissenschaftskommunikation in der Sportwissenschaft – status quo", S. 16–17.
36 Vgl. Deutscher Olympischer Sportbund: *Neues Steuerungsmodell Leistungssport des DOSB. Bereich Leistungssport*. 9. Dezember 2006. S. 73–97.

gesellschaftlich breit ausgehandelt wurde.³⁷ Tatsächlich wird auch in der *Nature*-Titelgeschichte betont, dass bei der Lösung der „Grand Challenges" keineswegs nur besondere Fähigkeiten wie Kraft und Ausdauer erforderlich sind, wie es das Titelbild suggeriert, sondern auch mit „substantial transaction costs" und Rückschlägen zu rechnen sei.³⁸ Tempo alleine genüge nicht, denn auch „depth of commitment and personal relationships" würden gebraucht.³⁹ Die Zeitschrift empfiehlt „plain speaking, open-mindedness, empathy and respect."⁴⁰ Kelly Krause, Creative director bei Nature, stellte sich sogar selbst die Frage, ob „superheroes" auf dem Nature-Cover in Bezug auf Geschlecht, Alter oder Rasse nicht diskriminierend verstanden werden könnten.⁴¹ Angesichts der übermäßigen Sportifizierung sprach die damalige Vizepräsidentin der Deutschen Forschungsgemeinschaft Julika Griem sogar von einer „tiefgreifenden Systemstörung in der Wertsphäre der Wissenschaft" und forderte eine „Ideologiekritik der Wissenschaftskommunikation".⁴²

> **Auch in der Sportwissenschaft wird heute eine kritische Diskussion über Ausrichtung und Erfolg der Wissenschaftskommunikation geführt.**

Auch in der Sportwissenschaft wird heute eine kritische Diskussion über Ausrichtung und Erfolg der Wissenschaftskommunikation geführt.⁴³ Sie spiegelt die Überwindung einer unkritischen Sicht auf technologische Innovationen wider. Unter dem Eindruck gekaufter Entscheidungen, prominenter Dopingfälle oder der Ruinen olympischer Sportanlagen in aller Welt haben die Auseinandersetzungen um den Leistungssport zugenommen. Auf der anderen Seite haben Parasport, Fitnessangebote und urbane Bewegungskulturen wie Skaten und Parkour stark an Ansehen gewonnen. Die Vielfalt der Kulturen, vermehrte Partizipationsmöglichkeiten und methodische Selbstkritik sind neben die einseitige Orientierung an Siegen und Rekorden getreten.

Im selben Sinne hat der Wissenschaftsforscher David Kaldewey neue Ansätze der Wissenschaftskommunikation entwickelt. Er schlug „eine bewusstere Gestaltung des laufenden Wettbewerbs (letztlich das Ändern der Spielregeln)" und „die Einführung neuer, heterogener und pluraler Wettbewerbe (und damit die Erfindung neuer Spiele mit neuen Spielregeln)" vor⁴⁴. Der Bedarf für andere Regeln könnte ein wichtiges Ergebnis von Erfahrungen mit der Wissenschaftskommunikation *im* Sport und *mit* Sport sein. Die Rettung der Welt durch Superhelden, die auf Befehl eines unbekannten Teamchefs nach technologischen Innovationen suchen, erscheint jedenfalls nicht mehr erfolgversprechend zu sein.

---

37 Weitze, *Wissenschaftskommunikation*, S. 16–20.
38 Brown, Rebekah R. [u.a.]: „How to catalyse collaboration". In: *Nature* 525. No. 7569 (2015). S. 315–317. S. 315f.
39 „Mind", S. 290; Ledford, Heide: „Team Science". In: *Nature* 525. No. 7569 (2015). S. 308–311. S. 310.
40 „Journey to T". Schaubild in Nature 525 (2015). No. 7569 S. 317.
41 Krause, Better Together.
42 Julika Griem zit. n. Jochen Venus [u.a.]: Tagungsbericht: Die Unwahrscheinlichkeit des Populären (2021), https://sfb1472.uni-siegen.de/publikationen/tagungsbericht-die-unwahrscheinlichkeit-des-populaeren (Abruf 4.8.23).
43 Vgl. Muckenhaupt, *Wissenskommunikation*; Lohmann, Julia [u.a.] (Hrsg.): #WissKomm – Sportwissenschaft auf der Bühne der Wissenschaftskommunikation. *Ze-phir* 28/2 (2021).
44 Kaldewey, *Phänomenologie*, S. 145.

Medaille zur Erinnerung an das 1. Deutsche Turnfest in Coburg
Hersteller unbekannt, 1910.
Material: Silber, Textilie.
Durchmesser 3,4 cm.
Städtische Sammlungen Coburg, Inv.-Nr. SSC 1023.

Männer...

In Coburg fand 1860 das erste Deutsche Turn- und Jugendfest mit rund 1.000 Teilnehmern statt. Es war eine nationale Demonstration gegen die Kleinstaaterei. Die Medaille wurde 1910 anlässlich seiner 50-Jahr-Feier herausgegeben und erfolgreichen Sportlern verliehen. Auf der Vorderseite ist ein Brustportrait von „Turnvater" Friedrich Ludwig Jahn mit Turnerkreuz und dem Ausruf „Gut Heil" abgebildet. Auf der Rückseite befindet sich ein Widmungstext in einem Eichenlaubkranz. Befestigt ist die Medaille als Anhänger an einer Ansteckspange mit schwarz-rot-goldenem Band. Bis heute finden deutsche Turnfeste in unregelmäßigen Abständen an wechselnden Orten statt. Frauen dürfen seit 1923 teilnehmen.

Olaf Stieglitz
Dr. Olaf Stieglitz ist Professor für Amerikanische Kulturgeschichte am Institut für American Studies der Universität Leipzig. In Lehre und Forschung arbeitet er vor allem an Themen der Geschlechter- und Körpergeschichte und in diesem Zusammenhang auch häufig zu Fragen der US-amerikanischen und deutschen Sportgeschichte. Besonders interessieren ihn visuelle Quellen, und dies zeigt sich in seinem laufenden Projekt „Visualizing Athletic Bodies, 1890s–1930s".

Olaf Stieglitz

„If I had a son, I'd have to think long and hard before I let him play football"

Männlichkeitsentwürfe und Technologie-Entwicklung im American Football

Die Innovation war der Süddeutschen Zeitung einen ausführlichen Artikel wert: Die National Football League (NFL) hatte im September 2021 eine neue Studie gestartet, um die Auswirkungen auf Spieler zu untersuchen, die mit ihren Köpfen zusammengestoßen waren und sich dabei Gehirnerschütterungen zugezogen hatten. Schon zuvor waren einzelne Athleten bereits mit Helmen ausgerüstet gewesen, in denen sich Sensoren zur Aufzeichnung von Daten befunden hatten, nunmehr sollten Spieler von zehn NFL-Clubs zusätzlich einen hochsensiblen Mundschutz tragen, der – weil er bei heftigen Bewegungen und bei Kollisionen weniger leicht verrutschen konnte – genauere Messdaten versprach. Im Zusammenspiel mit Video-Aufnahmen, so der Autor des Berichts, „wollen die Forscher sehen, was genau bei welcher Erschütterung passiert – und dementsprechend Regeländerungen oder Verbesserungen am Equipment vorschlagen".[1] Die Liga selbst unterstrich bei Bekanntgabe der neuen Forschungsreihe nicht allein deren Innovationspotenzial für den Footballsport, sondern verwies auch auf ihre Verantwortung für die Gesundheit von Spieler*innen anderer Sportarten, darunter auch solchen, die ohne Helm durchgeführt würden, also z.B. Handball, Basketball oder die Variante des Fußballs, die in den USA *Soccer* genannt wird.[2]

American Football ist ein hochdynamischer, schneller und aggressiver Vollkontaktsport, und Verletzungen sind an der Tagesordnung. Neben Prellungen und Platzwunden sind Muskel-, Sehnen- und Knochenverletzungen häufig, ferner wird auch die Wirbelsäule oft und mitunter schwer geschädigt. Aber auch Gehirnerschütterungen machen insgesamt ca. fünf Prozent aller Unfälle aus, die in den organisierten Ligen von der High School Ebene

---

[1] Schmieder, Jürgen: *Seismograf zwischen den Zähnen*. Süddeutsche Zeitung, 26. Dezember 2021, https://www.sueddeutsche.de/sport/technik-im-sport-i-gesundheit-seismograf-zwischen-den-zaehnen-1.5493447.html (09.11.2023).

[2] Die NFL unterhält eine eigene Website, auf der sie regelmäßig über ihre Maßnahmen in Sachen Gesundheit und Sicherheit im Footballsport berichtet: https://www.nfl.com/playerhealthandsafety/health-and-wellness/ (14.11.23).

über den College Sport bis in die Profiliga registriert werden. Seit Jahren wird auf die Gefahren von Kopfverletzungen hingewiesen, auch solchen, die keine unmittelbar spürbaren Auswirkungen haben – nicht allein die Härte eines Aufpralls sei bedeutsam, auch deren Häufigkeit über die Jahre einer Karriere hinweg. Gerade auch die Langzeitfolgen halten viele Expert*innen für unterschätzt – Hirntraumata, die sich nicht zuletzt auch in frühzeitigen Demenzerkrankungen niederschlagen können. Sowohl die NFL als auch die immens populären und finanziell hoch lukrativen College-Ligen sahen und sehen sich seit langem immer wieder mit (Sammel-)Klagen vor ordentlichen Gerichten konfrontiert oder mussten sich zu umfangreichen Vergleichszahlungen für Betroffene bereiterklären.[3]

Die NFL und der organisierte Football-Sport werden jedoch auch von anderer Seite herausgefordert. Im Jahr 2016 äußerte der damalige US-Präsidentschaftskandidat Donald Trump seine Ansicht, neue Regeln und andere Schutzmaßnahmen der NFL seien maßlos übertrieben und nur Ausdruck einer neuen „Verweichlichung", die sowohl unter den Athleten wie unter den Funktionären Einzug gehalten habe: „See, we don't go by these new, and very much softer, NFL rules. Concussions – ‚Uh oh, got a little ding on the head? No, no, you can't play for the rest of the season' – our people are tough."[4] Auch zahlreiche Fans halten neue, schärfere Richtlinien zur Verhinderung von Kopfverletzungen für entweder überflüssig oder aber für einen ungerechtfertigten Eingriff in den Charakter des Spiels, das eben von „männlicher" Härte und Aggression geprägt ist und wobei das Aushalten von Schmerzen und die Hinnahme von Verletzungen als Voraussetzungen für Erfolg zu werten seien.[5]

Technologie-Entwicklung, so zeigt dieses Beispiel, ist keine wertneutrale, „objektive", stets willkommene Kategorie des modernen Sports; der Einsatz und die Modifikation von technischen Hilfsmitteln, und seien sie zum an sich übergeordneten Schutz der Gesundheit der Athlet*innen gedacht und eingeführt, sind stets eingebunden in Wahrnehmungen, Zuschreibungen, Traditionen und Emotionen, die den jeweiligen Sport sowohl für Sportler*innen wie Fans ausmachen. Erst kürzlich sorgte der Unfalltod des US-Eishockey Spielers Adam Johnson für Aufsehen und Debatten, er hatte sich seinen Hals an der messerscharfen Kufe eines Schlittschuhs verletzt. Ein Halsschutz wäre ein problemlos verfügbarer Ausrüstungsgegenstand, doch wird er bislang von einer Mehrzahl im Sport aus Bequemlichkeit abgelehnt.[6]

Ich werde auf den folgenden Seiten die Geschichte von Schutzkleidung als einer Serie von technischen Weiterentwicklungen im verletzungsreichen American Football seit Ende des 19. Jahrhunderts nachzeichnen. Dabei werde ich auf zwei eng miteinander zusammenhängende Bedeutungsebenen Bezug nehmen, welche die Debatten immer wieder einflussreich begleiteten und strukturierten – die Koppelung von Football an hegemoniale Vorstellungen von Männlichkeit einerseits sowie die Rolle des

---

[3] Eine verbreitete Analyse zum Thema ist z. B. Fainaru-Wada, Mark u. Fainaru, Steve: *League of Denial: The NFL, Concussions and the Battle for Truth*. New York: Crown Archetype 2013. Die medizinische und sportwissenschaftliche Literatur zum Thema ist sehr umfangreich und auch kontrovers, für eine Übersicht siehe Womble, Melissa N. u. Collins, Michael W.: „Concussions in American Football". In: *American Journal of Orthopedics*, September/Oktober 2016. S. 352–356.
[4] Guarino, Ben: *Trump knocks 'softer' NFL rules*. Washington Post, 13. Oktober 2016; https://www.washingtonpost.com/news/morning-mix/wp/2016/10/13/trump-just-criticized-the-nfls-softer-rules-intended-to-help-protect-players-from-traumatic-brain-injury/ (09.11.23).
[5] Vgl. Cornwell, T. Bettina, Pappu, Ravi u. Setten, Eric: „Sport Consumers: Perceiving and Enjoying Danger in American Football". In: *International Journal of Sports Marketing and Sponsorship*, 24:5, 2023. S. 853–870.
[6] Hornischer, Nicole: *Ruf nach Halsschutz-Pflicht im Eishockey wird lauter*. ARD Sportschau, 2. November 2023; https://www.sportschau.de/regional/br/br-ruf-nach-halsschutz-pflicht-im-eishockey-wird-lauter-104.html (09.11.23).

Sports für die Sozialisation von männlichen Kindern und Jugendlichen in den USA andererseits. Wie konnte es passieren, dass der damalige US-Präsident Barack Obama 2013 in einem Interview diese im Verlauf des 20. Jahrhunderts so nachhaltig etablierte und von seinem Nachfolger vehement eingeklagte Verknüpfung zwischen Männlichkeit und Football so in Frage stellen konnte: „If I had a son, I'd have to think long and hard before I let him play football"?[7]

Teddy Roosevelt und American Football als Schule einer „idealen" amerikanischen Männlichkeit

Football etablierte sich im letzten Drittel des 19. Jahrhunderts zur dominanten unter den zahlreichen Varianten der Fußball-Familie in den USA. Wie Rugby zuvor in Großbritannien fand es seinen Platz zunächst vor allem an den Schulen und Universitäten des Landes und verband sich rasch auch mit Idealvorstellungen zur Erziehung einer jungen männlichen Elite der Nation, was nicht immer, aber doch durchaus regelmäßig, auch im Sinne einer robusten Wehrhaftigkeit und Militärtüchtigkeit verstanden wurde. Der Aufstieg des Footballs vollzog sich zu einer Zeit, in der Geschlechtervorstellungen in den USA zunehmend dynamischer wurden und die Hegemonie weißer Männlichkeitsideale der Mittelklasse durch die neue Sichtbarkeit von Frauen im öffentlichen Raum einerseits und die zugeschriebene größere körperliche Stärke nicht-weißer Männer unter Druck gerieten.[8] Sport insgesamt und Football im Besonderen boten sich an, einen produktiven „Ersatz" für den Verlust der Siedlungsgrenze im Westen zu liefern, zumal wenn das Spiel seinen Platz in den Bildungseinrichtungen des Landes einnahm.[9] Walter Camp, der als Spieler, Trainer und Funktionär an der Yale Universität zum „Vater des American Football" avanciert war, unterstrich als Autor zahlreicher Veröffentlichungen in auflagenstarken Zeitschriften und Büchern immer wieder diesen Zusammenhang und verteidigte Härte und Aggressivität als notwendige Tugenden des Spiels sowie einer Arena zum Ausagieren einer „modernen", weißen Männlichkeit.[10]

Spezielle Ausrüstung zur Verhütung oder Abmilderung von Verletzungen waren im ursprünglichen Regelwerk nicht vorgesehen. Allerdings versorgten sich schon rasch viele Spieler selbstständig mit Helmen und Schulterpolstern aus Leder, hinzu kamen oft Schienbeinschoner und Rückenprotektoren, die bisweilen mit Metallstreben versehen waren.[11] Auch damals waren zum Teil schwere Verletzungen üblich, und die wachsende Zahl der Todesfälle sorgte im ausgehenden 19. sowie zu Beginn des 20. Jahrhunderts für heftige Kontroversen, in deren Verlauf nicht wenige Rektoren von Schulen und Hochschulen den Sport an ihren Einrichtungen verbieten wollten. Der Kultur- und Medienhistoriker Michael Oriard (selbst ein früherer NFL-Profi) hat diese erste *concussion crises* des Footballsports um 1900 herum breit dargelegt und analysiert.[12] Dabei hat er nicht

---

7   Foer, Franklin u. Hughes; Chris: *Barack Obama Is Not Pleased*. The New Republic, 27. Januar 2013; https://newrepublic.com/article/112190/obama-interview-2013-sit-down-president (09.11.23).
8   Bederman, Gail: *Manliness & Civilization. A Cultural History of Gender and Race in the United States, 1880-1917*. Chicago/London: University of Chicago Press 1996.
9   Ingrassia, Brian M.: Manhood or Masculinity. The Historiography of Manliness in American Sport. In: Riess, Steven A. (Hg.): *A Companion to American Sport History*. Malden, MA: Wiley 2014. S. 479–499.
10 Camp, Walter: *The Book of Foot-Ball*. New York: Century Co. 1910, für eine Einordnung siehe Des Jardins, Julie: *Walter Camp. Football and the Modern Man*. New York: Oxford University Press 2015.
11 Die Entwicklung dieser frühen Schutzausrüstung kann man gut in den zeitgenössischen Handbüchern zum Footballsport nachvollziehen, neben Camp: *Book of Foot-Ball* siehe z.B. Heisman, John W.: *Principles of Football*. St. Louis: Sports Publishing Bureau 1922; oder Reed, Herbert M.: *Football for Public and Player*. New York: Frederick Stokes Co. 1913.
12 Oriard, Michael: *King Football. Sport & Spectacle in the Golden Age of Radio & Newsreels, Movies & Magazines, The Weekly & Daily Press*. Chapel Hill/London: University of North Carolina Press 2001.

zuletzt visuelle Quellen aus Zeitschriften untersucht und gezeigt, mit welcher Ambivalenz die Medien das Spiel selbst, die dort auftretenden Verletzungen, die Schutzmaßnahmen, aber auch die geschlechtlich codierte Verklärung von Aggression und Opferbereitschaft dokumentiert und kommentiert haben: während einige der von Oriard betrachteten Abbildungen den Tod als Sensenmann bei seiner Arbeit auf dem Spielfeld zeigen, feiern andere den Nutzen der schützenden Helme und Polster, und stets sind es heroische junge, weiße Männer, die sich unter dem Zuspruch weiblicher Zuschauer beweisen.

Weil sich die *concussion crisis* um 1900 zu einer wahren Panik entwickelte und beinahe das Fortbestehen des Spiels an Schulen und Hochschulen in Frage stand, engagierte sich der größte zeitgenössische Befürworter des Footballs in der Auseinandersetzung – der Präsident der Vereinigten Staa-

> **Stets sind es heroische junge, weiße Männer, die sich unter dem Zuspruch weiblicher Zuschauer beweisen.**

ten, Theodore „Teddy" Roosevelt. Der bekennende Outdoor-Enthusiast hatte einige Jahre zuvor eine bemerkenswerte Rede gehalten, in der er die Idee eines *strenuous life* zur Maxime US-amerikanischer Männlichkeit erklärt hatte, in der sich Charakterstärke und robuste Körperlichkeit zum Zweck zivilisatorischen Fortschritts vereinen sollten. Ganz in diesem Sinne rief er 1903 zu einer Konferenz ins Weiße Haus, und alle führenden Vertreter des Footballs kamen – der Beginn jener engen Beziehung zwischen Präsidentenamt und Football, die uns schon in den Kommentaren Obamas und Trumps begegnet ist und für die auch andere Namen stehen – Woodrow Wilson, Dwight Eisenhower, John F. Kennedy und nicht zuletzt Ronald Reagan. Man einigte sich vor allem auf Regeländerungen, aber auch der Einsatz von Schutzkleidung setzte sich im Nachgang der Unterredung durch – was allerdings an den Unfallzahlen wenig änderte, denn das Mehr an (vermeintlichem) Schutz beförderte auch eine zunehmende Dynamik des Spiels.[13] Verbindliche Vorschriften zum Tragen von *protective gear* unterblieben aber noch immer, und daran würde sich auch erst in den späten 1930er Jahren etwas ändern.[14]

Verschobene Technologieentwicklungen im Kalten Krieg und deren Folgen

Die 1950er und 1960er Jahre sahen zwei parallele Entwicklungen im American Football: zum einen den Aufstieg der Profiliga NFL, welche langsam, aber unaufhaltsam den Collegesport als populärstes Zentrum des Spiels ablöste, und zum anderen die Verankerung von Football im und durch das damals neue Medium Fernsehen. Technologienentwicklung wurde zu einem bedeutenden Motor bei der Etablierung einer neuen Lieblingssportart der US-Amerikaner*innen, die über kurz oder lang dem in dieser Rolle vertrauten Baseball den Rang ablaufen würde. TV-Liveübertragungen sorgten dafür, dass so etwas wie eine nationale Liga überhaupt erst lukrativ existieren konnte. Durch die enge Kooperation von Sendern und Clubs rückten die immer leistungsstärkeren Kameras immer näher an die Spielfeldränder, und die Bilder von aufeinander prallenden Körpern machten einen kaum unterschätzbaren Reiz dieser

---

[13] Watterson, John S.: „Political Football. Theodore Roosevelt, Woodrow Wilson and the Gridiron Reform Movement". In: *Presidential Studies Quarterly* 25:3 1995. S.5–564. Siehe auch Bederman: *Manliness & Civilization*. S. 170–215.
[14] Informativ zur Geschichte von Football-Helmen im Besonderen, aber auch Schutzausrüstung im Allgemeinen ist der Beitrag von Levy, Michael et al.: „Birth and Evolution of the Football Helmet". *Neurosurgery* 55:3 2004. S. 656–662.

neuen Entwicklung aus. Die Hollywood-Komödie *The Fortune Cookie* aus dem Jahr 1966 mit Walter Matthau und Jack Lemmon in den Hauptrollen (Regie von Billy Wilder) persiflierte dieses neue mediale Setting fürs Kinopublikum.[15]

Zugleich wandelten sich auch die Sicherheitsmaßnahmen im Sport, allerdings weit weniger schnell und häufig als eher nachgeordnete bzw. vernachlässigte Dimension eines sich wandelnden Spiels. Die Änderungen betrafen in erster Linie das verwendete Material, Helme und Protektoren waren nunmehr aus Kunststoff und somit ebenso leichter wie robuster. Größte Innovation der Zeit war der Gesichtsschutz am Helm, zunächst als ein einfacher Bügel, später als Doppelbügel bzw. als Gitter.[16] Doch wie schon bei der ersten Einführung von Schutzbekleidung einige Dekaden zuvor führte das neue Equipment keineswegs notwendig zu einem Sinken der Verletzungsgefahr, eher im Gegenteil. Die rasche Professionalisierung und auch Verwissenschaftlichung des Spiels brachten zwei Tendenzen mit sich, die den Nutzen der veränderten, verbesserten Helme und Polster beschnitten. Einerseits stiegen Aggressivität und Wucht als Kernelemente des Spiels weiter in ihrer Bedeutung, und andererseits korrespondierte dies mit einer drastischen Zunahme an Körpergewicht bei Profis und ambitionierten College-Spielern.[17]

Im Oktober 1951 verdichteten sich die verschiedenen Ebenen dieser medial-sportlichen Gemengelage in einem Vorfall, dem die Sporthistorikerin Jaime Schultz eine lesenswerte Studie gewidmet hat.[18] In den ersten sieben Minuten eines College Football-Spiels in Oklahoma wurde der afroamerikanische Star des Teams aus Iowa, Johnny Bright, dreimal mit voller Absicht am Kopf und im Gesicht getroffen. Dieser *Johnny Bright Incident* erwuchs zu einem landesweiten Skandal, nachdem zwei Kameraleute eine später mit dem Pulitzer-Preis ausgezeichnete Fotoserie veröffentlichten, auf der das Foulspiel deutlich zu sehen war. Im Nachgang entspann sich eine umfassende Debatte, in der die Gewalt im Football, die Rolle der Medien sowie die Frage nach verbessertem Kopf- bzw. Gesichtsschutz miteinander verbunden wurde. Hinzu kam vor dem Hintergrund der zu Beginn der 1950er Jahre aufstrebenden afroamerikanischen Bürgerrechtsbewegung die Sorge auf, ob von nun an Sportarenen zunehmend zu Schauplätzen rassistisch motivierter Gewalt werden könnten und wie das zu verhindern sei.[19]

A Boys Game – American Football, Sicherheit und die Debatten im Jugendsport

Bei den damaligen wie heutigen Diskussionen um die Zusammenhänge zwischen Technologieentwicklung, Sicherheit und Männlichkeitsentwürfen im Footballsport stehen zumeist die Profiliga und der Sport an den Colleges im Vordergrund – dorthin zielen im Verlauf der Saison im Herbst und Winter die Interessen und Aufmerksamkeiten von Medien, Expert*innen und Fans. Weit weniger im Fokus der Berichterstattung steht die Tatsache, dass Football nach wie vor ein beliebter Sport bei (nicht mehr ausschließlich, aber doch zumeist männlichen) Kindern und Jugendlichen ist. Zwar haben andere Sportspiele (v. a. Basketball, aber auch *Soccer*) dem Football inzwischen den führenden Rang auf der Popularitätsskala abgelaufen, doch nach wie vor spielen zahlreiche junge Athleten an den Schulen

---

15 Zum Aufstieg der NFL und zur Rolle des Fernsehens dabei siehe u.a. Oriard: *King Football*. S. 162–198.
16 Levy, Michael et al.: „Birth and Evolution of the Football Helmet" Siehe auch Gelberg, J. Nadine: „The Lethal Weapon. How the Plastic Football Helmet Transformed the Game of Football". In: *Bulletin of Science, Technology & Society* 15:5–6 1995. S. 302–309.
17 Oriard: *King Football*. S. 199–228.
18 Schultz, Jaime: *Moments of Impact. Injury, Racialized Memory, and Reconciliation in College Football*. Lincoln/London: University of Nebraska Press 2016.
19 Schultz: *Moments of Impact*. S. 103–130.

der USA, oft motiviert durch den Wunsch eines der begehrten Sportstipendien an einer Hochschule zu bekommen und dies dann womöglich als Sprungbrett zu einer Profikarriere zu nutzen.[20] Schaut man in Geschichte und Gegenwart des Jugend- bzw. Jungensports Football, dann sieht man viele der bereits angesprochenen Problemlagen im Wechselspiel von geschlechtlich codierten Werten, Sicherheits- und Gesundheitsbestrebungen sowie Technologieentwicklung auch dort.

So etwa in den 1950er und 1960er Jahren, als die USA die Sorge umtrieb, die jüngere Generation sei der Systemauseinandersetzung mit der Sowjetunion im Kalten Krieg nicht gewachsen – eine Selbstwahrnehmung, die zeitgenössisch als *muscle gap* diskutiert wurde.[21] Als Reaktion darauf starteten die Bundesregierungen unter den Präsidenten Eisenhower und Kennedy umfangreiche Sport- und Fitnessprogramme, um v.a. die männliche Jugend des Landes widerstandsfähig und potenziell kampfbereit zu machen.[22] Football spielte dabei eine sehr prominente Rolle, war das Spiel doch seit seinem Aufstieg im späten 19. Jahrhundert immer zumindest indirekt durch eine aktive Koppelung von Männlichkeitsidealen und Wehrhaftigkeit geprägt. Daran konnte man nunmehr, insbesondere vor dem Hintergrund der gestiegenen Sichtbarkeit des Footballs durch Profiliga und Fernsehen, anknüpfen. Gleichzeitig, das macht Kathleen Bachynski in ihrer Studie anschaulich deutlich, waren nun aber auch vermehrt kritische Stimmen zu hören, welche auf die Gesundheitsrisiken von Football hinwiesen und forderten, durch Regeländerungen und verbindliche Schutzausrüstung junge Spieler vor unmittelbaren Schäden und langfristigen Folgen zu bewahren.[23] Ausdruck fand dies nicht zuletzt in einer breit geführten Diskussion um die Standardisierung von Helmen. Nachdem es erneut zu einer Welle von schweren Verletzungen gekommen war, wandten sich die führenden Sportverbände und Ligen an die *American Standards Association* (etwa vergleichbar mit dem Deutschen Institut für Normierung), die schließlich 1966 erstmals Richtlinien für empfohlene Footballhelme publizierte, und zwar ausdrücklich auch und gerade für jugendliche Athleten. Basis dafür waren ausgedehnte Versuchsreihen, sowohl auf den Spielfeldern als auch in Labors und Kliniken. Diese Studien sind die Vorläufer all jener Forschung, die heute von der NFL in Auftrag gegeben wird und beispielsweise zu dem mit Sensoren ausgerüsteten Mundschutz führten.[24]

Diese Verwissenschaftlichung und Standardisierung von Ausrüstung, die neben den Helmen im Laufe der Zeit auch andere Protektoren umfasste, hatte auch weitere relevante Folgen. So setzten sie zum einen die Sportartikelhersteller unter Druck, von nun an Produkte auf den Markt zu bringen, die den neuen Richtlinien entsprachen. Das war Herausforderung und Chance zugleich, denn während sich ihr Markt auf diese Weise vergrößerte, galt es nun aber auch, eine Vielzahl von Modellen für unterschiedliche Bedürfnisse, also z.B. für den Jugendsport, bereitzuhalten, was man zuvor großzügig vernachlässigt hatte. Darüber hinaus kam es zu einigen Schadenersatzklagen nach Unfällen, wenn Ausrüstung nicht den neuen Stan-

---

20 Für einen sehr guten Überblick siehe Bachynski, Kathleen: *No Game for Boys to Play. The History of Youth Football and the Origins of a Public Health Crisis*. Chapel Hill/London: University of North Carolina Press 2019.
21 Montez de Oca, Jeffrey: „The ‚Muscle Gap'. Physical Education and US Fears of a Depleted Masculinity, 1954–1963". In: Wagg, Stephen u. Andrews, David L. (Hg.): *East Plays West. Sport and the Cold War*. Milton Park/New York: Routledge 2007. S. 123–148.
22 Bowers, Matthew T. u. Hunt, Thomas M.: „The President's Council on Physical Fitness and the Systematization of Children's Play in America". In: *International Journal of the History of Sport* 28:11 2011. S. 1496–1511.

23 Bachynski: *No Game for Boys to Play*. S. 28–47.
24 Bachynski: *No Game for Boys to Play*. S. 135–156.

dards entsprachen. Zum anderen waren auch Trainer und Eltern nunmehr anders adressiert. Viele von ihnen hatten die Veränderungen dringend gefordert, aber sie mussten sie nun auch anwenden und durchsetzen, was mitunter mit traditionell hergebrachten Vorstellungen über das Training von Jugendmannschaften kollidierte. Bachynski zitiert in ihrem Buch Beiträge aus den frühen 1980er Jahren, in denen versucht wurde neue Ideale des Footballsports für Jugendliche zu etablieren und diese dann an Trainer und Eltern zu „verkaufen".[25]

Technologie und ihre nur unzureichend eingelösten Versprechen

Die Debatte um die Zusammenhänge zwischen Sicherheitstechnologie und Verletzungsgefahren ist beinahe so alt wie der Footballsport selbst, und sie verdichten sich in ganz besonderer Weise dann, wenn sie das Spiel der Kinder und Jugendlichen in den Blick nehmen. *Protective gear*, vor allem Helme, aber auch die übrige Schutzbekleidung, wurde und wird erforscht, getestet, standardisiert, eingesetzt und vermarktet. Das Fortschrittsnarrativ von der stetigen, wissenschaftlich angeleiteten Verbesserung und Optimierung der Ausrüstung ist zugleich Versprechen und Artikulation von Sorge und Verantwortung, und namentlich die NFL betreibt einen großen und aus ihrer Sicht sicher auch kostspieligen Aufwand, um Football auf diese Weise als ungefährlich und verantwortungsvoll darzustellen.

Wie ich zu zeigen versucht habe, muss diese Sicht auf den Footballsport notwendig brüchig bleiben. Technologische Innovationen allein werden nicht dazu führen, dass Anzahl und Schwere der Unfälle und deren oft erst langfristig sichtbar werdenden Konsequenzen signifikant geringer werden. Das hat damit zu tun, dass sich alle technologischen (ebenso wie regeltechnischen) Eingriffe in das Spiel zu einem dichten Geflecht von historischen und kulturell gerahmten Einflüssen, Erwartungen und Zuschreibungen verhalten müssen, von denen meiner Ansicht nach die geschlechtliche Codierung des Footballs den prägendsten Einfluss hat.[26] Vermeintlich ideale, hegemoniale oder traditionelle Vorstellungen von Männlichkeit sind im Verlauf des 20. Jahrhunderts aus unterschiedlichen Richtungen kritisiert, angegriffen und nicht selten verändert worden, doch erweist sich der Sport insgesamt und der Football im Besonderen doch erstaunlich resistent gegen derlei Verschiebungen. Technologie, die antritt, das übergeordnete Gut der körperlichen Unversehrtheit aktiv zu schützen, wird dabei nicht selten entweder zum Feigenblatt dafür, Aggression und Gewalt trotzdem oder nun erst recht auf dem Spielfeld auszuagieren, oder sie verbindet sich mit etablierten Mustern und erschafft einen technisch angereicherten Cyborg, einen Krieger in einem Panzer aus Carbon.

Vor dem Hintergrund der Einführung und zunehmenden Verbreitung von Helmen aus Kunststoff rief 1961 der US-Sportjournalist Jim Murray zu umfassenden Reformen am Spiel selbst auf, sonst müsse man nicht mehr von der *goal line*, sondern von der *ghoul line* reden. Er prophezeite: „Any further progression in the direction of brutality instead of ballet and they may have to stop counting touchdowns and start counting concussions."[27] Der Mann hat leider recht behalten.

---

25 Bachynski: *No Game for Boys to Play*. S. 148–152; die dort diskutierten Beiträge sind The Athletic Institute: *Coaching Pop Warner. A Reference Manual to the Basics of the Game of Football for Pop Warner Coaches*. Chicago: Athletic Institute 1974; sowie Adams, Samuel H. u. Bayless, Mary Ann: „Helping your Coaches Understand Their Role in Preventing Injuries". In: *Athletic Purchasing & Facilities* Januar 1983. S. 18–22.

26 Ich habe die Kategorie *race* in diesem Beitrag nur am Rande thematisiert, ihr ist eine beinahe gleich große Bedeutung einzuräumen, artikuliert sich im Hinblick auf Technologienentwicklung aber weniger unmittelbar.

27 Murray, Jim: „Head Coach or Surgeon?". In: *Los Angeles Times* 19. Oktober 1961, hier zitiert nach Bachynski: *No Game for Boys to Play*, S. 1.

Barbie als Rennfahrerin
Originalkarton, 50th anniversary collection, Mattel 2009. Material: Kunststoff, Höhe der Puppe: 29 cm.
Coburger Puppenmuseum (Dauerleihgabe bis 2022).

…und Frauen.

Das erste Autorennen fand 1894 in Frankreich statt. Seitdem hat der Motorsport viele moderne Heldengeschichten geschrieben und ist bis heute eine Männerdomäne geblieben. Doch die Firma Mattel ließ auch Barbie in die Rolle der Rennfahrerin schlüpfen. Das ist mehr als ungewöhnlich, fährt doch bis heute kaum eine Frau in der Formel 1 mit. Barbie sollte ein Vorbild für Mädchen sein, die tun können, wovon sie träumen: Lange bevor eine Frau dies tatsächlich getan hat, war die Puppe auch schon Astronautin, Pilotin und hat für das amerikanische Präsidentenamt kandidiert. Die Rennfahrerin wurde zum 50. Geburtstag der Barbie entwickelt und gehört zur Serie „Ich wäre gern…".

Michael Krüger
Der Sportwissenschaftler und Historiker Dr. Michael Krüger war von 1999 bis 2023 Professor für Sportwissenschaft an der Universität Münster mit den Schwerpunkten Pädagogik und Geschichte. Seine Forschungsinteressen liegen im Bereich der historischen Bildungsforschung mit Bezug zu Körper, Bewegung, Gymnastik, Turnen, Spiel und Sport. Er ist Verfasser und Herausgeber zahlreicher Bücher und Grundlagenwerke zur Sportpädagogik und Sportwissenschaft.

Finn Kramer
Sportstudent an der Universität Münster und Mitarbeiter am Forschungsprojekt zur Geschichte der Medau-Gymnastik.

Paula Giesler
Sportstudentin an der Universität Münster, inzwischen Frankfurt, und Mitarbeiterin am Forschungsprojekt zur Geschichte der Medau-Gymnastik.

Michael Krüger
(unter Mitarbeit
von Finn Kramer
und Paula Giesler)

Hinrich Medau und die Deutsche Gymnastik

Die Medau-Gymnastik im Kontext der Sport- und Gymnastikbewegung

In den „Goldenen Zwanzigern" wurden Gymnastik und Tanz in Deutschland sehr populär. Dies galt besonders für die gebildeten und wohlhabenden Eliten in den wachsenden Städten und Metropolen, vor allem in Berlin. Liselott Diem (1906–1992), Studentin und seit 1930 Ehefrau des „Mister Olympia 1936" Carl Diem (1882–1962) und eine der „Grande Dames" des deutschen Sportes, thematisierte diese soziale Bewegung in ihrem Buch *Die Gymnastikbewegung*, das den Untertitel „ein Beitrag zur Entwicklung des Frauensports" trägt.[1]

In Hellerau bei Dresden stand damals die bereits vor dem Ersten Weltkrieg gegründete Lehranstalt für rhythmische und musische Gymnastik von Emile Jacques-Dalcroze (1865–1950) in höchster Blüte, in der auch Rudolf Bode (1881–1970) arbeitete, bis er 1911 in München gemeinsam mit seiner Frau Elly eine eigene Gymnastikschule eröffnete, später mit einer Zweigstelle in Berlin. Bodes Mitarbeiter und Leiter der Dependence der Bodeschule in Berlin war Hinrich Medau (1890–1974). Bildungsbürgerliche

Vorbemerkung der Herausgeber
Zur Geschichte der Technologien im Sport gehören Diskussionen und Entscheidungen, welche Bedeutung sie im Sport erhalten sollen. Technisch unterstützte Leistungssteigerungen wirken sich nicht nur in Sportwettkämpfen aus, für die sie zuvor als zulässig oder unzulässig erklärt wurden, sondern haben häufig auch gesellschaftliche, kulturelle und politische Folgen. Dies gilt etwa dann, wenn sie Fragen der Erziehung, von Rollenbildern oder körperlichen Normen berühren.
  Gymnastik ist eine spezifische Form von Bewegungstechnik, die über den instrumentell-funktionalen und sportiven Sinn hinaus dem Bereich der Körperästhetik und Bewegungskunst zugeordnet werden kann. In der Gymnastik wurden ungewöhnlich viele Formen des Umgangs mit dem eigenen Körper kultiviert. Auf den Einsatz von besonderen Technologien wurde deswegen bewusst verzichtet. Für die Medau-Gymnastik war die Verwendung von einfachen Geräten wie Ball, Reifen und Keulen typisch.

---

[1] Diem, Liselott: *Die Gymnastikbewegung. Ein Beitrag zur Entwicklung des Frauensports*. 1. Aufl. Sankt Augustin: Academia-Verlag 1991.

Berliner Familien schickten damals ihre Töchter zu Bode und Medau, um rhythmische Gymnastik zu betreiben, sei es für ihre Gesundheit, ihre körperliche Haltung und die Figur, und nicht zuletzt, um zu lernen, sich rhythmisch, anmutig und elegant zu bewegen. Die Mädchen konnten zugleich grundlegende Selbst- und Sozialerfahrungen ihrer selbst als Mädchen und Frauen der besseren Berliner Gesellschaft sammeln.

Der Begriff Bewegung hat im Deutschen eine doppelte Bedeutung: Zum einen werden damit Bewegungen des Körpers oder von Körperteilen bezeichnet. Andererseits bezieht sich Bewegung auch auf soziale Bewegungen oder Phänomene, bei denen ein großer oder zumindest ein beachtlicher Teil der Bevölkerung von einer neuen Idee oder Lebensweise beeinflusst wird. Die Rede ist beispielsweise von der Friedensbewegung, der ökologischen Bewegung, aber auch von der Sportbewegung und der Jugendbewegung. Gerade zu Beginn des 20. Jahrhunderts entstanden in Deutschland zahlreiche solcher sozialen Bewegungen, nicht zuletzt mit körperkultureller Ausrichtung.[2] Die Gymnastikbewegung gehörte dazu. Diese sozialen Bewegungen, insbesondere die Jugendbewegung, aber auch die Sport- und Gymnastikbewegung, wie von Liselott Diem so genannt, hingen gerade in der ersten Hälfte des 20. Jahrhunderts miteinander zusammen.

Adolf Hitler bezeichnete seine politische Partei ebenfalls als „Bewegung", um damit erstens zum Ausdruck zu bringen, dass das nach seiner Vorstellung alte, verkrustete, zum Stillstand gekommene System überwunden werden müsse. Zweitens sollte mit diesem Begriff gezeigt werden, dass die Bevölkerung bzw. wesentliche meinungsbildende soziale Gruppen hinter seiner Partei und ihrer besonderen politisch-ideologischen Ausrichtung stünden.

Die Sportbewegung kann ebenfalls als eine damals junge, dynamische soziale Bewegung bezeichnet werden, allerdings eine gesellschaftliche und kulturelle Bewegung und keine politische Bewegung. Das Besondere an ihr, ebenso wie an der Gymnastikbewegung, ist die Tatsache, dass deren Agenda körperliche Bewegungen sowie körperlich-sportliche Leistungen und Wettkämpfe sind. Mit Blick auf die Gymnastikbewegung lässt sich sagen, dass die Gymnastikbewegung der Begriff für eine soziale Bewegung ist, die spezifische Körperbewegungen oder Körperübungen vertritt und fördert, die Gymnastik genannt werden. Wie Liselott Diem meinte, handelte es sich außerdem um eine Form der weiblichen Gymnastik, die einen spezifischen „Beitrag zur Entwicklung des Frauensports"[3] geleistet habe, also mit anderen Worten zugleich Teil der Frauenbewegung des 20. Jahrhunderts war.

Bode und Medau

Spätestens seit den 1920er-Jahren trieb die moderne Frau Gymnastik aus Gründen der Gesundheit und Körperformung, aber auch um zu tanzen und sich durch rhythmische Bewegungen frei zu fühlen. Unter den verschiedenen Zweigen dieser Gymnastikbewegung entstand mit der Gymnastik von Rudolf Bode und Hinrich Medau ein spezifisches System namens „Deutsche Gymnastik und deutscher Tanz". *Deutsche Gymnastik* lautete der Titel eines Buches von Medau aus dem Jahr 1940, in dem er beschrieb, wie der Einsatz der Geräte Ball, Reifen und Keule bzw. Keulen die rhythmische Bewegung unterstützt. Die Bewegungen sollten „natürlich", „rhythmisch", harmonisch und durch weiches Schwingen gekennzeichnet sein.

---

2   Wedemeyer-Kolwe, Bernd: *„Der neue Mensch". Körperkultur im Kaiserreich und in der Weimarer Republik*. Würzburg: Königshausen & Neumann 2004.; Wedemeyer-Kolwe, Bernd: *Aufbruch. Die Lebensreform in Deutschland*. Darmstadt: Philipp von Zabern 2017.

3   Diem, *Gymnastikbewegung*, 1991.

Für Medau entsprach diese Art, sich rhythmisch zu bewegen, dem Wesen und der Natur einer Frau. Dies ist eine für die damalige Zeit typische Auffassung vieler Männer (und vermutlich auch vieler Frauen) darüber, wie sich Frauen bewegen und wie sie tanzen sollten. In den späten 1930er-Jahren, als das

> **Spätestens seit den 1920er-Jahren trieb die moderne Frau Gymnastik aus Gründen der Gesundheit und Körperformung.**

Hitler-Regime seine Macht stabilisiert hatte, wurde der Name dieser Gymnastik in BDM-Gymnastik umgewandelt. Diese bezog sich auf das spezifische Konzept der Körpererziehung für Mädchen in der Jugendorganisation der NS-Partei Bund Deutscher Mädel (BDM). Hinrich Medau, der 1929 eine private Gymnastikschule in Berlin eröffnet hatte, wurde 1938 in den inneren Kreis des Reichsjugendführers unter Baldur von Schirach (1907–1974) berufen, um an dem Projekt „Glaube und Schönheit" für Mädchen im Alter von 17 bis 21 Jahren mitzuarbeiten.

Die Gymnastikschule Medau besteht bis heute in der Stadt Coburg. Ihr Schwerpunkt liegt jedoch inzwischen auf Physiotherapie und anderen Formen der Bewegungstherapie einschließlich Logopädie und Ergotherapie im Kontext der Gesundheit, jedoch weniger auf ästhetischer, rhythmischer Gymnastik oder auf Tanz, die bei der Gründung der Schule 1929 in Berlin dominierten.

Im Rahmen des Projekts zur Erforschung der Geschichte des Gymnastiksystems von Hinrich Medau ging es sowohl um die Rolle Hinrich Medaus selbst und der Medau-Gymnastik im Dritten Reich und im Bund Deutscher Mädel als auch um die Bedeutung dieser Gymnastik für die körperliche Erziehung und Bewegungserziehung sowie Sozialisation von Mädchen und die damit verbundene soziale Konstruktion von Geschlecht. Wir konnten neues Archivmaterial zum Werdegang von Hinrich Medau und seinem System der Mädchengymnastik während der NS-Zeit und darüber hinaus erschließen. Eine zentrale These lautet, dass Medau das heutige Verständnis von Gymnastik als spezifisches Konzept und Mittel der körperlichen Bildung und Erziehung bzw. „Leibeserziehung" von und für Mädchen und Frauen zumindest in Deutschland geprägt hat. Folglich trug die Geschichte der Medau-Gymnastik zu einem Geschlechterbild bei, in dem die Gymnastik als eine spezifisch weibliche Form des Sportes bzw. der Leibesübungen angesehen wird. Gymnastik sei mehr oder weniger exklusiv für „deutsche Mädel", das war die Botschaft der BDM-Gymnastik, während in der Gymnastikbewegung der 1920er-Jahre die Gymnastik noch universell als gesundheitlich-hygienische sowie ästhetisch-expressive und performative Form der körperlichen Übung und des Trainings angesehen wurde.

Gymnastik als Genderkonzept

In einem breiteren Kontext bezieht sich diese Forschungsarbeit deshalb auf die Rolle der Frauen, einschließlich der Mädchenerziehung, in der NS-Politik und darüber hinaus in der modernen Welt nach dem Zweiten Weltkrieg. Es geht auch um die Frage, ob und wie das „NS-Gendering" die Bedeutung und das Bild der Frau während und nach dem Dritten Reich im Sport, in der Leibeserziehung im Allgemeinen, speziell in Deutschland, aber auch darüber hinaus beeinflusst hat.

Heutzutage scheint die Gymnastik die typische oder sogar „natürliche" Art des Sportes, des Trainings und der Bewegung für und von Frauen und

Mädchen zu sein. Fragt man heute Sportstudierende, welche Sportarten sie als typisch für Männer oder für Frauen ansehen, ist die Antwort klar: Fußball ist für Jungen und Männer, Gymnastik für Frauen und Mädchen. Tatsächlich bestätigen empirische Fakten diese Einschätzung. In Deutschland hat der weltweit größte nationale Sportverband, der Deutsche Fußball-Bund (DFB), mehr als 7 Millionen Mitglieder in seinen Vereinen, von denen etwa 80 % männlich sind. Der Deutsche Turner-Bund (DTB), der an zweiter Stelle der deutschen Sportverbände steht, zählt rund 5 Millionen Mitglieder in Turnvereinen und Turnabteilungen. Der DTB ist der größte Fachverband für Frauensport in Deutschland. Rund 70 % seiner Mitglieder sind Mädchen und Frauen, die überwiegend in verschiedenen Formen Gymnastik betreiben. Sie sind durch unterschiedliche Interessen motiviert – Gymnastik als sportliche Disziplin, Gymnastik für Gesundheit und Schönheit, für Spaß und soziale Kontakte mit Freunden und somit auf verschiedenen Ebenen, einzeln oder in Teams. In diesem weiteren Sinne umfassen Turnen und Gymnastik verschiedene Arten von Körperübungen und Bewegungen bzw. Bewegungstechniken aus unterschiedlichen Gründen. Jungen und Männer bilden in den Turnvereinen eine Minderheit, in den Sport- und Fußballvereinen dagegen eine Mehrheit.

Die Aussage von Richard Holt in seinem Buch *Sport and the British*: „Gym was for Germans. The British played rather than exercised"[4] sollte deshalb differenziert werden: Deutsche Frauen – und übrigens auch britische Frauen – liebten Gymnastik, Tanz und Körperübungen, aber deutsche Männer – und auch britische Männer – bevorzugten Spiel und Kampf im Sport und darüber hinaus. Die olympische Sportdisziplin „Wettkampfgymnastik" – die deutsche Bezeichnung lautet immer noch „Rhythmische Sportgymnastik" – ist eine turnerische Einzeldisziplin im olympischen Programm, die nur einem Geschlecht vorbehalten ist – den Frauen. Eine weitere ist das Synchron- oder Kunstschwimmen (oder auch Wasserballett genannt). Dabei handelt es sich aber eigentlich um Gymnastik, Tanz und Ballett

> „Gym was for Germans.
> The British played rather
> than exercised."
>
> RICHARD HOLT

im Wasser. Kunstschwimmen wird aber nicht von der FIG (Fédération Internationale de Gymnastique), sondern von der Fédération Internationale de Natation (FINA), dem internationalen Schwimmverband, vertreten. 2024 soll Kunstschwimmen erstmals bei den Olympischen Spielen in Paris auch für Männer geöffnet werden.

Frauen- und Männergymnastik
Das Verständnis der Gymnastik als eine spezifische Form der Körperkultur für Frauen – unter Berufung auf eine der Begründerinnen der Frauengymnastik, Bess Mensendieck – ist eine Erfindung des frühen 20. Jahrhunderts. Mensendiecks Buch *Körperkultur der Frau* (1925) war in Deutschland und in der zivilisierten Welt seit den 1920er-Jahren ein Bestseller.[5] Bess Mensendieck wurde in New York als Tochter niederländischer Vorfahren geboren. In New York praktizierte sie als Ärztin und studierte Gymnastik bei Geneviève Stebbins (1857–1934), welche die

---

4   Holt, Richard: *Sport and the British. A modern history.* Oxford: Clarendon 1993. S. 11.

5   Mensendieck, Bess M.: *Körperkultur der Frau. Praktisch hygienische und praktisch ästhetische Winke.* 9. durchges. Aufl. München: Bruckmann 1925.

von dem französischen Pädagogen Francois Delsarte (1811–1871) erfundene Form der rhythmischen Gymnastik lehrte. Delsarte war in Wirklichkeit kein Gymnast, sondern ein Musiker, der Musikpädagogik und -didaktik lehrte. Darüber hinaus studierte Mensendieck die traditionellen Formen der Gymnastik wie die von Peer Henrik Ling aus Schweden, Johann Christoph Friedrich GutsMuths in Deutschland und anderen Anhängern der Gymnastik und des Turnens in Europa. In diesen Formen wurden die Körpererziehung und die Gesundheitserziehung als Hauptzweck der Gymnastik angesehen. Zu Beginn des 20. Jahrhunderts wurde Mensendieck dann zum Idol für die Mehrheit der gebildeten Frauen aus gutbürgerlichen Schichten, die sich modern, aktiv, gesund und nicht zuletzt frei und emanzipiert bewegen wollten. Bei den Männern erfreute sich das System von J. P. Müller ähnlicher Beliebtheit, wie Hans Bonde in seinem Werk zur Geschichte der Gymnastik zeigte.[6] Beide waren so populär, dass ihre Namen im Deutschen als Verben verwendet wurden: „Mensendiecken" bezeichnete die Gymnastik von Frauen, wie es Bess Mensendieck lehrte und empfahl, und „müllern" meinte das gleiche für Männer.[7] In Dänemark entwickelte schließlich Niels Bukh eine sehr populäre, moderne Form der Männergymnastik.[8]

Mensendieck entwickelte Anfang des 20. Jahrhunderts den traditionellen, medizinischen und therapeutischen Zweig der Gymnastik speziell für Frauen weiter. Der Begriff Gymnastik wurde seit der Antike verwendet, aber im Zeitalter der Aufklärung und des Neuhumanismus neu als pädagogische Gymnastik ebenso wie als „Wehrgymnastik" erfunden, wie der schwedische Gymnasiarch Peer Henrik Ling diese Gymnastik zur körperlichen Ertüchtigung von Soldaten nannte.[9]

Damals war die Gymnastik keineswegs den Frauen vorbehalten, sondern hauptsächlich den Männern oder beiden (bzw. allen) Geschlechtern. Johann Christoph Friedrich GutsMuths, der als einer der Begründer der Sportpädagogik der Neuzeit angesehen wird, nannte sein grundlegendes Werk von 1793 schlicht *Gymnastik für die Jugend*.[10] Er wollte die Tradition der antiken hellenischen Gymnastik – und ausdrücklich nicht die Athletik – für seine Zeit nutzen und reformieren. Im Unterschied zum antiken Vorbild schloss sein Gymnastiksystem, das im 19. Jahrhundert dominierte, die Jugend insgesamt, also sowohl Jungen als auch Mädchen ein. Zudem war sein Konzept nicht auf die deutsche Jugend beschränkt, wie es der deutsche Turnvater Friedrich Ludwig Jahn (1778–1852) mit dem Begriff Turnen propagiert hatte. Die „Gymnastik für die Jugend" war als universelles Konzept der Gymnastik für alle gedacht. In Wirklichkeit aber waren Jungen und junge Männer die wichtigste Zielgruppe.

Mensendieck und andere Vertreterinnen und Vertreter der Gymnastikbewegung des frühen 20. Jahrhunderts wie Geneviève Stebbins, Hedwig Kallmeier, Elsa Gindler, Mary Wigman und andere betrachteten und motivierten in gewisser Weise Frauen und Mädchen als ihre Zielgruppe für die pädagogische Gymnastik. Im Gegensatz zur Männergymnastik des 19. Jahrhunderts sollten diese Gymnastiksysteme harmonisch, gesund, rhythmisch, weich und von Musik begleitet sein, welche das Kör-

---

[6] Bonde, Hans (2020): *Fra udkant til forkant. Kampen om gymnastikken gennem 100 år*. Odense: Syddansk Universitetsforlag 2022.
[7] Müller, J. P.: *Mein System. 15 Minuten täglicher Arbeit für die Gesundheit*. Neue, erw. Ausg., 370. – 390.Tsd. Leipzig: Grethlein & Co. 1925.
[8] Bonde, Hans: *Gymnastics and Politics. Niels Bukh and Male Aesthetics*. Kopenhagen: Museum Tusculanum Press 2006.
[9] Rothstein, Hugo: *Die Wehrgymnastik*. Berlin: Schroeder 1851.; Rothstein, Hugo: *Die Gymnastik, nach dem Systeme des Schwedischen Gymnasiarchen P. H. Ling*. Berlin: Schroeder 1854.
[10] Guts Muths, Johann Christoph Friedrich: *Gymnastik für die Jugend. Enthaltend eine praktische Anweisung zu Leibesübungen; ein Beytrag zur nöthigsten Verbesserung der körperlichen Erziehung*. Schnepfenthal: Verlag der Buchhandlung der Erziehungsanstalt 1793.

per- und Bewegungsgefühl von Mädchen und Frauen unterstützen sollte. Stebbins und Bode nannten sie „Ausdrucksgymnastik".[11]

In anderen europäischen Ländern, vor allem in Dänemark und Skandinavien, wurde die Gymnastik zur dominierenden Form der Körper- oder Leibeserziehung für alle Geschlechter. Die Arbeiten von Hans Bonde über Niels Bukh (1880–1950) und die dänische Gymnastikbewegung geben eindrucksvolle und detaillierte Einblicke in diesen faszinierenden Zweig der modernen Körperkultur für Männer.[12] Bukh, der Begründer der „dänischen Gymnastik", versuchte ein exklusives System des modernen Männerturnens zu etablieren und zu fördern. Im Gegensatz zur Ausdrucksgymnastik oder rhythmischen Gymnastik für Mädchen und Frauen war Bukhs Gymnastiksystem für Männer, konzentrierte sich auf starke, kraftvolle, aufrechte Körperhaltungen sowie auf Flexibilität und Kraft. Die Auftritte der Bukh'schen Gymnastikgruppen waren weltweit legendär.

Deutsche Gymnastik

In Deutschland war die moderne Gymnastikbewegung bis zur „Machtergreifung" Hitlers und seiner Nazi-Partei ein bunter und vielfältiger Zweig der Körperkultur und -erziehung, der alle Geschlechter, sozialen Schichten, Altersgruppen und Generationen umfasste. Einen interessanten Einblick in diese Szene gab Carl Diem in seinem 1930 erschienenen Buch *Theorie der Gymnastik*[13], in dem er die Genese dieser unterschiedlichen Inhalte, Formen und Bedeutungen von Gymnastik aufzeigte und versuchte, nicht zuletzt unter dem Einfluss seiner damals jungen Frau Liselott, die bei Diem an der Deutschen Hochschule für Leibesübungen in Berlin studierte, die zur damaligen Zeit um 1930 verschiedenen Formen der Körperkultur namens Gymnastik zu systematisieren und zu charakterisieren. Die Körper- und Bewegungskultur mit dem Namen „Gymnastik" spiegelte sowohl die Vielfalt als auch die Qualität von Kultur und Gesellschaft in der Zeit der Weimarer Republik wider. Der berühmte Film *Wege zu Kraft und Schönheit* (1925) von Wilhelm Prager (1876–1955), einem progressiven Film- und Kunstregisseur der 1920er-Jahre, ist ein weiteres anschauliches Beispiel für die Gymnastikbewegung.[14] Gymnastik war also in den gebildeten städtischen Schichten der zivilisierten Welt in Mode.[15]

Der Pädagoge und Musiker Hinrich Medau lebte und lernte in diesem kulturellen und gesellschaftlichen Kontext und war fasziniert von der Idee und dem pädagogischen Konzept der Gymnastik und ihrer Verbindung von Musik, Rhythmus und körperlichen Bewegungen. Zu Beginn seiner Laufbahn im Jahr 1913 arbeitete er neun Jahre lang als Lehrer in Spanien und Portugal. Während dieser Zeit bemühte er sich bereits, die traditionelle Art und Weise des Turnunterrichts an den Schulen in eine harmonische und rhythmische Gymnastik mit Musik zu transformieren. Als er 1922 nach Deutschland zurückkehrte, kündigte er seine Stelle als Lehrer, studierte zunächst bei Rudolf Bode und assistierte ihm dann in dessen privater Gymnastikschule in Berlin. Die beiden gründeten dann 1922 in Jena den Bodebund für Körpererziehung unter dem Vorsitz von Hinrich Medau. 1924 übernahm er die Leitung der Schule in Berlin. 1929 beendete Medau die Zusammenarbeit mit Bode und eröffnete, unterstützt von seiner Frau Senta, eine eigene Gymnastikschule, die Medau-Schule für Gymnastik mit Sitz in Berlin.

---

11 Bode, Rudolf: *Ausdrucksgymnastik*. Neue Ausg. Der Gesamtaufl. 8.–14. Tsd. München: C. H. Beck'sche Verlagsbuchhandlung 1925.
12 Bonde, *Gymnastics*, 2006.; Bonde, *udkant*, 2022.
13 Diem, Carl: *Theorie der Gymnastik*. Berlin: Weidmann 1930.

14 *Wege zu Kraft und Schönheit (1925)*. https://www.youtube.com/watch?v=ZRnvAHr0L-k (16.12.2022).
15 Siehe zu diesem Thema einer neuen Körperkultur um 1900 im Überblick Wedemeyer-Kolwe 2004.

Die meisten dieser modernen Gymnastikschulen wie die von Bode und Medau wurden von dem Schweizer Musik- und Rhythmuspädagogen Émile Jaques-Dalcroze (1865–1950) durch seine Bildungsanstalt für Musik und Rhythmus in Hellerau bei Dresden beeinflusst. Hellerau wurde in den 1920er-Jahren zu einem romantischen Sehnsuchtsort der europäischen Avantgarde in Tanz, Theater und Kunst ähnlich wie der Monte Verità in der Schweiz.[16]

Bode war einer der Meinungsführer der verschiedenen Zweige der modernen Gymnastik in Deutschland. Sie alle teilten die Idee, durch rhythmische und harmonische Gymnastik die traditionelle Leibeserziehung, die Bildung im Allgemeinen und darüber hinaus auch Kultur und Gesellschaft zu reformieren. 1925 gründeten sie den Deutschen Gymnastikbund. Der Name verrät die zunehmende Tendenz zur Nationalisierung der Gymnastik in dieser Zeit. Aus der universellen Gymnastik wurde die „Deutsche Gymnastik". Es ist jedoch zu bedenken, dass die Idee, nationale Körperkulturen und Gymnastikformen zu erfinden, seit dem späten 19. Jahrhundert verbreitet war. Diese Entwicklung begann bereits mit dem „schwedischen Gymnastiksystem", das dann als Vorbild für verschiedene nationale Systeme der Körpererziehung diente, wie z. B. das dänische Gymnastiksystem und darüber andere Systeme der Körperkultur und Körpererziehung, auch auf dem asiatischen Kontinent.

Der erste, der den Begriff „Deutsche Gymnastik" prägte, war Hans Surén (1885–1972), ein Körpererzieher und Offizier in der Reichswehr. Im Jahr 1922 veröffentlichte er ein Buch mit dem gleichen Titel.[17] Nach dem Ersten Weltkrieg wurde er zum Leiter der Heeressportschule der Reichswehr in Wünsdorf ernannt, dem sportlichen Ausbildungslager der Armee der Weimarer Republik. Dort entwickelte er ein einzigartiges System der Männergymnastik, bei dem Kraft und Stärke an der frischen Luft trainiert wurden, nackt wie die griechischen Athleten, aber mit Geräten wie Hanteln und – typisch für Surén – dem Medizinball, einem schweren und großen Lederball. Das von Surén erfundene System der Gymnastik oder Körperübungen, welches er „Deutsche Gymnastik" nannte, war für Männer gedacht und sein Hauptziel war die Förderung der körperlichen Kraft.[18]

Gymnastik und Medau im Dritten Reich

Die Konzepte der „Rhythmischen Gymnastik", wie sie von Bode und Medau vertreten wurden, ebneten dagegen den Weg für ein allgemeines Verständnis von Gymnastik als typische Form harmonischer und rhythmischer Bewegungen von Frauen und Mädchen. Ein wichtiger Schritt in diesem Prozess der „Feminisierung" der Gymnastik erfolgte während der Diktatur des NS-Regimes in Deutschland ab 1933. Bode und Medau waren seit den frühen 1930er-Jahren Anhänger der NS-Ideologie. Sie traten 1932 bzw. 1931 in die NSDAP ein, als die meisten Deutschen noch nicht daran glaubten, dass Hitler und seine NSDAP jemals die totale Macht in Deutschland erlangen würden. Wie viele andere Vertreter des Sportes in Deutschland erhofften sie sich durch die Unterstützung der Hitler-Bewegung Förderung und Anerkennung für den Sport und die Gymnastik im Allgemeinen und im Besonderen auch für den persönlichen Erfolg. In mancherlei Hinsicht erfüllten sich die Hoffnungen von Bode und Medau tatsächlich. Als die NSDAP 1933 an die Macht kam, wurde Bode zum Leiter einer Abteilung im Kampfbund für

---

16 Diem, *Theorie*, 1930.; Diem, *Gymnastikbewegung*, 1991.
17 Mürkens, Roman: „Die Deutsche Gymnastik von Hans Surén. Eine Bestandsaufnahme." In: *Sport und Gesellschaft* 1 (2015). S. 69–89.; Surén, Hans: *Deutsche Gymnastik. Vorbereitende Übungen. Atem- und Frottier-Übungen, Massage, Verhalten im Licht-, Luft- und Sonnenbad*. 3., verb. und erw. Aufl. Oldenburg in Oldenburg: Stalling 1922.

18 Bernett, Hajo: „Die Ideologie der Deutschen Gymnastik". In: *Sportwissenschaft* 8 (1) (1978). S. 7–23.

deutsche Kultur ernannt, der von Hans Rosenberg, dem Chefideologen der NSDAP, initiiert worden war. Gymnastik und Leibesübungen für Mädchen und Frauen, einschließlich des Tanzes und der Gymnastik, lassen sich in den umfassenderen Begriff der Leibeserziehung einordnen, der von der „NS-Weltanschauung" in einem dezidiert politischen Sinne interpretiert wurde. Die Gymnastik wurde im Dritten Reich zur politischen Gymnastik. Politische Leibeserziehung und politische Gymnastik im Sinne des NS-Ideologen Alfred Bäumler (1887–1968) stellte einen wichtigen Teil der Theorie der „Rassenhygiene" und/oder „völkischen Reinheit" dar.[19] In diesem Sinn der politischen Leibeserziehung verfasste Bode einen Artikel über „Tanz und Gymnastik" im nationalsozialistischen Staat.[20] Im Unterschied zu Bode, der in Ernst Klees Kulturlexikon, einem „who is who des Dritten Reichs", in einem Artikel charakterisiert wird, findet sich kein Eintrag über Hinrich Medau, wie überhaupt in den Forschungen zum Sport ebenso wie zur Pädagogik im Nationalsozialismus Medau keine oder nur eine randständige Beachtung findet.[21]

Im Hinblick auf die Hauptziele und -interessen des NS-Regimes waren jedoch Mädchen und Frauen nicht die primäre Zielgruppe für den NS-Staat. In erster Linie sollten Jungen körperlich und geistig zu Soldaten erzogen werden, die für „Führer, Volk und Vaterland" kämpften, was sowohl auf den Schlachtfeldern als auch später auf den zahllosen Epitaphien der Kriegsgräber als Parole verwendet wurde. Erst an zweiter Stelle kamen Leibeserziehung, Tanz, Gymnastik und Sport für Mädchen und Frauen. Analog zu den jungen Männern sollten Mädchen nicht für den Führer kämpfen und sterben, sondern nach

Die Gymnastik wurde im Dritten Reich zur politischen Gymnastik.

der Gehirnwäsche der NS-Propagandamaschine für den „Führer" und das Vaterland turnen und tanzen, um ihrer Aufgabe und natürlichen Bestimmung als Frau und Mutter gerecht werden zu können. Mädchen und Frauen waren Teil des Konzepts der „Rassenpflege" und „Rassenhygiene". Sie sollten sowohl ideologisch erzogen als auch körperlich geübt und trainiert werden, um gesunde Kinder und starke Soldaten gebären zu können.

Um diese politischen und ideologischen Ziele zu verfolgen, wurden die NS-Jugendorganisationen Hitlerjugend und Bund Deutscher Mädel gegründet. Im Zuge der „Gleichschaltung" der deutschen Gesellschaft wurde allen ehemals freien und zivilen Organisationen wie Vereinen und Verbänden verboten, Kinder und Jugendliche zu erziehen und zu unterrichten. Die deutsche Jugend sollte ausschließlich von den Organisationen der NSDAP erzogen und kontrolliert werden. „Totale Erziehung für den totalen Krieg", nannte dies Michael Buddrus.[22] Baldur von Schirach wurde zum Leiter der Hitlerjugend ernannt und konzentrierte sich zunächst auf

---

[19] Bernett, „Ideologie", 1978.; Bernett, Hajo: *Nationalsozialistische Leibeserziehung. Eine Dokumentation ihrer Theorie und Organisation.* Schorndorf: Hofmann 2008.; Joch, Winfried: „Theorie einer politischen Pädagogik. Alfred Baeumlers Beitrag zur Pädagogik im Nationalsozialismus". In: *Europäische Hochschulschriften* (Reihe 11, Pädagogik, 6) (1971).
[20] Klee, Ernst: *Das Kulturlexikon zum Dritten Reich. Wer war was vor und nach 1945.* Frankfurt am Main: Fischer (2007).
[21] Bernett, Leibeserziehung, 2008; Keim, Wolfgang (Hrsg.): *Pädagogen und Pädagogik im Nationalsozialismus. Ein unerledigtes Problem der Erziehungswissenschaft.* 2. durchges. Aufl. Frankfurt am Main, Bern, New York, Paris: Lang 1990.; Kleinau, Elke u. Mayer, Christine (Hrsg.): *Erziehung und Bildung des weiblichen Geschlechts. Eine kommentierte Quellensammlung zur Bildungs- und Berufsbildungsgeschichte von Mädchen und Frauen.* Weinheim: Deutscher Studien Verlag 1996.

[22] Buddrus, Michael: *Totale Erziehung für den totalen Krieg. Hitlerjugend und nationalsozialistische Jugendpolitik.* München: De Gruyter Saur 2003.

die männliche Jugend.²³ Relativ spät, erst nach den Olympischen Spielen 1936 in Berlin, integrierte er die Mädchenerziehung in das Konzept der Jugenderziehung in den Jugendorganisationen der NSDAP. Gemeinsam mit der BDM-Führerin Jutta Rüdiger (1910–2001) gründete er das sogenannte BDM-Werk „Glaube und Schönheit".²⁴ Körperübungen, Spiel, Gymnastik, Tanz und Sport wurden neben der ideologischen Indoktrination die wichtigsten Elemente dieses Erziehungsprogramms. Gymnastik und Tanz wurden vor allem für jüngere Frauen im Dritten Reich zu einzigartigen Bestandteilen dieser Erziehung.

Schirach berief Hinrich Medau als Leiter oder Führer der Mädchen- bzw. Frauengymnastik in seinen sogenannten Reichsjugendführerring (RJF). Medau und seine Schule waren in Berlin bekannt, nicht zuletzt durch die Auftritte seiner Tanz- und Gymnastikgruppe bei den Berliner Spielen 1936 und verschiedenen anderen Veranstaltungen. Schirachs Formulierung – „Ring" – als Bezeichnung für die Gruppe der leitenden Personen in HJ und BDM – knüpfte an die Begriffe und Konzepte der sogenannten Jugendbewegung seit der Jahrhundertwende an, einer Revolte der jungen Generation in Deutschland gegen die Generation ihrer Eltern und Großeltern, die Anfang des 20. Jahrhunderts begonnen hatte.²⁵

Die Hitlerjugend selbst, zu der auch der BDM gehörte, stand in der Tradition der Jugendbewegung, die gefordert hatte, dass die Jugend von der Jugend geführt werden sollte – „Jugend führt Jugend" – und dass die Jugend eng miteinander verbunden sein sollte, gemeinsam wie ein Ring, der nicht zerbrochen werden konnte. In der Tat gehörten die Führer der Hitlerjugend zu dieser jungen Generation.²⁶ Schirach selbst war 21 Jahre alt, als er Leiter der Studentenorganisation der NSDAP wurde, 24, als er zum Führer der Hitlerjugend ernannt wurde und 26, als Hitler ihn zum „Reichsjugendführer" ernannte.²⁷ Im Jahr 1936 erklärte er die Hitlerjugend zur Staatsjugend und verbot gleichzeitig allen freien und unabhängigen Jugendorganisationen und -vereinen, einschließlich der Turn- und Sportvereine, die Betreuung und Erziehung der Jugend. Die Jugend wurde nicht mehr von der Jugend geführt, sondern von Hitler und seiner verbrecherischen Organisation und Partei missbraucht. Nach dem Krieg wurde Schirach zusammen mit den anderen Kriegsverbrechern im Nürnberger Prozess angeklagt. Die Richter verurteilten ihn nicht zum Tode, sondern zu 20 Jahren Haft in Spandau. In seiner Autobiografie bekannte er sich später schuldig, die deutsche Jugend in die Irre geführt und getäuscht zu haben, mit den Kriegsverbrechen und dem Holocaust habe er jedoch nichts zu tun gehabt.²⁸

Verantwortung und Schuld

Es ist schwierig, die Rolle von Hinrich Medau in dem – mehr oder weniger informellen – Reichsjugendführerring, der von Baldur von Schirach dominiert wurde, eindeutig zu beurteilen. Schirach erwähnte Medau in seiner Autobiografie nicht namentlich. Es ist auch nicht belegt, ob es jemals zu einer persönlichen Begegnung von Schirach und Medau gekommen ist.

Die ermittelten Archivdokumente beweisen keine Beteiligung oder gar Schuld von Medau (und

---

23 Rathkolb, Oliver: *Schirach. Eine Generation zwischen Goethe und Hitler*. Wien, Graz: Molden 2020.; Schirach, Richard von (2011): *Der Schatten meines Vaters*. Ungekürzte Ausg. München: Deutscher Taschenbuch-Verlag 2011.
24 Hering, Sabine u. Schilde, Kurt: *Das BDM-Werk „Glaube und Schönheit". Die Organisation junger Frauen im Nationalsozialismus*. Berlin: Metropol 2000.
25 Wedemeyer-Kolwe, *Körperkultur*, 2004.; Niemeyer, Christian: *Die dunklen Seiten der Jugendbewegung. Vom Wandervogel zur Hitlerjugend*. 2. durchgesehene Auflage. Tübingen: UVK Verlag 2022.

26 Niemeyer, *Seiten*.
27 Buddrus, *Erziehung*.; Rathkolb, *Schirach*.
28 Schirach, Baldur von: *Ich glaubte an Hitler*. Hamburg: Mosaik 1967.

seiner Frau) an Verbrechen des NS-Regimes. Beide haben jedoch im Namen und Auftrag der NSDAP die Mädchen- und Frauengymnastik im Dritten Reich im Sinne der Partei und NS-Ideologie organisiert und propagiert. Medau war zwar schon sehr früh in die NSDAP eingetreten, hatte aber keine relevanten Ämter oder Funktionen in der NSDAP inne. Nach den Quellen wurde er zum Bannführer ernannt. Was diese Ernennung konkret bedeutete, wie sie zustande kam und welche Vorteile damit für Medau verbunden waren, ist nicht geklärt. Er selbst gab an, dass es sich um eine Ernennung „ehrenhalber" gehandelt habe und er nie ein Gehalt von der Partei oder Reichsjugendführung für seine Tätigkeit im und für den BDM erhalten habe. In Medaus Publikationen ließen sich Belege dafür finden, dass er an die nationalsozialistische Weltanschauung glaubte, zumindest an Teile dieser Ideologie, wie er auch selbst nicht nur durch seinen frühen Beitritt zur NSDAP zum Ausdruck gebracht, sondern auch in einem Rechtfertigungsschreiben nach dem Krieg geschrieben hatte, dass er damals wie viele andere ein „überzeugter Nationalsozialist" gewesen sei. Es ließen sich jedoch keine Belege finden, dass in seiner Privatschule in Berlin Mädchen, die sich um einen Platz an der Schule bewarben, aus rassischen oder anderen Gründen diskriminiert wurden. Teilnehmerinnenlisten der Medau-Schule sind jedoch nicht überliefert. Er widersetzte sich der NS-Ideologie und der NS-Rassenpolitik allerdings auch nicht, als nach 1938/39 die jüdische Bevölkerung in Deutschland systematisch ausgeschlossen und schließlich verfolgt und in Konzentrationslager deportiert wurde. Schließlich verbreitete er seine Gymnastik im Sinne der NS-Ideologie, umgab sich während der NS-Zeit mit radikalen NS-Ideologen und Antisemiten und pflegte diese Kontakte zum Teil auch noch nach 1945.

Medau hat alles getan, um seine Karriere im NS-Regime vorzubereiten und zu fördern, schon bevor die NSDAP an die Macht kam. Am Ende erreichte er sein Ziel. Seine private Gymnastikschule in Berlin und später in Breslau genoss bei der NS-Führung hohes Ansehen und eine privilegierte Behandlung. Seine Berufung in den Reichsführerring und seine angesehene Tätigkeit im BDM-Werk „Glaube und Schönheit" waren daher kein Zufall. Nach dem Krieg wurde er verhaftet und nach einer beschwerlichen, im Detail jedoch nicht vollständig rekonstruierten Flucht aus Breslau für zwei Jahre in britischen La-

Hinrich und Senta Medau schwiegen über ihre Rolle im Dritten Reich.

gern interniert, bis er schließlich 1947 entlassen und von der britischen Besatzungsmacht in die Kategorie eines „Mitläufers" ohne persönliche Schuld an den Verbrechen des Regimes eingestuft wurde.

1947 konnten er und seine Frau ihre Schule für rhythmische Gymnastik in der Sportschule Flensburg-Mürwik wiedereröffnen. Es handelte sich um die Gebäude des ehemaligen Marinestützpunktes und Marinelazaretts, wo sich Ende 1945 auch der provisorische Sitz der letzten Reichsregierung unter Karl Dönitz befunden hatte. Da der Stützpunkt jedoch von der im Aufbau befindlichen Bundeswehr beansprucht wurde, verlegten die Medaus im Jahr 1954 die Gymnastikschule nach Coburg, wo später ihr Sohn und ihr Enkel die Arbeit der Eltern fortsetzten. Heute ist die Medau-Schule der Name für eine ganze Reihe von privaten Berufsfachschulen für Physiotherapie, Gymnastik, Logopädie und Ergotherapie mit staatlicher Anerkennung.

Hinrich und Senta Medau schwiegen über ihre Rolle im Dritten Reich, wie es viele Deutsche in den

1950er- und 1960er-Jahren taten. Im Zusammenhang von Vorwürfen durch den Gymnastiklehrer Otto Heuser zu Beginn der 1950er-Jahre rechtfertigte sich Medau damit, dass er „wie Millionen anderer Deutscher, an die Ideale des Nationalsozialismus geglaubt (habe, MK). Ich war zwei Jahre lang interniert und bin in die Gruppe V eingestuft".[29] In Wahrheit wurde er in die Gruppe IV als Mitläufer eingestuft. Medau meinte jedoch, dass er für seine Tätigkeit im und für den BDM gesühnt habe. „Unter anständigen Menschen war es bisher nicht üblich, gesühnte Vergehen nachträglich zum Gegenstand einer Diskussion zu machen oder sie gar zur Beweisführung auf anderer Ebene zu mißbrauchen", antwortete er seinem Kritiker Heuser.[30]

In der Zeit des Wiederaufbaus der Bundesrepublik Deutschland arbeiteten die Medaus weiter an ihrer Gymnastik, wie sie es seit den 1920er-Jahren immer getan hatten. Die Medau-Publikationen zur Gymnastik unterschieden sich von den 1920er bis in die 1960er-Jahre kaum, abgesehen von den Überschriften und den Vorworten: Die Titel wechselten von der Rhythmischen Gymnastik in den 1920er-Jahren über die Deutsche Gymnastik und die BDM-Gymnastik in den 1930er- und 1940er-Jahren bis zur Modernen Gymnastik im Jahr 1967. Die Inhalte der Gymnastik selbst blieben nahezu gleich. Die Kernbegriffe „Gymnastik", „rhythmische Gymnastik" und „Leibeserziehung" wurden beibehalten, während einige spezifische Übungen neuen, dynamischeren und moderneren weichen mussten. Junge Frauen, die nach dem Krieg die Medau-Schulen in Flensburg und Coburg besuchten, waren im Allgemeinen ähnlich begeistert von dieser Art von Gymnastik und Körperübungen, wie es ihre Mütter und Großmütter in Berlin und Breslau waren. Zumindest geht dies aus den wenigen nicht-repräsentativen Gesprächen mit Zeitzeuginnen hervor, die wir führen konnten. Zu dieser Begeisterung trug nicht zuletzt Hinrich Medau selbst bei, der als charismatischer Leiter und Pädagoge seine Schülerinnen und Mitarbeiterinnen von rhythmischer Gymnastik mit Musik begeistern konnte. Sie sahen darin eine Möglichkeit, sich in einer Gemeinschaft gleichgesinnter Mädchen und junger Frauen frei und unabhängig zu fühlen, Freude und Spaß zu haben und in gewisser Weise Selbstvertrauen in Bewegung, Tanz und nicht zuletzt in ihren gymnastischen und tänzerischen Leistungen zu gewinnen, sei es in der Medau-Schule selbst während der Ausbildung und bei den Prüfungen oder auch bei den zahlreichen Vorführungen vor Publikum.

Hinrich und Senta Medau und ihre Gymnastik trugen dazu bei, Mädchen und jungen Frauen die Möglichkeit der Selbstverwirklichung durch Gymnastik zu eröffnen. Zurzeit der NS-Diktatur galt dies allerdings nur für „deutsche" Mädchen und Frauen im Sinne der NS-Rassenideologie. Wie ihre Gymnastik vor 1930 und nach 1945/50 jedoch auch verdeutlicht, ist Gymnastik wie alle Leibesübungen und jeder Sport eine menschheitlich-universale Institution. Sie gilt für alle Mädchen und Frauen. Sie konnten durch Gymnastik und Tanz auf eine eigene, weibliche Art und Weise erfahren, Sport, Gymnastik und Tanz auf andere Art und Weise zu betreiben als Männer. In dieser Hinsicht arbeiteten sie an der Entwicklung einer eigenen weiblichen Körperkultur und leisteten einen Beitrag zur „Entwicklung des Frauensports"[31] – und in Zukunft vielleicht auch des Männersports.

---

[29] *Briefwechsel Hinrich Medau und Carl Diem.* Historisches Archiv der Stadt Köln. Best. 1259 (Carl Diem) Nr. 937. 1950.
[30] *Briefwechsel Hinrich Medau und Carl Diem.* 1950.
[31] Diem, *Gymnastikbewegung*, 1991.

Fußball der FIFA WM 2006 auf Sockel mit mehreren Originalautogrammen
Marke: Adidas, Modell: Teamgeist Variante Replique, Größe 5. Herstellungsland: Deutschland. Herstellernummer: 948709.
Hochschule Coburg.

Symbole...

Der englische Begriff für „Anstoß" lautet „kick-off" und wird auch in Deutschland gerne für Auftaktveranstaltungen verwendet. So im März 2022, als der neugewählte Coburger Hochschulpräsident Stefan Gast diesen Ball zur Feier seines Amtsantritts erhielt. Es handelt sich um eine Replik des Modells „Teamgeist", das während der Fussballweltmeisterschaft 2006 in Deutschland verwendet wurde. Der Ball trägt die Unterschrift der Schweizer „Schiedsrichterlegende" Urs Meier, des Bayerischen Wissenschaftsministers Markus Blume und von Mitgliedern leitender Hochschulgremien. Während der Feier fand auch ein Torwandschießen statt, für das ein leichter Softball verwendet wurde.

© 2024 Erich Weiß Verlag, Bamberg
Alle Rechte vorbehalten
Gestaltung und Satz: Aaron Rößner
Druck: SOWA Druck
Printed in Poland
1. Auflage 2024
ISBN 978-3-910311-13-8
www.erich-weiss-verlag.de

Cover
Aaron Rößner unter Verwendung von Motiven des Bandes aus den Sammlungen des Gerätemuseums des Coburger Landes, des Coburger Puppenmuseums sowie von Thorsten Kotschy, Julian Rathmann und Alyn Ledang.

Bild- und Texthinweise
(Abdruck mit freundlicher Genehmigung)

Kunstsammlungen der Veste Coburg: S. 4, 90, 110. Die Begleittexte entstanden mit Unterstützung von Dr. Marcus Pilz und dem Museum.

Coburger Puppenmuseum: S. 10, 50, 132. Die Begleittexte entstanden mit Unterstützung von Christine Spiller M.A.

Gerätemuseum des Coburger Landes Ahorn: S. 26, 68. Die Begleittexte entstanden mit Unterstützung von Dr. Chris Loos.

Felix Streng: S. 35 links, 35 oben.

Alyn Ledang: S. 35 rechts.

Christian Holtorf: S. 42. Der Begleittext entstand mit Unterstützung von Thorsten Kotschy.

Initiative Stadtmuseum – AK-Sammlung Herold: S. 60, 61.

Stadtarchiv Coburg: S. 66.

Julian Rathmann: S. 80. Der Begleittext stammt von Dr. Margareta Bögelein, Hochschule Coburg.

Städtische Sammlungen Coburg: S. 102, 122, 150. Die Begleittexte entstanden mit Unterstützung von Dr. Christian Boseckert und Christine Spiller M.A.

Lukas Helm / Aaron Rößner: S. 106, 107.

Springer Nature: S. 114, 118.

Hochschule Coburg: S. 146.

Fünf Gehörne bzw. Rehgeweihe auf Schild
Aus dem Privatbesitz der Coburger Kinobesitzerin Margarethe Birnbaum (1899–1979), 1939–43.
Material: Holz, Horn, Maße: 30 x 13 x 19 cm.
Städtische Sammlungen Coburg, Inv.-Nr. SSC 4946.

...und Trophäen.

Jagdtrophäen dokumentieren eine erfolgreiche Jagd und stehen traditionsgemäß dem Erleger des Tieres zu. Sie stehen aber auch in der öffentlichen und jagdinternen Kritik des Tierschutzes. Während die Jagd mit Hund und Horn in England mehr der sportlichen Aktivität in der Natur diente, nutzten die deutschen Fürsten Treibjagden zur Demonstration ihres adeligen Standes. Diese sechs Gehörne wurden zwischen 1939 und 1943 vom Coburger Tierpräparator Franz Schröter gefertigt, der auch die Hauptperson in Uwe Timms Roman „Der Mann auf dem Hochrad" ist. Sie stammen aus dem Eigentum von Margarethe Birnbaum, der Inhaberin des Coburger Kinos. Sie wurde 1956 die erste Coburger Schützenkönigin.